마을

거버넌스

사회적 일자리 정책의 불편한 진실

마을기업과 사회적기업의

거버넌스
GOVERNANCE

양세훈 지음

이담 Books

머리말

　최근 우리 사회는 '커뮤니티비즈니스'와 '소셜비즈니스'라는 단어를 주목하기 시작했다. 각 부처가 시행하는 마을기업, 사회적기업, 농어촌공동체회사 등은 사회적 일자리 창출 사업이라는 포괄적 개념으로 포장되어 전달되고 시행되고 있다. 이러한 사업들이 마치 폭주하는 기관차처럼 '일자리 창출'이란 미명하에 안개가 자욱한 포장되지 않은 길로 달려가고 있다.

　최종 목적지는 '주민 삶의 질 향상'이 분명한데, 가는 길이 순탄치 않다. 중간 정류장에 멈춰 연료는 충분한지, 손님들의 불편한 점은 없는지, 기관사 및 승무원들이 피곤하지는 않은지 등 기차 상태를 점검해야 하는데 살펴볼 여유가 없다. 그렇게 쉬지 못하고 여러 기차가 각각 다른 길로 '고용창출'이라는 작은 불빛에 의지하면서 밤길을 가고 있다. 이렇게 각각 다른 정류장에서 출발한 기차는 계속 미로 속을 헤매며 달리고 있다. 종착역에 언제 도착할지 도중에 멈춰 버릴지 안갯속이다.

　사회적 일자리 창출 사업에 대한 부처의 출발시기도 다르다. 2007년에 고용노동부의 사회적기업이 출발했고, 2010년에 농림수산식품부의 농어촌공동체회사, 행정안전부의 마을기업, 지식경제부의 커뮤니티비즈니스사업, 문화관광부의 문화예술분야 사회적기업, 보건복지부의 자활공동체사업, 여성가족부의 농촌여성일자리 사업 등이 레일 위에 들어섰다. 마라톤 코스인데 단거리 선수가 많았다.

중간에 멈춰 선 기차도 생겨났다. 지식경제부의 지역연고 육성사업의 일환인 커뮤니티비즈니스 시범사업이 출발한 지 8개월 만에 중단되었다. 최소한 3년여 사업으로 계획되어 출발한 기차가 중간에 멈춰서 승객들에게 아무런 설명을 하지 않고 내리라고 강요한다. 하차한 승객들의 일부는 다시 안갯속을 걸어가거나 일부는 요행스럽게 다른 기차에 올라타는 행운을 누렸다. 이렇게 각각의 기차들이 갖고 있는 정책적 가치, 이념 등은 무시되었다.

무임승차하는 사람, 행선지가 다른 기차를 탄 사람, 어디로 가는지도 모르고 역무원이나 지인 소개로 올라탄 사람 등 승객들의 사연은 다양하다. 기차에 탑승만 하면 철도회사에서 돈을 준다는 소문에 현혹된 사람들이 언제 도착할지도 모르는 장거리 여행에 속옷 몇 벌만 챙겨서 승차한 사람이 부지기수다. 내가 여행을 목적으로 올라탄 것이 아니다 보니 불편함을 느끼기 시작했다. 기차 안에서의 갈등이 나타나기 시작한 것이다.

도시락 하나 먹는 데도 보고서 제출해야 하고, 뭔가를 해야 하는데 잠만 자고 있는 사람, 철도회사에서 준 지참금 가지고 달리는 열차에서 뛰어내리는 사람, 이 칸 저 칸 질서를 바로잡자고 자처하는 사람, 지나가는 승무원 잡고 멀미를 하니 계속 약을 달라고 호소하는 사람 등 다양하다. 도중에 뛰어내리자니 돌아갈 일이 막막하다. 이렇게 혼란을 겪으며 달리는 기차 안에서 그나마 종착역의 의미를 알고 순응

하며 자리를 잡아 가는 사람이 나타나고 있다. 아직도 어수선한 기차 안이지만 일부에서나마 여행의 진정한 의미를 찾아가기 시작했다.

필자가 이렇게 정부 주도의 사회적 일자리 창출의 일환으로 시행되고 있는 중앙부처의 일자리 창출 사업수단인 마을기업과 사회적기업, 농어촌공동체회사 등을 달리는 기차에 비유한 것이 너무 지나친 표현은 아닐 듯싶다.

여러 철도회사들이 제공한 기차의 형태는 다양하다. 여러 대의 기차가 출발했지만, 소규모 객차만 갖추고 가는 기차, 중간에 멈춰 버린 기차들을 제외하면 '마을기업호'와 '사회적기업호'가 특급열차임을 자부하며 열심히 달려가고 있는 형국이다. 각자의 정책목표대로 가면 아무런 문제가 없지만 승객유인방법, 운행방법, 승객 인센티브 지급방법이 유사하다 보니 고객의 입장에서 당황스럽다.

철도회사의 본사직원이나 각 역에 근무하는 직원, 객차에 함께 탑승한 승무원조차 타고 있는 승객이 정책목적에 맞는 손님인지, 다른 고객이 섞여 있는지 분별을 하지 못하는 상황이 연출되었다.

커뮤니티비즈니스와 소셜비즈니스는 무엇이고, 마을기업과 사회적기업은 무엇이 다른지에 대한 정확한 개념정립이 되지 못하고 있기 때문이다. 사정이 이러하다 보니 시장에서는 "철도회사 승무원이 주는 무상막걸리에 비유하여 행정안전부가 주면 마을기업, 고용노동부가 주면 사회적기업, 농림수산식품부가 주면 농어촌공동체회사"라는 자조 섞인 목소리마저 들린다. 여기에 광역 및 기초 지방자치단체까지 무상막걸리 대열에 합류하면서 "서울막걸리, 경기막걸리, 충청막걸리, 부산막걸리, 마포막걸리, 완주막걸리" 등 다양한 신상품 및 상표가 넘쳐난다.

이러한 관점에서 필자는 커뮤니티비즈니스의 대표적 수단인 마을기업과 소셜비즈니스의 대표 수단인 사회적기업의 발전과 상생전략에 대해 논의하였다. 어떤 정책수단이 지역활성화에 도움을 줄 수 있는지에 대한 정책의제를 설정하고 접근하였다. 또한 취약계층의 지속 가능한 일자리 창출이 가능한지, 두 사업에 대한 이해관계와 역할은 어디까지인지를 풀어 나가고자 한다.

그리고 풀뿌리 민주주의의 목표인 지방자치, 지역분권, 지역자립, 지역 살리기를 위한 마을기업과 사회적기업을 활용할 수 있는 방법은 무엇인지에 대해 대안을 제시하고자 한다. 주민 삶의 질 향상이라는 거시적인 정책목표를 달성하기 위한 핵심 전제조건인 공동체 복원이 가능한 정책수단은 무엇인지에 대한 고민을 담았다.

정부의 사회적 일자리 창출 사업이 본격적으로 이루어진 것은 2010년 봄이라 할 수 있다. 이 시기에 정부 각 부처가 브랜드를 내세워 상호 경쟁체제에 들어섰기 때문이다. 이렇게 짧은 기간 안에 시행되고 있는 사회적 일자리 사업 관련정책에 대한 평가를 한다는 것이 부담스럽기는 하다. 하지만 최근 2년 사이에 참여하는 집단의 다양성과 스피드로 인한 성과물이 많았다. 따라서 우리 사회에 새로운 이슈와 고민을 던져 준 마을기업과 사회적기업에 대한 명확한 개념 정도는 정리되어야 한다는 생각에서 이 글이 시작되었음을 밝힌다.

그리고 최근 사회적 경제와 관련된 사회적 논의가 활발히 진행되고 있는 것을 감안하여 각 사업수단에 대한 명확한 이론적 정의 및 현황 등은 현재 작업 중인 사회적 경제 총서에서 자세히 밝히고자 한다. 즉, 마을만들기, 사회적기업, 마을기업, 협동조합, 중간지원조직, 사회적경제 등 각 분야에 대한 내용을 6권의 책으로 정리해 올가을에 선보일 계획이다.

이 책이 나오기까지는 한국정책분석평가원 구성원의 협력과 다양한 전문가의 조언과 개인적인 경험이 밑바탕이 되었다. 커뮤니티비즈니스와 소셜비즈니스의 학문적 정의를 확립하기 위해 지난 2년 동안 고민하고 토론하였던 김정훈 박사의 열정에 감사의 인사를 전한다. 또한 마을기업과 사회적기업의 실태조사를 위해 전국을 돌며 경험하고 함께 연구한 한의석 박사, 전용태 연구원, 이창율 연구원, 배주현 연구원, 박은경 연구원에게도 감사하다. 그리고 한국학술정보(주) 채종준 대표이사님과 김영권 이사님에게 심심한 사의를 표하는 바이다.

2012년 7월

한국정책분석평가원장

행정학박사 양 세 훈

목차

머리말 ┈┈┈┈┈┈┈┈┈┈┈┈┈┈┈┈┈┈┈┈┈┈┈┈┈ 5

1장 사회적 일자리 사업 필요성 • 15

1. 커뮤니티비즈니스와 소셜비즈니스의 메시지 ┈┈┈┈┈┈┈┈ 17
2. 경제 위기와 암울한 사회현실 ┈┈┈┈┈┈┈┈┈┈┈┈┈ 25
3. 경제 선진국 노동과 부패 후진국 ┈┈┈┈┈┈┈┈┈┈┈ 30
4. 무상정책 논란과 사회적 일자리 사업 출현 ┈┈┈┈┈┈ 36
5. 일자리 창출을 위한 새로운 정책수단 ┈┈┈┈┈┈┈┈┈ 43
6. 마을기업과 사회적기업의 필요성 ┈┈┈┈┈┈┈┈┈┈┈ 47

2장 마을기업과 사회적기업의 차이 • 53

1. 커뮤니티비즈니스와 소셜비즈니스의 구분 ┈┈┈┈┈┈┈ 55
2. 커뮤니티비즈니스와 소셜비즈니스의 근원적 차이 ┈┈┈┈ 64
3. 마을기업과 사회적기업의 구분 ┈┈┈┈┈┈┈┈┈┈┈┈ 72
4. 고용노동부와 행정안전부의 역할구분 ┈┈┈┈┈┈┈┈┈ 79

3장 정부의 사회적 일자리 사업 현황 • 103

1. 유사 시범사업 중단과 확대한계 ┈┈┈┈┈┈┈┈┈┈┈ 105
2. 현실에 직면한 사회적기업 ┈┈┈┈┈┈┈┈┈┈┈┈┈┈ 110
3. 지속 가능한 사회적기업의 모색방법 ┈┈┈┈┈┈┈┈┈ 117
4. 사회적 일자리 사업의 성장과정 ┈┈┈┈┈┈┈┈┈┈┈ 123
5. 사전교육이 필요한 사회적 일자리 사업 ┈┈┈┈┈┈┈┈ 129

6. 창업을 주도하는 마을기업 ·················· 134
7. 마을기업의 성과와 한계 ·················· 145
8. 마을기업과 사회적기업의 불편한 진실 ·············· 153

4장 지방자치단체의 자생력 · 161

1. 지방자치단체의 홀로서기 ·················· 163
2. 지방자치단체형 사회적기업 현실 ·············· 166
3. 단체장의 생각, 따라잡기는 싫다 ·············· 178
4. 정부 및 단체장의 의지 ·················· 182
5. 공무원이 바라보는 사회적 일자리 사업 ·············· 187
6. 사회적 일자리 사업을 바라보는 지역사회 ·············· 191
7. 정부의 압박과 지자체의 사회적기업 통일화 요구 ·············· 201

5장 시민사회단체의 역할 · 207

1. 시민사회단체의 새로운 방향전환 ·············· 209
2. 시민사회단체와 지역주민과의 함수관계 ·············· 215
3. 지역주민과의 공감대 형성이 탈출구 ·············· 221
4. 봉사단체와 사회적기업가의 출현 ·············· 226
5. NPO와 기업의 참여 필요성 ·················· 230

6장 마을기업과 사회적기업의 방향 · 233

1. 지역공동체 복원을 위한 마을만들기 사례 ·············· 235
2. 지역에서 마을만들기 ····································· 241
3. 성공을 위한 교육의 필요성 ······························ 249
4. 중간지원조직의 역할 ···································· 254
5. 지속가능한 지역활성화를 위한 법률제정 ················ 259
6. 마을기업과 사회적기업의 전략적 활용 ················· 265

7장 사람 중심의 패러다임 전환 · 269

1. 네트워크 구축을 위한 거버넌스 ······················· 271
2. 마을기업과 사회적기업의 상생방안 ··················· 277
3. 차세대 지역사업가 양성방안 ························· 282
4. 협동조합 정착을 위한 조건 ·························· 287
5. 마을기업과 사회적기업의 창업 전제조건 ·············· 293

맺음말 ··· 301

1장

사회적 일자리 사업 필요성

1. 커뮤니티비즈니스와
   소셜비즈니스의 메시지

지난 참여정부 초기에 최고권력자가 정부와 시민이 정부의 정책에 공동참여 의사결정을 하고 집행과정에 자율적 참여를 위한 방법으로 '거버넌스(Governance)'를 주창하였다. 거버넌스의 개념은 신공공관리론에서 중요시하는 개념의 일환으로 국가경영 또는 공공경영이란 의미로 사용되고 있으나, 초기에는 협치(協治)란 표현을 자주 사용했다. 이처럼 관료제와 시민이 '공동으로 국가경영을 다스린다'라고 의역되거나 다양한 해석이 가능하여 의미전달의 어려움이 있었다. 원어와 정확히 일치하는 한글표현을 찾지 못하고 다양한 의미와 해석으로 이용되다가 결국 '거버넌스'란 단어로 우리 사회에 뿌리를 내렸다. 민관이 공동으로 협력하여 거시적으로는 국가경영, 미시적으로는 풀뿌리 지방자치단체에서 공동운영의 책임감을 갖고 협력해야 됨을 나타내는 키워드로 사용되고 있다.

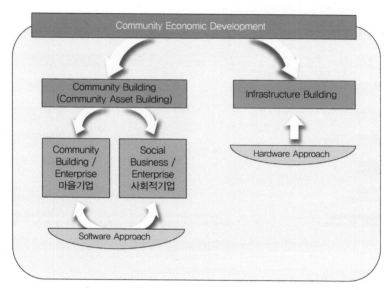

[그림 1] CB와 SB의 개념적 영역구분

2010년부터 우리사회는 또 다른 언어 '커뮤니티비즈니스(Community Business)'를 통해 그 단어가 가지고 있는 의미를 찾고자 정부와 학계는 물론 일반 시민사회에서도 크고 작은 혼선을 빚었다. 일명 CB로 불리는 커뮤니티비즈니스에 해당하는 한글 표현을 찾기가 쉽지 않았기 때문이다. 원어 그대로 지역사회 사업, 마을단위의 사업 등 다양한 해석을 통해 이용되다가 '거버넌스'와 마찬가지로 '커뮤니티비즈니스'로 자리를 잡았다.

지역과 사회에는 많은 과제가 있고, 그중에서도 지역주민의 생활에 밀접히 관련된 과제가 있다. 그 과제를 해결하기 위하여 비즈니스적 방법으로 접근하고 있는 것이 커뮤니티비즈니스다. 커뮤니티비즈니스는 그 이름대로 커뮤니티와 비즈니스라는 2개의 시각이 조화하는 새로운 형태의 사업이라 할 수 있다.

일본에서 말하는 커뮤니티비즈니스는 다음과 같은 특징이 있음을 알 수 있다. 기본적으로 지역사회의 수요(요구)를 충족(만족)시킨다. 둘째, 지역의 경영자원을 활용하며, 생활 거주민의 입장에서 진행한다. 셋째, 지역의 이익을 증대시키고 계속적으로 진행하여 새로운 고용을 창출하고 지역의 활성화를 도모한다. 넷째, 지역의 과제해결을 위해 주민 주체의 지역사업을 펼치며, 활동의 이익을 지역에 환원한다. 다섯째, 기업적인 경영감각으로 지역에 도움이 되는 사업을 시행하여 사업으로서 자립성을 키워 나간다.

커뮤니티비즈니스는 사업주체의 이익뿐만이 아닌 커뮤니티의 과제를 해결하고, 커뮤니티의 이익과 연결되는 것을 사업의 목적으로 하고 있다. 예를 들어, 이용자의 참가와 평가 등 단순히 서비스 제공자와 수혜자라고 하는 관계를 초월한다. 커뮤니티의 활성화를 꾀하기 위한 궁리를 하며, 지역에 잠재하고 있는 인적, 사회적인 자원을 끌어내어 활성화시키는 궁리를 한다. 이른바 커뮤니티의 참가, 커뮤니티의 활용, 커뮤니티로의 환원이 열쇠다.

커뮤니티비즈니스는 사업을 진행하기 위해 재원, 수입을 회비와 기부금에만 의존하지 않고 사업 자체에서 얻어지는 수입으로 운영하는 것을 지향하고 있다. 사업수익을 얻음으로써 주체 측이 노동의 대가를 얻는 일이 가능하다. 또한 제공하는 서비스의 질 향상이 이루어져 이용자의 확보에 연결된다고 하는 사업의 지속적인 선순환을 생성하고 있다. 지역과 사회의 과제해결을 비즈니스적으로 접근함에 따라 다음과 같은 장점이 있다.

첫째, 사람, 제품, 자금, 정보의 순환이 이루어지고, 지역 내부에 자립적인 경제기반을 구축하는 일이 가능하다. 둘째, 시장원리를 이용하게 되면서 사업에 대한 요구에 대응하는 일이 가능하다. 셋째, 수익을 창출하는 일에 의해 사업을 지속시킬 수 있는 일이 가능하다.

커뮤니티비즈니스의 주체인은 개인, 임의집단, NPO법인, 유한회사, 주식회사, 사단법인, 재단법인, 협동조합 등 그 형태는 다양하다. 커뮤니티에 있어 주민과 구성원이 지역과제를 비즈니스 방법으로 해결하고 싶다고 하는 생각이 있는 사람들이라면 누구라도 주체인이 될 수 있다. 커뮤니티비즈니스는 지역에 거주하고 있는 고령자와 여성, 장애인 등 새로운 노동력이 있는 사람, 새로운 기업형태로서 주목받고 있다. 또한 지역의 중소기업인들이 지역과의 연결을 강화하고, 지역에 공헌하는 사업을 실시하는 것도 기대되고 있다.

커뮤니티비즈니스란 단어가 우리 사회에 빠르게 정착한 것은 시민사회단체 활동가들의 지역발전을 도모하기 위한 숨은 노력이 있었기에 가능했다. 현 박원순 서울시장이 국내에 커뮤니티비즈니스를 본격적으로 소개하였다. 한때는 정부부처도 커뮤니티비즈니스를 지역공동체 복원, 지역발전이란 정책목표를 달성하기 위한 수단으로 각종 문서에 사용하였다. 다른 측면에서는 지역주민의 고용창출을 위한 수단으로 균형을 잃은 지역발전의 새로운 대안으로 적용하고 있다.

커뮤니티비즈니스로 중요한 것은 열정(passion), 사명(mission), 공감(sympathy)을 들 수 있다. 사업에 대한 주체자와 참여자의 열정과 열의가 선행되어야 한다. 사명은 하고자 하는 일이 지역과제의 개선 및 해결, 공익의 창조라고 하는 사회적인 목적의식을 가지고 있어야 한다. 공감은 커뮤니티비즈니스를 운영하는 집단의 사람들뿐만 아니라 상품과 서비스를 제공하는 사람들 등 주변의 공감을 얻을 수 있는지에 따라 달라진다.

그런데 일반적인 비즈니스와 커뮤니티비즈니스는 무엇이 다른가라는 질문에 대부분 생성된 이익을 커뮤니티 및 사회를 위해 환원하는 것이 커뮤니티비즈니스라고 말한다. 그러나 다르게 생각하면 다른 것이 있을 것이다. 기업이념을 가진 회사는 많이 있지만, 이념이 실현되어 폐업했다고 하는 사례는 들어 본 적이 없다. 그럼에도 불구하고 커뮤니티비즈니스가 불필요한 사회를 향해서 커뮤니티비즈니스를 진행해야 한다.

커뮤니티비즈니스의 가장 중요한 특성은 변화에 있다. 최근 수년, 지방자치단체에 의한 지원도 있었고, 급속하게 그 활동이 인지되는 다양한 스타일의 커뮤니티비즈니스가 활동을 시작하고 있다. 이러한 사회성이 있는 새로운 사업에 대하여 자치단체가 적극적으로 대응한다는 것은 대단한 조직변화이다. 기존 고착된 생각에서 이탈하여 새로운 분야를 개척하는 가능성으로의 지원은 차세대의 비즈니스 육성이라고 하는 관점에서 중요하다.

그동안 시민사회 영역에서 지속되어 온 활동의 정의, 다양성과 부단한 변화를 특색으로 하는 커뮤니티비즈니스를 경직화시켜선 안 될 것이다. 커뮤니티비즈니스의 사회적 인식은 한편에서는 기존 사회제도 속에서의 고정화를 의미하고 있다. 커뮤니티비즈니스의 역동적인 변화가, 사회와 지역수요로의 빠른 대응을 가능하게 만들고 있다. 커뮤니티비즈니스의 본질을 진부화시키지 않는 배려가 이후 정책 측면에서 필요할 것이다. 커뮤니티비즈니스의 발현지인 영국에서 있어서도 커뮤니티비즈니스는 진화를 계속하고 있다.

커뮤니티비즈니스의 어원은 영국에서 출발했다. 1970년대 중반 영국에서 커뮤니티비즈니스 스코틀랜드(Community Business Scotland)

라는 중간적인 지원조직 형태인 유한회사에서 커뮤니티비즈니스가 시작되었다. 영국에서 커뮤니티비즈니스는 지역커뮤니티가 회사를 설립, 소유, 운영하는 주체가 되어 지역주민의 고용과 지역의 발전에 초점을 두고 운영하는 사업조직을 의미하고 있다. 일본에서는 1990년 대 초 버블경제가 붕괴되고 구도심을 중심으로 지역경제가 무너지면서 1990년대 중반 이후에 지역 재활성화를 위한 새로운 대안으로 커뮤니티비즈니스를 도입 적용하고 있다. 이렇게 영국에서 40년, 일본에서 16년이란 세월을 통해 지역사회 활력을 도모하기 위한 지역발전의 새로운 대안으로 각광받는 커뮤니티비즈니스가 우리나라에서는 최근 3년 사이에 지역발전의 화두로 떠올랐고 아주 빠르게 확대되고 있다.

2002년 영국정부는 사회적기업은 사회적 목적을 가진 비즈니스이며, 이익은 그 활동에 재투자되어 커뮤니티에 환원된다고 했다. 따라서 영국에서 말하는 사회적기업은 다음과 같은 특징이 있다. 첫째, 비영리조직이다. 둘째, 경제활동에 따라서는 사회목적을 달성해야 한다. 셋째, 이익은 개인에게 분배되지 않는다. 넷째, 조직구성원은 동등의 권리를 가지고 민주적 운영이 이루어진다. 다섯째, 독립조직으로 사회적인 감사를 받아야 한다.

그러나 이러한 특색은 기존의 커뮤니티비즈니스와 거의 비슷한 형태이며, 굳이 사회적기업의 특징을 열거한다면 '사회기술을 구사한 이노베이션(innovation) 주체'라고 하는 점이다. 잠재된 자원을 개발하고 지역사회의 활동을 재편성하고 재편집하는 일로 지역 이노베이션 촉진을 기획하는 사회적기업은 사회기업가로서의 기능을 완수하게 된다.

영국, 일본 등 선진국에서 말하는 사회적기업은 다음과 같다.

첫째, 신규상품개발하고 새로운 시장을 창조한다. 둘째, 사회적 목적을 가지고 있는 것에 의해 다양한 이해관계자 참여(multi-stakeholder)형 조직 운영형태이다. 셋째, 자금 면에서 독립하여 복합기능형 조직으로의 이동할 수 있도록 변화를 계속하는 조직이다.

이 중 복합기능형 조직으로의 이동은 사회성과 경제성을 양축으로 하는 사회적기업의 하이브리드(hybrid) 특성을 감안한다면 필연적인 변화라고 말할 수 있다. 다양한 자원의 활용, 다층적인 이해관계자와의 관계는 '범위의 경제'를 기준으로 기능 면에 있어 복합화를 가능하게 한다. 우리나라의 소셜비즈니스 수단으로 적용되고 있는 사회적기업이 이후 어떠한 형태로 발전해 갈 것인지는 알 수 없으나, 관련된 사업의 사회적 요청은 큰 틀에서 그 '변화'에 기대하고 있다.

필자가 커뮤니티비즈니스와 소셜비즈니스를 거론하는 이유는 마을기업과 사회적기업의 거버넌스에 대한 사전적 의미를 부여하고자 함에 있다. 다시 말해 커뮤니티비즈니스(Community Business)와 소셜비즈니스(Social Business)를 먼저 이해하고 있어야 한다. 그래야 지역사업과 사회사업의 형태인 정책수단으로서 마을기업과 사회적기업을 이해할 수 있다. 이미 현장에서 정책으로서 사용되고 있는 마을기업과 사회적기업이 던지는 메시지가 왜곡되어 전달되고 있다.

커뮤니티비즈니스, 소셜비즈니스, 마을기업, 사회적기업 등 일반시민들로서는 다소 생소한 언어가 가져오는 부정확한 의미전달로 인해 현장에서 혼란을 방지하고자 함에 있다. 단순히 단어의 잘못된 사용으로 끝나는 일이 아니다. 장기적으로는 각자가 지니고 있는 정책목표를 잘못 이해함으로써 불필요한 예산낭비, 무질서한 시장경제 혼란

등을 초래할 수 있기 때문이다. 따라서 마을기업과 사회적기업이 갖고 있는 정책목표와 정책수단, 정책집행과 사업평가를 통한 환류과정 등을 살펴보고 정부의 정책이 올바르게 실행될 수 있도록 길을 제시하려 한다. 이를 통하여 우리 사회에 지역의 문제와 사회문제를 해결하는 일부 정책수단으로서의 마을기업과 사회적기업의 작은 변화와 발전전략을 제시하고자 한다.

2. 경제 위기와 암울한 사회현실

　최근 한국 사회는 저출산·고령화 단계를 넘어 초고령화 사회로 진입하였고, 저소득층에 이어 최상위 빈곤층이라는 계층이 확대되고 있다. 사회 양극화, 지역공동체 붕괴, 지역 불균형발전, 신자유주의 몰락, 수도권 과밀화, 농어촌 인구감소, 88만 원 세대, 고물가, 실직자 등의 단어가 낯설지 않게 되었다. 공급과 수요가 연결되지 못하는 취업시장도 사회문제가 되고 있다.

　외환위기 이후 최근 금융위기에 이르기까지 해외 경제혼란과 맞물려 국내의 경제적 어려움은 가속화 내지는 심화되고 있다. 먹을거리에 대한 공포도 확대되고 있다. 쇠고기 광우병, AI조류독감, 돼지 구제역 등의 질병발생으로 사회가 안전하지 못하다는 사례가 빈번해졌다. 경제적 어려움은 평생직장의 개념을 무너뜨렸고, 소수의 정규직과 대다수의 비정규직이 공존하는 갈등사회를 만들었다.

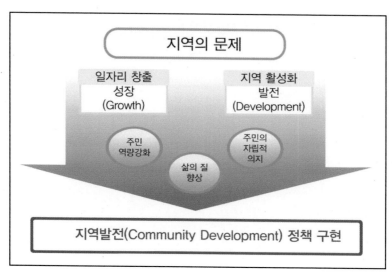

[그림 2] 지역이 안고 있는 핵심 문제

신규투자를 통해 일자리를 마련해 달라는 의미에서 대기업의 규제 완화 등 비즈니스 프랜들리를 시작했던 MB 정부였지만 국내 고용시장은 정체 내지는 후퇴하는 모습을 보이고 있다. 인천공항 VIP실을 기업들에게 이용하고, 기업인과 언제든지 통화하겠다며 핫라인을 소개했던 4년 전 상황이 민망할 정도다. 기업은 기본적으로 이익창출이 가장 핵심적인 생존전략이다. 이익이 발생하지 않으면 움직이지 않는 것이 기업이 갖고 있는 철학일지도 모른다. 그러한 기업에 비즈니스 프랜들리를 아무리 외친다 한들 국민의 경제적 어려움이 가슴에 전달되지 못한 모양이다.

자동화로 인한 인력 수급의 불균형이 초래되었고, 국내 인건비 상승을 이유로 주요한 시설이 외국으로 빠져나감으로써 국내에서의 일자리는 감소될 수밖에 없는 구조가 된 것이다. 제품 생산과 서비스

유통시장이 균형 있게 성장해야 하는데 국내 시장은 대기업 및 글로벌 기업의 파일럿 테스트 시장으로 변질되었다. 정규직보다는 비정규직을 통한 인건비 절약을 꾀하고 조금이라도 이익이 나지 않으면 극단적으로 사업장 정리까지 하는 대기업 중심의 문화에서 더 이상 무엇을 바랄 수 있을까.

만시지탄(晩時之歎)이라 했다. 된장인지 아닌지 꼭 찍어 먹어 봐야 알 수 있는가. 뒤늦게 정부에서 대기업 법인세 감세 철회, 비정규직 차별금지 가이드라인 제정 추진, 대학 등록금 부담 완화정책 구현 등 정책을 쏟아 내고 있지만 대답은 글쎄다. 지난 4월에 제19대 국회의원 선거가 있었고, 12월에 제18대 대통령선거를 앞두고 펼치는 복지 포퓰리즘(populism)에 지나지 않을 것이라는 것이 시장의 평이다.

대기업 또한 소나기는 피해 가자는 반응을 보이고 있다. 대기업이 동네 빵집까지 해야 하느냐는 말 한 마디에 대부분 사업장 철회를 하는 모양새를 보였다. 세상 흐름을 잘못 이해하였는지 모기업의 경우는 버티다가 뒤늦게 세무조사다 뭐다 곤혹을 치르는 모양이다. 대기업의 근본적인 쇄신요구가 필요한 시점이다. 특수관계법인 형태에서 '일감 몰아주기' 이익에 최고 50% 증여세 부과, SI(system integration), 물류 등 경쟁입찰 실시 권고, 기부문화 확대 권고 등의 타의적 권고가 없더라도 자발적으로 사회에 대한 의무와 책임을 해야 할 시기다. 레임덕(lame duck)을 막기 위한 권력의 정책은 자칫 혼란을 가져올 수 있다. 임기 내에 마무리해야 하는 공약이행의 조급함이 국민에게 부채만 늘려 주는 결과를 초래할 수 있다.

최근 정부 일각에서는 실업자가 많은 이유는 일부러 취업을 하지 않고 부모에게 의지해 살고 있는 소위 '캥거루족'이 증가되었기 때문이라고 주장한다. 대학을 졸업하여 취직할 나이가 되었는데도 일부러 취직을 하지 않고 놀고 있는 인구가 실업률의 상당부분을 차지하고 있다고 말한다. 캥거루족은 외환위기 이후 청년실업문제가 심각해지면서 나타난 신조어이다. 100% 동의할 수 없는 주장이지만 일부 사회현상이 빚어낸 문제이기도 하다.

경제위기의 어려움은 대기업들이 신규 채용을 꺼려하고, 세계 최고의 교육수준을 자랑하는 청년들은 중소기업은 외면하는 현상이 분명 존재한다. 공급과 수요가 불일치하고 있다. 메말라 가는 사회현실과 경제 악순환은 조금이라도 안정된 직장을 선호하게 만드는 것은 당연한 일일 것이다. 그러나 근본적인 사회구조 문제를 생각해야 한다. 88만 원 세대, 비정규직 양산, 3D업종 기피, 제조업 후퇴, 서비스 산업 발달로 마음에 드는 직장에 취업하는 것은 하늘의 별따기다. 정부산하 모 공기업의 정규직원 1명을 채용하는데, 국회의원 조카가 취업되었다고 하는 기사를 읽는다면 상대적 절망감은 깊어질 수밖에 없다.

2012년에는 일자리부족으로 인한 사회뉴스가 많아졌다. 서울시 모 자치구에서 환경미화원 채용시험에 물리학박사를 소지한 30대 남자가 응시했다는 뉴스가 있었다. 3D 업종이라 기피했던 직업군에 우수한 인재들이 몰려드는 기사는 이미 핫뉴스가 아니다. 직업에 귀천이 없는 것이 맞지만 기존에는 상상도 할 수 없었던 일들이 나타나기 시작한 것이다. 최근 대형할인마트에서 은퇴자 등에게 일자리를 제공하는 차원에서 실시한 사원모집에 석·박사 학위 소지자나 대기업 간부 출신 등이 몰리면서 6.7 대 1의 경쟁률을 보였다는 언론보도가 있었다. 만 56세에서 60세를 대상으로 진행한 시니어 사원모집에 석사 및 박사 학위 소지자가 70여 명, 중견기업 이상 간부급 경력자가 400여 명에 달했다 한다. 시니어 일자리는 계산원 또는 인터넷으로 접수된 주문에 맞게 물건을 골라 담아 배송준비를 하는 '온라인 피커(on-line picker)' 역할을 하는 일이다. 일하고 싶지만 마땅한 일자리가 없는 현실을 반영하는 사례일 것이다.

낙타가 바늘구멍에 들어가기 어렵다. 실현 불가능한 현실을 빗대는 표현이다. 이런 상황이 MB 정부의 취업기상도를 그대로 반영하고 있는 듯하다. 기본적으로 마음에 들지 않거나 좀 더 안정된 직장으로 가기위해 잠시 스펙(specification)을 쌓는 행위는 이해할 수 있다. 하지만 수백 장의 이력서를 제출하고 면접을 봐도 직장을 구하지 못하는 사람으로서는 실망을 뛰어넘어 자신도 모르게 무능력한 존재로 인식할 수 있다. 학력, 출신, 배경, 자본, 유학, 네트워크 등이 상대적으로 부족한 사람에게는 더욱 가혹한 현실이다. 문제는 이러한 사람들이 청년실업을 중심으로 전 연령층에 퍼져 나가고 있다는 사실이다.

현재의 사회적기업의 주요 목적이 취약계층의 고용창출을 위해 시행되고 있는 점을 감안하면 취약계층이 아닌 인구가 과연 얼마나 될까라는 의구심이 들 정도다. 체감상으로는 상위 10%를 제외하면 전 국민이 취약계층이 된 것 같다. 대부분이 무능력해지고 활력을 잃어버리기 시작했는지도 모른다. 희망을 잃은 사람이 사는 지역은 당연히 마을 전체가 침체되는 수순을 밟는다. 마을 단위가 침체되면 광역 단위의 행정영역도 침체되고 결국 대한민국 전체가 어두운 터널로 들어서는 일만 남게 될 것이다. 조금 극단적인 연역적 방법론으로 비유했는지도 모른다. 그만큼 현재 대한민국이 어려움에 처해 있다.

3. 경제 선진국 노동과 부패 후진국

정부수립 이후 국민의 일자리 창출 문제로 고민하지 않았던 정권은 없었을 것이다. 개발도상국 시절에야 경제성장률이 두 자리를 보였지만 점차 더딘 성장을 할 수밖에 없는 구조적인 환경의 영향이 부담으로 나타났다. 경제성장률은 일정기간 동안의 국민총생산 또는 국민소득의 실질적인 증가율을 나타낸다.

국제통화기금(IMF: International Monetary Fund)이 2010년 말 기준으로 발표한 국내총생산(GDP: Gross Domestic Product) 순위에서 대한민국은 15위를 차지해 외형상으로는 선진국 대열에 합류했다. GDP는 국민총생산(GNP)에서 투자수익 등 해외로부터의 순소득을 제외한 지표다. 즉 우리나라 국민이든 외국인이든 국적을 불문하고 우리나라에서 이루어진 생산활동을 모두 포함한 생산단위이다. 반면 1인당 연간 노동시간은 2,193시간으로 세계 1위를 차지했다. 경제적 순위에서는 선진국 수준에 달했지만 노동의 질 등에서는 후진국 형태를 면하지 못하고 있다는 이야기다.

CIA The World Factbook의 자료에 따르면 2011년 7월 기준으로 대한민국은 인구 규모가 전 세계의 26위로 4,875만 명에 달했다. 면적은 9만 9,720㎢로 109위로 나타났다. 좁은 면적에 인구밀도가 높은 나라가 가장 많은 노동시간을 투입하여 경제적으로만 선진국 대열에 합류했다고 보면 이해하기 쉬울 것이다.

최근 경제의 어려운 현실을 두고 이전 정권에 대한 평가가 엇갈리고 있다. 경제만큼은 살리겠다는 말 한 마디만 믿고 MB를 지지했던 대부분의 시민이 더욱 배신감을 느낀다는 것이다. 실제로 MB정부에서 자동차, 전자, 반도체 등 대기업을 중심으로 수출액은 증가했지만 내수경기는 좀처럼 회복될 조짐이 없다. 서민의 삶의 수준은 더욱 척박해졌다는 것이 일반적인 평가다.

노년층을 중심으로 예전 군사정부 시절이 좋았다고 회상하는 사람들이 있다. 경제성장률만 가지고 말을 하는 측면에서는 그렇게 보일 수도 있을 것이다. 개발도상국 시절엔 정부주도의 일자리가 많았다. 사회간접자본(SOC: Social Overhead Capital) 사업이 주를 이루었기 때문이다. 항만, 철도, 도로, 전력, 공항, 댐 건설 등 국민경제 전체를 위해 실현하는 사업이다. 대부분 공공의 이익을 목적으로 하고 있어 정부 및 공공기관에서 사업을 진행한다. 이러한 사회간접자본형의 사업은 이미 완성단계에 와 있다. 지방 시골길을 가더라도 사방으로 쭉 뻗어 있는 자동차 전용도로를 만날 수 있고, 좁은 국토 곳곳에 공공 시설물로 가득 차 있다.

60년대에 새마을운동은 개발 중심의 정책시행으로 전국이 몸살을 앓았다. 개발만이 살길이라는 정책 앞에서는 환경보호, 노동자의 삶의 질 등은 중요하지 않았다. 그 안에는 부정부패도 일정부분 눈감아 주는 풍토도 형성되었다. 자기의 이익을 위해서 공무원을 매수하거나 상위기관 및 상사에게 뇌물을 주고서라도 목적을 달성하고자 하였다. 당연히 내수경제가 잘 돌아가는 것처럼 보였다. 돈이 돌아가니 모두 가 행복하게 사는 듯 보인 것이다.

이러한 개발 위주의 사업의 한계가 드러나기 시작한 것은 1990년 대부터일 것이다. 삼풍백화점이 붕괴되고, 성수대교가 무너지고, 지 하철 공사장의 폭발사고 등이 연이어 터지기 시작했다. 부정부패로 얼룩진 사회구조가 만들어 낸 대참사가 시작된 것이다. 뇌물로 들어 간 돈을 뽑아내기 위해 철근을 적게 사용하는 등의 방법이 참담한 결 과로 나타났다.

〈표 1〉 GDP와 노동시간과 부패인식지수 순위

순위	국가명	GDP (억$)	국가명	노동 시간	국가명	CPI 지수
1	미국	14조 6,241	대한민국	2,193	뉴질랜드	9.5
2	중국	5조 7,541	그리스	2,109	덴마크	9.4
3	일본	5조 3,908	칠레	2,068	핀란드	9.4
4	독일	3조 3,058	헝가리	1,961	스웨덴	9.3
5	프랑스	2조 5,554	체코	1,947	싱가포르	9.2
6	영국	2조 2,585	폴란드	1,939	노르웨이	9.0
7	이탈리아	2조 366	에스토니아	1,879	네덜란드	9.0
8	브라질	2조 235	터키	1,877	오스트레일리아	8.8
9	캐나다	1조 5,636	멕시코	1,866	스위스	8.8
10	러시아	1조 4,769	슬로바키아	1,786	캐나다	8.7
11	인도	1조 4,300	이탈리아	1,778	룩셈부르크	8.5
12	스페인	1조 3,747	미국	1,778	홍콩	8.4
13	오스트레일리아	1조 2,197	뉴질랜드	1,758	아이슬란드	8.3
14	멕시코	1조 40	일본	1,773	독일	8.0

15	대한민국	9,826	포르투갈	1,714	일본	8.0
16	네덜란드	7,703	캐나다	1,702	오스트리아	7.8
17	터키	7,290	핀란드	1,697	바베이도스	7.8
18	인도네시아	6,950	아이슬란드	1,697	영국	7.8
19	스위스	5,224	오스트레일리아	1,686	벨기에	7.5
20	벨기에	4,613	아일랜드	1,664	아일랜드	7.5

2000년대 들어 사회분위기가 바뀌기 시작했다. 부패에 대한 감시와 견제 등 국민적 노력이 투명한 사회로의 바른 길로 인도하기 시작했다. 하지만 여전히 대한민국의 부정부패 문제는 좀처럼 사라지지 않고 있다. 2011년 기준 경제규모 10위 진입을 목표로 하는 대한민국이 국제투명성기구(TI: Transparency International)가 발표한 부패인식지수(CPI: Corruption Perceptions Index)는 183개국 중에서 43위에 머물렀다.

CPI는 세계은행(IBRD) 등 7개 독립기구가 실시한 국가별 공무원과 정치인 등 공직자의 부패정도에 관한 설문조사와 전 세계 기업인과 애널리스트(analyst) 등의 견해를 반영해 분석하여 평가한 자료다. 대한민국은 경제개발협력기구(OECD: Organization for Economic Co-operation and Development) 34개국 중에서도 27위를 차지해 경제력에 비해 청렴도는 여전히 낮은 위치에 있다. <표 1>은 대한민국의 현실을 보여주고 있는 자료다.

우리나라가 경제규모에 비해 부패인식지수가 현저히 낮다고 판단하는 기준에는 공무원과 정치인의 청렴도가 개선되지 못하고 있다고 보는 견해와 맞물려 있다. 사회 모든 분야에서 그들의 힘이 직접 내지는 간접적으로 작용하고 있다는 맥락과 같다.

최근 경제상황과 맞물려 대부분 영역에서 어려움을 호소하고 사회가 불공정하다고 느끼고 있는 국민이 증가하고 있다. 2011년 마이클 센델의 '정의란 무엇인가'가 신드롬을 일으키며 우리 사회에 던진 화두는 다양하다. 우리 사회가 정의롭지 못하다고 판단하고 있기에 더욱 이슈화된 것일 것이다. 정의가 사라진 사회에서 정부주도의 정책이 관련 성공할 수 있을까? 정의는 없고 부정부패가 팽배해졌다고 믿는 국민이 정부를 신뢰할 수 있을까? 일례로 설사 4대강 사업이 미래에 우리 사회에 커다란 이익을 가져온다고 한들 현재 상황에서 그것을 그대로 믿을 수 있는 국민이 얼마나 될까? 이러한 현실에서 정부주도의 사업이 성공을 얼마나 담보할 수 있을까? 현재 진행되고 있는 정부주도의 일자리정책이 비판받고 있는 이유 중의 하나가 신뢰성을 담보하지 못하고 있기 때문일 것이다.

사회적 취약계층에게 인건비를 지급하는 방식의 사회적기업의 경우도 사회적기업이란 브랜드를 사용하고 있을 뿐이다. 내용 면에서는 과거 새마을운동 시절의 취로사업이 외환위기 이후 공공근로사업으로 사업명이 변경되어 시행되고 있다. 실업자에게 일자리를 제공하는 취지로 시작된 공공근로사업은 실업자를 일시적으로 줄이는 효과는 있지만 사업 그 자체의 생산성은 기대할 수가 없다. 특히 70%가 인건비를 지원하는 방식의 공공근로사업의 경우 효과 측면에서 소기의 목적을 거두기 어려웠다.

1990년대 말 공공근로사업 참여자의 44.1%가 50대 이상이고 27.9%가 경력단절 여성과 학생이었다. 대부분 나뭇가지치기, 황소개구리잡기 등 단순한 작업이었지만 이로 인해 산림을 해치고 생태계를 파괴

한다는 비난이 있었다.

국민의 정부시절 정부자료에 따르면 1조원을 공공근로사업과 사회간접자본(SOC) 사업에 투자할 때 일자리 창출효과는 크게 차이가 났다. SOC에 투자할 시에는 약 3만 명 정도의 고용창출 효과를 보이지만 공공근로사업일 경우에는 약 4배가량인 11만 2,500명의 일자리가 창출된다고 보았다. 단순비교로는 공공근로사업이 일자리 창출효과는 큰 것으로 보인다. 경제적으로 보면 불도저 1대를 가지고 해야 할 일을 10명 이상의 근로자가 삽을 이용하는 형국이다.

정부 입장에서는 실업자에게 그냥 돈을 나눠 주면 근로의욕 저하 등 선진국병이 생길 것이 우려되었을 것이다. 하지만 사회적 취약계층의 지속 가능한 근로현장 제공에는 실패를 하였다. 단기적인 사업에 참여한 실업자의 경우 사업종료와 함께 다시 실업자가 된다. 극히 일부에서는 공공근로사업에 참여하기 위해 말단 공무원에게 청탁하는 일도 비일비재하였다고 한다.

4. 무상정책 논란과 사회적 일자리 사업 출현

2011년 대한민국 수도 서울특별시는 초등학생 무상급식 논쟁에 따른 첨예한 갈등으로 사회혼란을 겪었다. 시장직을 걸었던 오세훈 전 서울시장이 결과적으로 물러났고 혈세를 투입해 보궐선거를 치렀다. 부모의 실직, 경제적 어려움 등으로 점심을 굶고 다니는 어린 학생들이 의외로 많다. 알려지지 않은 청소년 수를 더하면 상당히 많을 것이다. 이는 오래전부터 공공연히 알려진 사실이다. 최소한 점심은 다른 학생들과 동등하게 먹게 해 주는 것이 어른의 도리, 사회덕목이 아닐까라는 인식에서 출발한 무상급식 논쟁이었다.

기존 정부에서 방학을 이용하여 점심을 거르는 아이들을 위해 식권을 나눠 주고 동네 음식점을 이용하게 하거나 반찬가게에 들러 반찬을 가져가게 하는 수단을 이용한 적이 있다. 식권을 들고 점심시간에 동네식당을 찾아가는 어린아이를 생각해 보자. 점심시간에 찾아온 아이에게 식당주인은 잘해 주려고 노력했을 것이라 생각한다. 그러나 아이 스스로 타인의 시선을 감내하기 어려울 것이란 생각이 먼저 앞선다. 가난한 아이로 지목당하는 자체가 싫었을 것이다. 그래서 가지 않는다. 차라리 굶는 것이다. 이러한 아이들이 해를 거듭할수록 늘어만 간다.

학교에서 점심시간에 친구들은 식판을 들고 줄을 서 있는데, 다가갈 수 없는 아이들은 어떻게 하고 있을까? 일부 학교에서 급식비를 내지 않은 학생들은 아예 식당 사용을 허락하지 않는다는 언론보도를 접할 때는 자녀를 키우는 학부모입장에서 견딜 수 없었을 것이다. 그래서 잘사는 아이, 못사는 아이 구별하지 않고 점심이라도 따뜻하게 먹여 보자는 차원에서 출발한 것이다.

무상급식을 반대하는 입장에서는 왜! 잘사는 부자동네 아이까지 무상으로 급식해야 하느냐라는 주장이었다. 우리의 세금을 부자에게 퍼 주어야 하느냐고 항변했다. 재벌 아들에게도 무상으로 급식을 해야 하느냐는 아주 지독한 사례를 들기도 했다. 아이들을 생각하는 마음과 기본 철학이 부족해서 나온 이야기라고 생각한다. 정치적인 입장에서 반대하기보다는 다양한 정책수단을 통한 방법론을 모색했더라면 하는 아쉬움이 남는다.

강남구에 사는 지인이 들려준 이야기다. 작은 아이가 초등학교에 다니는데, 어느 날 선생님으로부터 전화가 왔다고 한다. 학생 몇 명이 가정형편이 어려워 식대를 낼 형편이 안 되는데, 한 명분의 급식비를 내줄 수 없느냐고 조심스럽게 물어보더란다. 처음에는 놀랐다고 한다. '강남구에도 급식비를 내지 못하는 가정이 많구나'라는 생각에 두 명분의 급식비를 자발적으로 납부했다고 한다. 작은아이가 이제 졸업을 했지만 아직도 그 선생님이 기억나고, 평생 기억날 것이라 한다.

급식비를 내지 못하는 아이의 입장을 생각해 주변 학부모의 도움을 받고자 했던 그 선생님의 노력이 아름다운 이야기로 기억되었으면 한다.

2011년 가을 무상급식으로 시작된 무상논쟁은 집권 여당이나 야당이나 할 것 없이 패러다임화되어 버린 것 같다. 표를 의식해야 하는 입장에서 경쟁하듯이 무상정책을 쏟아 내고 있다. 무상교육, 무상보육 등 무상복지논쟁이 점입가경이다. 국민의 입장에서 혜택을 보는 수혜자의 입장에서는 반가운 이야기다. 국가에서 현재의 권력과 미래의 권력들이 모두 다 무상으로 해결하겠다고 접근하는 형국이니 싫어할 이유가 없다. 문제는 재정을 어떻게 마련할 것인가에 대한 고민을 시작해야 한다.

일부에서는 4대강 사업만 하지 않더라도 다 해결된다는 주장도 하고 있다. 2012년 현재 기준에서는 공감대가 형성될 수 있는 주장이다. 그만큼 국민경제가 어렵다는 반증이기도 하다. 모두가 힘들다고 하고 실제로 힘든 생활에 지쳐있는 것 또한 사실이다. 국가가 일부라도 무상으로 저출산 문제를 해결해 주기 위한 정책으로 무상보육과 교육을 해 준다는데 싫어할 젊은 부모가 있겠는가. 고교 졸업학생 대부분이 대학을 진학하는 현실에서 서울시립대학교의 반값등록금은 타 대학교에 자녀를 보내는 부모의 입장에서는 당연히 부러울 것이다.

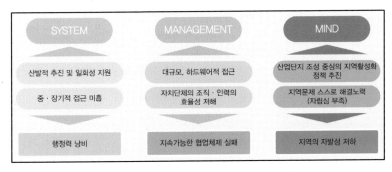

[그림 3] 정부 주도의 지역활성화 사업 문제점

　이러한 무상복지논쟁과 맞물려 지역사회 일자리 창출과 삶의 질 향상이란 목표로 시행하고 있는 사업이 사회적기업과 마을기업이다. 물론 경쟁력 있는 사람들에게 까지 보조금을 지원하는 정책은 아니다. 기본적으로 취약계층으로 분류되어 사회에서 같은 경쟁력을 보일 수 없는 사람들에 국한된 지원정책이다.

　정부주도의 지역활성화 사업은 시스템, 관리, 마인드 차원에서 문제점을 갖고 있다. [그림 3]과 같이 시스템 측면에서는 지속성 있는 정책보다는 정권 교체 시마다 새로운 사업명으로 부처마다 산발적으로 추진하거나 일회성 지원으로 끝나는 경우가 많다. 이러한 사업은 중장기적인 로드맵이 없는 상태에서 진행됨으로써 수많은 행정력을 낭비하고 있다. 관리적인 측면에서는 대규모 공사 등 하드웨어적인 사업 실시로 가시적으로 보이는 사업이 중심을 이루었다. 이러한 사업추진은 지방자치단체의 조직과 인력의 효율성을 저해하면서 지속가능한 협업체제를 붕괴시키는 결과로 나타났다. 마인드적인 측면에서는 개발과 성장이라는 명목하에 지방마다 산업단지 중심의 지역활성화 정책이 시행되었다. 즉 사람 중심보다는 공장 중심의 조성으로 인하여 지역주민이 스스로 자립할 수 있는 공간을 없애는 문제가 나타났다. 위로부터 아래로 내려오는 동일한 정책은 지역의 자발성을 저하시키는 요인으로 작용했다. 이러한 문제들에 대한 반성과 지역을 중심으로 하는 사업 필요성이 제기되면서 사회적 일자리 사업 등과 같은 새로운 정책이 등장하는 계기가 된 것이다.

사회적기업의 경우 장애인, 경력단절 여성, 다문화 가정, 새터민, 한부모가정, 장기 실업자 등을 위해 사회적기업에 취업을 할 경우 최소한의 인건비를 지원해 주고 있다. 한 기업당 최대 50명의 인건비를 지원해 준다. 매월 5,000만 원 정도의 인건비를 지원받을 수 있다. 취약계층이 전체 구성원의 30% 이상이면 조건이 충족된다. 취약계층 몇 명만 확보되면 첫해 종업원 1인당 100만 원의 인건비를 전체 직원이 혜택받을 수 있는 제도다. 매년 10%씩 인건비 지원이 감소되나 최고 3년까지 지원하게 되니 사회적기업을 운영하는 입장에서는 대단히 고마운 제도이다. 물론 영업이익이 나면 이익금의 30%를 사회에 환원해야 한다. 마을기업의 경우는 지역주민이 지역자원을 활용하여 회사를 운영하게 되면 첫해에 사업활동비로 5,000만 원을 지원해 준다. 첫해 실적을 통해 2년 차에는 3,000만 원을 보조하게 된다.

두 사업 모두 중앙정부와 광역과 기초지방자치단체가 자금을 마련하여 집행하고 있다. 기본적으로 사회적 취약계층 내지는 지역사회에서 경제적 경쟁력을 상실한 주민에게 정부가 고용창출을 유도하고 지역 활력을 도모하려는 접근방법이다. 그러나 이러한 정부지원방식의 사회적 일자리 창출 사업의 효과성에 대해서는 논란이 많다. 사업 시행 초기단계에 나타날 수 있는 현상이라고는 하지만 그 정도가 심하다. 사회경제적 가치이념을 인식하고 취약계층에게 사회일자리를 제공하려는 사회기업가 마인드보다는 정부의 보조금으로 사업을 시작하려는 사례가 빈번했기 때문이다.

마을기업보다 인건비를 지급하는 수단을 활용한 사회적기업의 경우가 논란의 중심에 있다. 시장에서는 정부의 보조금으로 사업을 시작하려는 사람들이 본질을 훼손했다는 지적도 있다. 하지만 근본적으로는 그러한 장을 마련해 준 곳은 정부이기에 공급자부터 반성을 해야 한다. 일시적인 고용창출 효과만을 위해 통계학적인 취업률 증가를 고려한 정책으로 전락했다면 더욱 심각하다. 마을기업 지원은 최대 2년, 예비 사회적기업의 경우 2년, 사회적기업의 경우 3년 한시적 지원을 하게 된다. 두 사업 모두 일시적 효과를 본 것은 분명하다. 작은 단위의 마을을 중심으로 활력을 찾아가고 있으며, 취약계층의 경우 숨을 쉴 수 있는 곳을 마련해 주었기 때문이다.

정부의 정책이 일시적 처방을 통하여 견인역할을 한 것만으로도 충분하다고 할 수 있을지 모른다. 그러나 이러한 임시방편 정책의 결과는 예상하지 못한 문제를 일으키고 있다. 오랜 세월 동안 정부의 보조금으로 운영하거나 지탱해 왔던 단체의 경우 현재 보조금이 중단되면 살아갈 수 없다고 항변하기 시작했다. 인건비 중심의 지원을 하는 사회적기업의 경우 사업활동비를 줘야 한다고 주장하고, 그 반대인 마을기업의 경우 인건비 비중을 늘려 달라는 목소리가 많다. 주변에 마을기업 또는 사회적기업을 운영하거나 중간지원조직 활동을 하는 사람들의 이야기가 같은 내용이다. 필자가 마을기업과 사회적기업 실태조사를 위해 현장방문 등을 통해 직접 들었던 이야기들이다.

사업운영 목적으로 정부지원금을 받았으나, 정부의 지원금이 중단되어도 스스로 기업을 운영할 수 있다고 말하는 대표자를 만나기가 쉽지 않았다. 모두들 어렵다고 한다. 그래서 지원기간을 더 연장해 주거나 다른 방법으로 보조금을 내려 달라고 호소한다. 이야기를 듣고 있으면 곤혹스러운 표정관리를 어떻게 해야 할지 난감한 적이 한두 번이 아니다. 처음에는 참으로 답답하다는 생각을 했다. 기업을 운영하는 초기 단계에 인건비를 지원하거나 사업활동비를 지원해 주는 것이 얼마나 큰 힘이 되는데, 아직도 지원금이 부족하다고 할까? 어떤 사례의 경우는 참으로 양심이 없다고까지 생각이 들었다. 계속되는 정부보조금으로 회사를 운영하는 방식이라면 이렇게 하는 사업이라면 누군들 못 하겠는가라는 생각이 앞섰다.

하지만 그들에 대해서 손가락질을 하지 못했다. 기본적으로 구조적으로 취약한 상태에서 출발한 단체들이기 때문이다. 그들이 원해서 시작했다기보다는 정부 주도의 사업이 단기적 성과를 원하고 있기 때문이다. 정부가 장을 만들어 놓았기에 일정부분 정부가 그 책임을 완수해야 하는 의무가 있다. 그럼에도 무엇이 이들에게 보조금 지원 확대에 목을 매게 만들었는지 돌이켜 보지 않을 수 없다.

5. 일자리 창출을 위한 새로운 정책수단

　현재의 사회적기업의 경우는 과거 공공근로사업의 약점을 보완하고 근로의욕을 함양하기 위해 기업이란 시스템에 취약계층의 취업을 위탁하는 형태로 변형되었다. 2007년 7월 사회적기업 육성법이 국회에서 제정되었지만 2009년 말까지 사회적으로 큰 호응을 얻지 못했다. 소위 사회적 빈민운동과 복지운동을 하고 있던 시민사회 활동가를 중심으로 서서히 폭을 넓혀 가는 상황이었다.

　국외적으로는 2007년 봄부터 시작된 미국발 서브프라임모기지 (Subprime Mortgage) 사태로 인해 초대형 모기지론 대부업체의 도산 파동, 2008년 말 일본 후쿠오카에서 열린 제1회 한중일 서밋 정상회담에서 중국과 일본이 자유무역협정(FTA)을 요구하고, 2009년 초 씨티그룹이 전체 20%의 대규모 인원감축을 하기 시작했다. 이는 1929년 대공황 이후 세계적으로 최대의 경제위기를 불러온 것이다.

　국내적으로는 계속되는 국내경기 침체에도 불구하고 MB정부의 4

대강 사업 등 공약이행을 위한 사업전개로 일자리 창출을 도모하였지만 실제적인 고용창출로 이어지기에는 한계가 있었다. 바로 이러한 시기에 사회적기업은 일자리 창출이란 정책목표에 부합하는 새로운 정책수단으로 적절하게 이용되었다. 사회적기업의 근본적인 취지가 다양함에도 경제적 위기와 맞물려 사회적 취약계층의 고용창출에만 집중된 것이다. 정부주도의 사회적 일자리 창출 사업과 맞물려 기존 기업들이 조직 구성원의 일정 부문을 사회적 취약계층을 고용하면 전 직원에게 고용노동부가 인건비를 지원해 주는 방식으로 풀어 나갔다. 재정에 허덕이던 기업의 입장에서는 당연히 환영할 일이었다. 100만 원이 되지 않는 돈이지만 최대 50명까지 매달 5,000만 원의 보조금을 받아서 회사를 운영할 수 있는 방안이 마련된 것이다.

고용노동부의 사회적기업으로 인증을 받으려면 7가지 조건을 갖춰야 한다. 당장 쉽지 않은 일이었다. 이때 예비 사회적기업이란 수단이 등장한다. 4가지 조건을 갖춰 최대 2년간 보조금을 지원받고 구비조건을 갖추면 사회적기업으로 전환할 수 있게 만들었다. 여기에 서울시와 경기도, 충청남도 등 광역자치단체 등을 중심으로 서울시지정 예비 사회적기업, 일명 서울형 사회적기업이란 정책이 발표된다. 3가지 조건만 갖추면 최대 2년 동안 광역자치단체 예비 사회적기업이 되어 보조금을 받게 되었다. 이 기간 동안 고용노동부가 요구하는 조건을 구비하면 고용노동부 사회적기업으로 전환하여 최대 3년간 인건비를 지원받게 되는 구조이다.

2010년 봄은 사회적기업, 마을기업, 농어촌공동체회사, 커뮤니티비즈니스사업 등 인건비와 사업비 방식의 정부주도형 일자리 창출 사업이 경쟁체제에 들어가기 시작했다. 고용창출에 목말라 있던 청와대의 의지는 중앙부처들 간의 경쟁으로 이어졌다. 취업률 확대를 위한 상품개발의 요구에 부처는 사회적 일자리 창출 사업에 응대했다. 고용노동부, 행정안전부, 농림수산식품부, 지식경제부, 보건복지부, 문화관광부 등이 중심이 되어 각 사업을 희망하는 기업들을 모으기 시작했다. 이러한 부처 간 전쟁은 2010년 여름을 기점으로 절정에 달했다.

2010년 하반기부터 2011년 말까지의 사회적 일자리 창출 사업은 마치 유행처럼 번져 나갔다. 중앙부처의 사업, 광역지방자치단체에 이어 기초지방자치단체까지 지자체 브랜드를 내걸고 사업개발에 나섰다. 이때가 사회적 일자리 사업에 참여한 시민사회단체 및 참여자들의 최고의 전성기였다. 질은 고려하지 않았다. 양이 중요했다. 기본적인 3가지 조건만 갖추면 사업이 가능하거나 인건비를 지원받을 수 있는 구조였기 때문이다. 일부 지자체에서는 사람들의 기호에 맞게 당신은 마을기업, 당신은 사회적기업을 선정해 주는 웃지 못할 사태까지 나타났다. 그만큼 아이템이 부족했고, 참여자의 의지는 뒷전으로 밀렸다. 이러한 사례들로 인하여 참여하고 있는 단체들마저 우려의 목소리가 높아져 갔다.

정부주도 사회적 일자리 창출 사업은 2012년 들어 서울시를 중심으로 반성의 모드로 진입한다. 인건비 지원방식의 문제점이 본격적으로 논의되고 단순한 일자리 창출 취업수치에는 도움이 되지만 실질적인 삶의 질 향상 등 각 정책이 추구하는 지속가능성을 담보하지 못하고 있다는 자각을 하기 시작한 것이다.

3년간 시범사업을 하겠다고 건국대 산학협력단과 MOU를 통해 커뮤니티비즈니스사업을 시작한 지식경제부가 시행 8개월 만에 돌연 사업을 중지했다. 이를 두고 시민사회에서 다양한 해석이 인구에 회자되기 시작했다. 위 사업은 콘텐츠가 다른 부처의 아이템보다 다양했고, 시민사회 활동가를 중심으로 현장 실험을 통한 사업전개로 인해 주목을 받았다. 그럼에도 지식경제부의 시범사업이 중단된 뒤에는 고용노동부의 사회적기업으로의 일원화를 위한 조치였다는 소문이 돌았다.

MB정부에서 고용노동부 장관들은 소위 실세장관이 차지했다. 2009년 9월에 취임한 임태희 장관은 2010년 8월에 청와대 대통령실 실장으로 나갔고, 그 뒤를 이은 박재완 장관은 2011년 5월 말까지 장관재임하다 기획재정부장관으로 자리를 옮겼다. 역대 어느 정부에서 볼 수 없었던 고용노동부장관들의 파워로 인하여 사회적기업의 일원화 모색은 예정된 수순이었다. 이러한 상황에서 지식경제부 사업은 중단되고, 사회적기업으로 전환을 유도하였고, 농림수산식품부의 경우는 적은 예산으로 명맥을 유지하는 선에서 정리되었다. 그나마 행정안전부 마을기업이 고용노동부 사회적기업 숫자와 대등한 양적 확대를 통하여 한 축으로 자리를 잡은 상황이다.

하지만 행정안전부 마을기업의 최대 약점은 근거법이 마련되지 못했다는 것이다. 지속가능성을 담보하려면 법률 제정이 기본이다. 이를 위해 2010년 9월 국회 정책토론회를 시작으로 법률안 제정을 도모하였고, 법률안 상정을 준비하였지만 야당소속 의원의 입법발의의 한계, 부처 수장의 소극적인 태도, 타 부처의 극심한 반대에 직면하면서 제19대 국회로 공이 넘어간 상태이다.

6. 마을기업과 사회적기업의 필요성

영리를 목적으로 운영하는 기업들 사이에 마을기업, 사회적기업, 농어촌공동체회사 등 기업 형태의 구조가 왜 필요한 것일까? 자본주의 경제로 인한 산업발전은 우리에게 다양한 형태의 편의를 제공하고 있다. 그러나 물질만능주의 확산으로 인해 오히려 인간의 삶의 질은 나아졌다고 보기 어렵다. 기본적으로 건강한 삶을 영위하기 위해서는 의식주가 해결되어야 하고, 건강해야 하며, 교육과 문화의 동등한 배려, 공동체 의식함양, 유무형의 자원 등 다양한 재화나 서비스가 절대적으로 필요할 것이다.

거버넌스를 실현하는 차원의 정부·기업·시민의 구조는 이러한 재화와 서비스를 제공하여 시민의 생활수준을 높이는 등 많은 성과를 보이고 있다. 그럼에도 장기간에 걸친 경제침체는 거버넌스를 실현하기에는 한계가 있다. 갈수록 심화되는 경제 양극화는 교육, 문화, 건강 등 생활 전반에 걸쳐 양극화를 불러오는 악순환을 가져왔기 때문이다. 고용이 이루어지지 않는 성장을 보완하기 위해 정부의 과도한 재정지출이 반복되면서 국가 전체로도 채무국가로 전락되는 형국이다.

삶의 질 향상을 위한 사회서비스 욕구는 점점 확대되어 가고 있으나, 기본적인 일자리가 부족한 사회구조가 희망보다는 절망, 기대보다는 포기를 안겨다 주고 있다. 저출산과 고령화, 아이를 낳아 기르는 것이 경제적 부담으로 작용하면서 가능하면 출산을 포기하는 추세다. 지역에 따라서는 초고령사회로 진입한 지 오래되었다. 4계절이 뚜렷했던 대한민국도 지구환경문제 등으로 봄과 가을이 짧아지고 여름과 겨울이 늘어나는 이상기후를 보이고 있다. 정부의 재정악화로 인해 지방자치단체들의 힘겨운 홀로서기가 이어지고, 시민사회 영역도 정치참여 등 권력화되면서 현장에서 일을 할 수 있는 사람이 없다. 예전처럼 무보수 봉사를 기대한다는 것 자체가 현실을 모르는 생각일 것이다.

마을기업과 사회적기업 등 사회적 경제 형태의 기업들이 필요한 시점이다. 자원봉사의 한계를 극복하고 일정의 이익을 공유할 수 있도록 시스템이 마련되었다. 공공성과 수익성을 절묘하게 조합하여 주민이 다시 지역의 문제를 해결하고 더 나아가 사회적 문제를 해결할 수 있는 장을 마련한 것이다.

마을기업이나 사회적기업은 앞에서 언급한 문제를 해결하기 위해 등장한 묘수이기도 하다. 사회가 요구하는 사회서비스 주체가 시민이 될 수 있는 구조를 만들고, 행정이 이를 지원하며, 기업이 참여하는 형태이다. 거버넌스를 실현할 수 있는 기회이기도 하다.

사업실시 초기의 사회적기업은 대부분 복지시설 중심의 복지관련 사업이 많았고, 마을기업은 농산물 제조 판매 등 1차 산업 중심의 사업이 많았다. 그러나 시간이 흐를수록 다양한 영역을 확대해 나가면서 사회구조의 악순환 시스템을 선순환 구조로 바꿔 주는 약방의 감초로서 역할을 기대하고 있다. 육아·청소년·장애인·다문화·고령자 돌봄 등의 복지계열 사업, 물·식량·자원·에너지·환경 재생 등의 환경계열 사업, 주택·공동시설 개보수 사업 등 사회적 경제 전체를 아우를 수 있는 형태로 발전하고 있다.

이러한 마을기업과 사회적기업 등 사회적 일자리 사업이 지속 가능하게 유지된다면 다양한 효과를 거둘 수 있다.

첫째, 시민사회 역량증진과 지역활성화를 가져올 수 있다. 현재 우리 사회의 고질병인 생활습관, 쓰레기와 담배꽁초 무단투기, 끼어들기, 집단이기주의, 적대적 표출 등 쉽게 고칠 수 없는 사회문제들을 공동체 의식을 심어 주면서 일부분 개선할 수 있다. 공동체 의식 함양에 있어 단순한 교육홍보만으로는 한계가 있다. 따라서 마을기업 또는 사회적기업 등을 통하여 지역의 문제와 사회문제를 해결할 수 있도록 유도하는 것이다. 이러한 기업형태는 지역사회 단위에서 유익한 서비스를 제공하는 보람 있는 일자리를 주민뿐만 아니라 취약계층까지를 노동시장으로 통합하는 효과가 있다. 이를 통해 스스로 마을의 문제와 사회문제를 해결할 수 있도록 거버넌스 지원방식을 통해 해결해야 한다.

지역의 문제를 고민하는 주민은 지역자원을 활용하여 사업화하고, 신규사업 아이템을 발굴하여 지역을 모토로 하는 기업이 지역의 선순환을 이끌어 가는 원동력으로 기능할 수 있도록 해야 한다. 주민 스스로 노력하는 과정을 통하여 새로운 산업을 육성하고 지역의 일자리 창출을 가져오는 지역순환 경제를 형성할 수 있다. 주민이 협동하여 운영하는 기업단위 구조가 많아질수록 지역의 경제뿐만 아니라 사회, 문화, 복지 등 다양한 지역활성화를 가져오는 효과를 기대할 수 있다. 특히 주민이 공동으로 출자하고 사업하는 활동 자체가 풀뿌리 민주주의 발전 및 지역공동체 형성에 기여하여 지역을 활성화할 수 있다.

둘째, 기업의 사회참여가 확대될 수 있다. 영리를 목적으로 하는 기업정책으로는 더 이상 소비자의 관심을 이끌어 낼 수 없다. 소비자가 외면하는 순간 기업으로서 존재감이 사라질 수 있기 때문이다. 이를 알기에 대기업 중심의 사회적 책임을 다하려는 노력이 나타나는 것이다. 기업 자체적으로 마을기업이나 사회적기업 형태의 신규 기업을 설립하여 운영할 수도 있지만, 지역의 사회적 경제 기업들과 연계하여 공생하는 방안이 장기적으로 기업의 지속가능성을 보장할 수 있을 것이다. 지역공동체 기업에 일정부분 투자를 하거나, 기업이 갖고 있는 전문성을 발휘하여 운영과정에 도움을 줄 수 있다. 또한 생성된 제품과 서비스를 우선적으로 구매하여 그들이 일정부분 자생력을 가질 수 있도록 도움을 줄 수 있을 것이다.

이러한 행위는 기존의 일회성 기부나 홍보차원을 벗어나 실질적인 사회적 책임을 다하려는 투자형태이며, 기업의 윤리경영 문화를 확산시키는 데도 기여를 할 수 있다. 또한 마을기업과 사회적기업의 활동에 의한 결과물이 기업의 새로운 성장동력으로 이어질 수 있는 기회도 얻을 수 있을 것이다. 이러한 일련의 적극적 참여의지에 따라서 소비자에게 외면 받지 않고 공생하는 기업 이미지 제고 여부에 따라서 기업의 지속가능성이 보장받을 수도 있다.

셋째, 행정의 탄력성을 가져올 수 있다. 다양해지는 복지욕구 등으로 정부 및 자치단체의 재정악화는 심각한 수준에 이르고 있다. 모든 지역문제 및 사회적 문제를 행정이 다 처리할 수는 없다. 일정부분 민간영역이 역할을 맡아 줌으로써 행정의 운용에 있어 탄력적인 활동을 보장받을 수 있다. 특히 준공익적 서비스를 행하는 데 있어서 행정이 맡기보다는 지역주민에게 위탁했을 경우에 효과가 더 크게 나타날 수 있다.

이러한 역할을 하는 단체에게 기존 방식처럼 자원봉사 개념으로 접근해서는 안 된다. 마을기업과 사회적기업이 성장할 수 있도록 적극 지원하고, 이들을 통해 행정이 미치지 못하는 공공서비스 분야를 대신할 수 있도록 해야 한다. 이러한 공공서비스 혁신은 정부의 재정 지출을 감소시키는 효과를 가져올 수 있어 행정개혁의 밑거름이 될 수 있다.

영국, 프랑스, 이탈리아, 폴란드, 미국 등 사회적 경제가 발달된 선진국가에서는 각종 사회 현안을 정부·기업뿐만 아니라 시민 영역에서도 함께 해결해 나가면서 고용도 흡수해 나가는 거버넌스 체제를 실현하고 있다.

2장

마을기업과
사회적기업의 차이

1. 커뮤니티비즈니스와
   소셜비즈니스의 구분

커뮤니티비즈니스, 마을기업, 사회적기업이란 단어는 많이 들어 봤을 것이다. 각각의 단어가 의미하는 본질이 다름에도 불구하고 시민의 입장에서는 비슷하게 이해하고 있는 현실이다. 특히 소셜비지니스는 일부 전문가그룹에서나 사용되고 있다. 따라서 마을기업과 사회적기업을 구분하려면 커뮤니티비즈니스와 소셜비즈니스를 먼저 이해하여야 한다.

커뮤니티(community)에는 다양한 개념이 포함되어 있어 본질은 같으나 조금씩 다른 해석을 하기도 한다. Warren(1963)은 주요한 사회적기능을 수행하는 사회 집단과 시스템의 조합, 그리고 사회적 활동을 수행하는 조직으로 이해했다. National Research Council(1975)에서는 서로 가까운 곳에 살면서 공통의 이해와 상호 부조로 연결되어 있는 사람들의 집합으로 정의했다. Wilkinson(1991)은 영토(장소), 주민 간의 정규적인 상호 작용을 제공하는 사회적 조직(기관), 공동의 이익을 고려하는 문제에 대한 상호 작용의 요소를 포함한다고 말했다. Mattessich and Monsey(2004)는 지리적으로 한정된 지역에 거주하면서 사회적, 정신적으로 그들이 사는 지역에서 서로 연결된 사람들을 커뮤니티라고 주장했다.

이렇듯 커뮤니티는 일반적으로 지역을 의미하기도 하고(communities of place), 공통의 이해나 서로 다른 이해를 가진 개인들이 모인 집합(communities of interest)으로 구분할 수 있다. 따라서 커뮤니티는 지리적으로 한정된 지역에서 공동의 이익을 고려하는 상호 작용을 나누는 주민, 또한 그들 간의 정규적인 상호 작용을 제공하는 주민조직, 사회적 조직(기관)들의 집합체라고 이해할 수 있다. 우리나라의 경우 커뮤니티 관련정책을 수행하기 위한 한정된 지역은 광역적 영역으로 국가와 16개 광역 시·도를 상정할 수 있다. 미시적 영역으로는 실제적으로 프로그램을 집행하는 228개 기초지방자치단체인 시·군·구 행정기구와 마을기업과 사회적기업과 같은 프로그램이 집행되는 커뮤니티 단위인 읍·면·동 영역이라 할 수 있다.

커뮤니티비즈니스(Community Business)와 소셜비즈니스(Social Business)에 대한 기원 및 어원에 대한 정확한 이해가 전제되어야 한다. 그래야 마을기업과 사회적기업에 대한 구체적 정책목표를 설명하고 수단으로서의 역할을 할 수 있다.

우리나라가 사용하고 있는 커뮤니티비즈니스는 일본에서의 사용하고 있는 용어를 적용하였고, 일본은 영국의 지역사업과 사회적 사업을 일본식으로 내재화하여 발전시킨 것으로 보면 된다. 따라서 우리나라의 커뮤니티비즈니스 용어의 기원은 영국에서 출발했다고 이해하면 된다. 이렇듯 커뮤니티비즈니스는 1970년대 중반에 설립된 영국 스코틀랜드 지방의 'Community Business Scotland(CBS)'라는 중간적인 지원조직의 형태인 유한회사에서 시작되었다. Hayton(1984)은 영국의 커뮤니티비즈니스는 지역커뮤니티가 주체(설립·운영·소유)가 되어 지역주민의 고용과 지역의 발전에 초점을 두고 운영하는 사업조직이라 하였다.

반면 일본에서는 버블경제 붕괴 후, 구도심을 중심으로 지역경제가 무너지면서 지역 재활성화를 위한 방안으로 도입했다. 1990년대 중반부터 커뮤니티비즈니스라는 용어를 사용하기 시작했다. 한국 시민사회에 널리 알려진 일본학자 호소우치 노부타카(2007)는 자신이 살고 있는 지역을 건강하게 만드는 주민주체의 지역사업이라고 전제하였다. 그는 정부나 기업이 제공하는 상품·서비스와 달리 주민 스스로가 지역의 어려움을 해결하고 삶의 질을 높이기 위한 활동을 비즈니스로 전개하려는 행위를 커뮤니티비즈니스를 통해 설명하고 있다. 일본에서 커뮤니티비즈니스란 마을 만들기 경험의 축적이 비즈니스의 차원으로 전개된 것이다. 지역주민이 자발적으로 지역문제 해결에 착수하고자 지역 자원을 활용하여 지역활성화를 도모하되, 커뮤니티를 기반으로 한 지역주민 간 공동체 활성화를 중요한 목표로 두고 있다.

일본의 고베도시문제연구소(神戸都市問題研究所, 2002)는 커뮤니티비즈니스를 사업성, 지역성, 혁신성, 시민성, 지역공헌성의 5가지 조건으로 설명하고 있다. 첫째, 독자적인 사업을 통해 수익을 얻어 자율성을 확보(사업성)한다. 둘째, 일정한 지역을 대상으로 사업을 전개(지역성)한다. 셋째, 사업내용·목적으로서 사익을 확보할 뿐만 아니라 지역사회의 과제를 해결(혁신성)한다. 넷째, 지역주민 등 시민섹터가 자본·운영상의 주도권을 확보(시민성)한다. 다섯째, 수익의 일부를 지역에 환원하거나 일자리를 창출하는 등을 통해 지역에 공헌(지역공헌성)하는 사업이라고 정의하였다.

우리나라에서의 커뮤니티비즈니스의 개념은 어떻게 해석해야 할까. 국내 환경 여건을 고려하여 개념화해 보면 다음과 같이 정의할 수 있다. 커뮤니티비즈니스란 지역공동체가 주체가 되어 지역이 안고 있는 문제를 공동으로 해결하려는 과정이다. 여기에 비즈니스적 방법을 이용하여 그 활동의 이익을 지역에 환원하는 사업의 총칭으로 정의할 수 있다. 다시 말해 지역 주민이 주체가 되어, 지역의 당면 문제들을 지역자원을 이용해 지속 가능한 사업의 형태로 해결하는 것으로 핵심은 지역공동체 복원과 지역의 자생력을 키우는 것이다.

또한 커뮤니티비즈니스는 지역주민(지역성), 행정위탁(공익성), 기업활동(수익성), 시민활동(주체성)이 교차하는 영역에 위치하고 있다. 국가 및 정부가 담당해야 할 부담을 지역사회에 넘긴 것이 커뮤니티비즈니스의 역할이자 기능인 것이다. 행정업무는 기본적으로 중앙정부와 지방자치단체가 담당해야 한다. 지방자치제 실시 이후 작은 정부 지향, 시민역량 강화 등 내적으로나 외부환경변화에 따라 일부 기능을 시민에게 의지해야 하는 구조가 되었다. 행정의 효율성을 추구하고 있지만 경제성을 고려하여 제3섹터(공동출자기관)를 운영하거나, 비영리사업(NPO) 및 시민사업을 지원하기에 이르렀다.

하지만 단순한 시민활동으로는 공익성과 수익성을 추구하기 어렵고, 행정의 입장에서는 지역성과 주민의 주체성을 담보하기 어려운 영역에서 그 활동이 시작된 것이다. 개별적 또는 집단의 논리를 적용하기 모호하며, 영리와 비영리가 구분되기 어려운 지점이 있다. 지역사회의 문제를 지역주민의 힘으로 해결하는 영역이 커뮤니티비즈니스가 맡고 있는 영역이라 할 수 있다.

우리나라에서 소셜비즈니스란 단어는 다소 생소하게 들린다. 반면 소셜네트워크(Social Network)란 단어는 익숙할 것이다. 트위터, 페이스북, 블로그 등 소셜네트워크 서비스에 대한 국민적 관심으로 일상화된 용어이다. 소셜네트워크의 사전적 의미는 웹(web) 상에서 개인 또는 집단이 하나의 노드(node)가 되어 각 노드들 간의 상호 의존적인 관계에 의해 만들어지는 사회적 관계 구조를 말한다. 다시 말해 사람과 사람을 연결하여 다양한 정보공유를 하고 온라인을 통해 인맥관리와 자기표현 등을 통해 생면부지인 타인과 관계를 맺고 있는 것이다.

소셜비즈니스는 여기에 비즈니스라는 기법을 더한 것이다. 기존의 다양한 산업분야에 소셜네트워크가 결합되어 사용되는 현상의 일환으로 설명할 수 있는 일종의 소셜네트워크 사업의 비즈니스 모델이다. 커뮤니티비즈니스와는 달리 소셜비즈니스의 정확한 사전적 의미는 없다. 따라서 다양한 해석이 있지만, 사회적 책임과 가치를 실현하는 도구로 사용된다.

커뮤니티비즈니스는 영국의 글래스고(Glasgow)에서 경제의 서비스화를 추구하는 탈공업사회의 실업문제의 특성에서 출발했다. 즉 수급의 부조화(mis-match)에 주목해서 장기실업 중인 기존 공장노동자에게 새로운 기술과 커뮤니케이션 능력을 배양시키고자 한 것이다. 주로 서비스 산업분야의 노동시장으로 복귀하게 하려는 목적으로 하는 매개적 노동시장(intermediate labor market) 정책의 실시과정으로서 그것을 책임지는 비영리사업을 지향하여 이용한 것이 시작이었다. 글래스고는 영국 북부에 위치, 스코틀랜드 최대의 도시이다. 클라이드 강에 독(dock)을 잇따라 세운 조선소를 비롯하여, 공업이 발달한 도시이며, 위스키 생산지로서도 유명하다.

　게다가 영국에서의 커뮤니티비즈니스는 지역과제를 해결하고 무엇보다도 실업대책, 고용창출의 수단으로서 기대되었다. 그러나 대량의 공적자금이 투입되면서 대부분의 커뮤니티비즈니스는 공적자금에 쉽게 의존하는 경향이 강해졌다. 의존성 심화, 자립심 약화 등이 문제가 되면서 현재는 그다지 좋은 의미에서 사용되지 않고 바꿔서 사회적기업이라고 하는 용어가 일반적으로 사용되고 있다.

　일본에서의 커뮤니티비즈니스는 '지역사회, 삶의 문제를 사업기법을 통해서 해결한다'로 정의되어 고용창출은 그 부차적인 효과로서 이용되고 있다. 그럼에도 실업문제의 심각화를 배경으로 커뮤니티비즈니스에 고용창출 효과를 기대하는 목소리는 점점 높아져 가고 있다. 예를 들어, 일본 후생노동성이 발표한 고용창출 기획회의 자료를 보면 2004년 기준 6만 명에 달했던 커뮤니티비즈니스의 고용규모는 2014년에 약 90만 명에 달할 것으로 예측을 하고 있다.

　그러나 주지한 바와 같이 일본의 NPO 및 커뮤니티비즈니스에서 일하는 유급 종사자의 수입은 낮은 상황이다. 일부 간호지원 등 사회복지 단체를 제외하면 실질적인 고용을 창출하고 있다고는 말하기 어려운 상황이다. 그것은 커뮤니티비즈니스의 대부분 분야가 시장노동과 언페이드 워크(Unpaid Work)라 불리는 무상노동(가사노동과 지역사회의 원조)의 사이의 그레이 존(gray zone)에 있기 때문이다. 즉 가사, 육아, 간호 등 임금 지급이 없는 가사노동과 지역사회의 원조 영역에 있기 때문이다. 이쪽저쪽도 아닌 중간영역 내지는 막연한 영역지대이다.

일본에서 커뮤니티비즈니스를 주관하고 있는 중앙부처인 경제산업성(2011)은 소셜비즈니스에 대해 환경과 빈곤 문제 등 다양한 사회적 과제를 비즈니스를 통해 해결하려는 활동의 총칭으로 정의하고 있다.

경제산업성의 자료에 의한 소셜비즈니스는 사회성, 사업성, 혁신성 등 3가지를 그 특징으로 제시하고 있다. 첫째, 현재 해결이 요구되는 사회적 과제에 관심을 기울이는 것을 사업활동의 미션(사회성)으로 정한다. 둘째, 사회성의 미션을 비즈니스의 형태로 나타내고, 계속적으로 사업활동을 진척(사업성)시켜 나가는 것을 말한다. 셋째, 새로운 사회적 상품과 서비스를 제공하기 위한 구조를 개발하거나 그 활동이 사회에 퍼지는 것을 통해서 새로운 사회적 가치를 창출(혁신성)하는 것을 말하고 있다. 일본에서 소셜비즈니스의 개념은 2008년 이후에 등장했다. 지역의 문제에서 벗어나 사회 전체의 문제를 해결하고자 영역을 확대해 나가고 있다.

영국, 일본 등 선진국에서의 소셜비즈니스는 사회문제에 대한 정부 지원의 한계가 노출되고, 사회적 과제의 증가, 다양한 분야에서 나타나는 문제들을 새로운 방식으로 해결하고자 하는 노력에서 출발했다. 다시 말해, 급변하는 다양한 환경에 대응하여 행정 이외의 행위자로서 지역과 지역을 넘어 사회적 과제에 대한 사업성을 확보하면서 해결하려는 새로운 비즈니스 방식인 것이다.

소셜비즈니스는 행정이나 기업의 협동 파트너로서 기능이 상존하고 있다. 새로운 공공영역의 담당자로서 사회적 문제를 해결하려고 하는 수단으로 존재한다. 이를 통해 새로운 산업을 형성하고 고용을 창출하고, 지역 및 사회경제 전체의 활성화를 짊어지는 주체로서 역할이 기대된다.

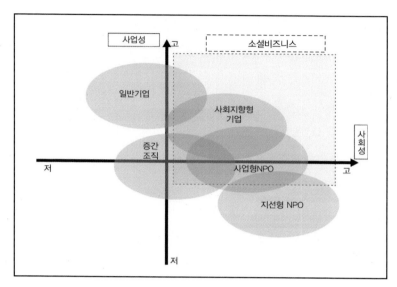

[그림 4] 소셜비즈니스의 영역

소셜비즈니스는 사회적 목적 실현 이외 시장성을 중요시한다. 사회경제적 가치를 중시하며 기업의 논리와 사업이란 맥락을 동시에 내포하고 있다. 시장에서의 자립성과 독립성이 동반되어야 한다.

시장성을 기준으로 소셜비즈니스의 사업형태는 3가지 유형으로 구분가능하다. 첫째, "Ⅰ형"은 사업가형으로 가장 시장성이 높은 것을 말하며, 둘째, "Ⅱ형"은 사회사업가형으로 시장성이 약간 있는 것, 셋째, "Ⅲ형"은 복지사업가형으로 시장성이 없는 것으로 구분한다.

이 중에서 "Ⅱ형"이 소셜비즈니스가 추구하고 있는 영역이다. 이 유형은 시장성은 낮지만 사회경제적 가치와 신념을 근간으로 하는 프로듀서의 활동과 행동패턴이 숨어 있다. 기본적으로 혁신적인 마인드가 없으면 시장에서 성공하기 어려운 구조적인 문제를 가지고 있다. 그럼에도 새로운 가치 창출을 위해 끊임없이 도전해 가는 것이 특징이다.

소셜비즈니스를 자금조달 측면으로 보면 이해하기 쉽다. "Ⅰ형"은 시장조달, "Ⅱ형"은 펀딩 혹은 공동부조 등으로 보충하고, "Ⅲ형"은 공적자금에서 조달하는 형태를 의미한다.

다음 그림과 같이 "Ⅱ형"은 일반 기업에서 볼 수 있는 경쟁 중심의 영역도 아닌, 정부의 공적자금에 의지한 채 운영되는 방식이 아니다. 정부, 정당, 기업, 시민단체 등 외부로부터 펀드 레이징(fund-raising)을 통해 공동목표를 추구해 가는 유형이다.

결론적으로 소셜비즈니스는 사회적 과제에 대한 해결책을 자원 봉사자로 임하는 것이 아니라, 비즈니스의 형태로 실시하여 새로운 사회적 활동의 "모양"과 "기능"을 제공하는 것이다. 따라서 새로운 사회적 가치를 창출, 사회에 공헌하는 사업으로 인정해야 한다. 그 안에는 사회적 과제를 위한 활동에 종사하는 사람이 보상을 받는 활동이 내재되어 있고, 지역 및 사회 경제 전체에 건강을 주는 활동이라고 할 수 있다.

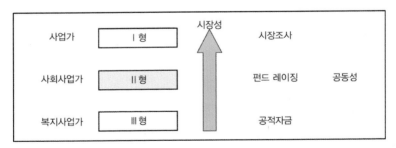

[그림 5] 시장성을 기준으로 한 소셜비즈니스 구분

2. 커뮤니티비즈니스와 소셜비즈니스의 근원적 차이

커뮤니티비즈니스(Community Business)와 소셜비즈니스(Social Business)는 각각 추구하는 목적과 사업영역, 유형에 따라 다른 차이가 있다. 근본적으로 목적, 문제해결력, 지역발전에 미치는 영향에 의해 구별할 수 있다.

첫째, 목적의 차이를 보면 커뮤니티비즈니스는 지역의 문제발생을 막거나 문제 발생 시에 자연스럽게 해결의 방향을 향해 가거나 하는 커뮤니티를 만드는 것을 목적으로 하고 있다. 반면에 소셜비즈니스는 사회적 과제의 해결을 목적으로 하고 있다.

둘째, 커뮤니티비즈니스는 지역의 문제를 스스로 해결하려고 하는 특징이 있다. 예전부터 지역사회에 있었던 당면한 문제에 대한 해결력을 향상시키는 것이며, 사업으로서 활동의 계속성을 담보하고 있다. 소셜비즈니스는 누군가의 문제를 다른 누군가가 해결하려는 경향이 있다. 비즈니스를 통해 사회에 공헌하고 있는 사업으로 설명 가능하다.

셋째, 커뮤니티비즈니스는 지역주민의 내발적 발전을 촉진시키는 것을 목표로 하고 있는 반면에 소셜비즈니스는 자생력 측면에서는 참여자의 내발적 발전이 용이하지 않다. 외생적 변수에 의해 이끌려 가는 측면이 강하다. 그러나 커뮤니티비즈니스나 소셜비즈니스나 모두 사회경제적 가치를 실현하고자 하는 선량한 사업영역임에는 분명하다.

커뮤니티비즈니스와 소셜비즈니스를 다음 그림과 같이 사회성(공익성), 주체성(자립심 배양), 사업성(수익구조), 지역성(마을단위) 등으로 구분하면 현저한 차이가 난다. 커뮤니티비즈니스와 소셜비즈니스 모두 4가지 영역에 대한 추구를 하고 있고, 양측 사이의 교집합이 존재한다.

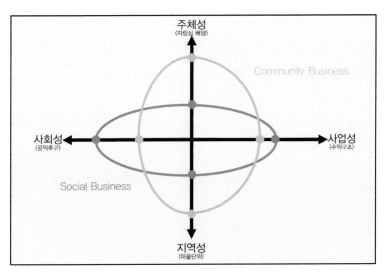

[그림 6] 커뮤니티비즈니스와 소셜비즈니스 가치추구 영역

[그림 6]과 같이 커뮤니티비즈니스는 지역성과 주체성을 중시하고 소셜비즈니스는 사회성과 수익성을 중요시 여긴다. 즉 커뮤니티비즈니스는 지역을 근간으로 지역과 연계성을 강조하며 지역주민의 자립심 배양을 위한 주체적인 역할을 기대한다. 반면 소셜비즈니스는 공공의 목적에 중심으로 두고 있는 측면에서 사회성을 중요시하고 있다. 또한 일정의 수익을 담보해야만 지속 가능한 기업으로 성장할 수 있기 때문에 이익발생 등 수익성을 강조한다.

사회경제적 가치실현, 지역경제 활성화, 지역공동체 복원, 자주·자립·자조 배양, 지역주민 역량강화, 취약계층 일자리 창출 등 공통의 목표와 사업영역이 겹치는 부분이 있다. 그럼에도 불구하고 커뮤니티비즈니스는 기본적으로 읍·면·동 행정단위의 마을을 배경으로 하는 지역성이 강하다. 과거 정부보조에 의존하여 자주적이지 못했던 주민이 마을의 활기를 되찾고 지역공동체 복원이라는 목적을 달성해야 한다. 주민의 자립심 배양을 전제로 발상전환을 꾀한다는 측면에서 주체성이 강하다.

소셜비즈니스는 정부 대신에 사회적 약자를 보호하고 취약계층의 고용창출을 통하고자 하는 측면에서 사회성(공익성)이 강하다. 동시에 일자리 배분을 통해서 기본적으로 고용효과를 높이고 지속 가능한 수익구조가 담보가 되어야 하는 사업성(수익성) 여부에 관심이 많다. 여기에 사회적 가치를 실현해야 하는 무한한 봉사정신을 강요하고 따를 수 있는 정도의 혁신적인 사고를 지녀야 한다. 그래서 소셜비즈니스에는 사회성과 사업성, 그리고 혁신성을 말하고 있다.

이론적 배경이나 연혁적 활동을 살펴보면 커뮤니티비즈니스와 소셜비즈니스의 영역차이는 분명 존재하며 쉽게 구별할 수가 있다. 하지만 현실적으로 구분 가능하지 못한 부분이 많다. 앞에서 설명한 교집합 영역이 존재하기 때문이다.

모두가 한 그루의 나무만 바라보고 그 나무에서 체험한 경험만을 가지고 논하기 때문이다. 숲 전체를 바라보는 혜안이 필요한 이유이다. 이러한 오류는 각자 영역에서 활동하는 참여자들의 문제가 아니다. 짧은 시간에 들여온 이론과 정책에 대한 공론화와 참여자들의 공유가 이루어지지 못했기 때문이다. 정책목표와 사업에 대한 정확한 이해가 전제되고 내재화되었을 때 가능한 일을 성과만을 중시한 결과이다.

기본적으로 커뮤니티비즈니스와 소셜비즈니스를 이해하기 위해서는 그 활동이나 상품과 서비스의 제공에 이르는 프로세스(process)를 인식하는 것이 가장 중요하다. 지속 가능한 사업으로 영위하기 위해서는 일반기업과 동일한 인간, 상품, 자본, 지식과 지혜 등 경영자원이 필요하다. 더 중요한 것은 비즈니스를 바라보는 관점이 필요하며 기본적인 역량강화가 이루어져야 한다.

이러한 관점에서 커뮤니티비즈니스와 소셜비즈니스가 추구하는 정책에서 발현되는 기대효과는 다음과 같다. 두 사업 모두 기본적으로 교집합이 존재한다는 것을 전제한다고 해도 몇 가지 측면에서 큰 차이를 보이고 있다.

커뮤니티비즈니스는 먼저 활력을 잃은 지역사회 환경에 변화를 주고 삶의 질 향상을 위한 생활수준을 끌어올려 주는 효과가 기대된다.

둘째, 사회경제적 경쟁력이 취약한 지역주민을 대상으로 행정의 협조에 의해 창업기회를 제공하고 전체적으로 지역의 고용을 확대하는 효과를 거둘 수 있다.

셋째, 숨겨져 있던 지역의 인적 자원과 물적 자원을 발굴하여 재생하게 함으로써 지역의 활력을 도모하고 거시적으로는 사회 전반의 활성화를 꾀하는 역할이 기대된다.

넷째, 커뮤니티비즈니스를 통하여 주민 스스로 자립성을 강화하는 유인효과가 있으며, 지역공동체 복원 내지는 번영을 도모하게 되는 기대효과를 예상할 수 있다.

소셜비즈니스는 기본적으로 행정이 책임져야 할 공공영역의 책무에 대해 민간이 위탁받아 대행하는 사업목적이 있는 만큼 새로운 공적 책무성이 강조된다.

둘째, 장애인, 고령화인구, 경력단절 여성, 새터민, 다문화가정 등 우리 사회의 취약계층으로 분류되는 대상군에 대해 고용을 창출하는 효과가 있다.

셋째, 국가 및 기업의 사회적 책임(CSR)을 대신하고 성장가능한 중소기업으로 발전하기 위한 토대를 마련하는 효과를 볼 수 있다.

넷째, 오랜 세월 동안 취약계층으로 분류되어 국가보조금으로 유지해야 하는 대상집단이 비즈니스를 통하여 자립할 수 있도록 도와주는 새로운 사회적 가치관 정립과 확대를 유도하는 정책효과가 있다.

이 중에서도 커뮤니티비즈니스와 소셜비즈니스의 가장 큰 차이는 주체성을 가지고 있느냐와 지역공동체 복원에 있다고 해도 과언이 아닐 것이다.

커뮤니티비즈니스는 지역사회가 안고 있는 문제를 지역주민이 스스로 해결하려고 하는 과정에서 자연스럽게 네트워크가 형성된다. 그 안에서 다양한 구성원이 자주적인 결속을 다지고 지역공동체 회복을 도모하는 과정이라 할 수 있다.

소셜비즈니스의 경우는 사회적 취약계층의 공공부문 책임감에 따른 사회적 과제를 해결하기 위해 시민사회에 위탁하여 새로운 거버넌스를 실현하는 과정이라 볼 수 있다. 동시에 약자가 아닌 동등한 사회구성원으로 자립 갱생할 수 있는 의식배양과 활동시스템을 마련해 주는 것이다.

커뮤니티비즈니스와 소셜비즈니스에서는 사업목적을 커뮤니티의 과제해결과 사회적 과제 해결이라 하는 점에서 지역성과 사회성이 높은 접근방법이다. 하지만, 비즈니스라고 하는 호칭이 사용되는 것처럼 사업추진의 재원의 대부분은 기부금 등에 의존하지 않고 사업 자체에서 얻어지는 수입으로 마련해야 한다. 이래야만 보다 안정적이고 지속 가능한 사업을 운용할 수 있기 때문이다. 이런 점에서 커뮤니티비즈니스와 소셜비즈니스가 갖고 있는 지역과 사회문제 해결방법의 답변이 강하면 강할수록 일반 영리기업의 사업에 비해 더욱 더 많은 노력이 필요하다.

예를 들어, 고령자에 대한 간호서비스 제공과 함께 살기 좋은 마을 만들기를 동시에 실현하고자 한다면 현실적으로 어려움이 많을 것이다. 쉽지 않은 도전이다. 이러한 사업에 에너지를 쏟으면 쏟을수록 비용이 든다. 이 때문에 시장논리에 의한 가격만으로 평가하는 소비자라면 사업은 도외시되고 그 접근은 좌절되고 말 것이다.

여기에서 필요한 것이 커뮤니티비즈니스와 소셜비즈니스에 대한 팬의 존재다. 팬이라고 하는 무리에 의해 받쳐지는 비즈니스는 좀처럼 무너지지 않는다. 최근 프로야구의 성장을 생각해 보면 즉시 납득할 수 있을 것이다. 최하위 구단을 응원하는 프로야구 팬들을 생각해 보자. 강함을 넘어선 것은 아니지만 약하다고 인기가 떨어지는 것은 아니다. 열심히 응원해서 무참하게 패했어도 '인생의 비애를 느끼게 하는' 등의 억지를 쓰지는 않는다. 전적이 좋지 않다는 점에서 상품의 질이 나쁘더라도 별도의 품질에 만족한다.

최하위 구단일지라도 야구장에서의 일체감과 같은 팬의 동료관계는 막강한 힘을 발휘할 수 있다. 이익만 생각하는 기업과는 다른 차원의 서비스를 기대할 수 있다. 이러한 팬과의 관계를 시민과의 신뢰구축으로 연결할 수만 있다면, 이러한 접근이 비즈니스로 성공할 가능성이 열릴 수 있다. 그리고 그 관계를 만드는 열쇠는 수요자인 시민의 공감을 얻는 일일 것이다.

일반 비즈니스의 기본은 교환을 전제로 하고 있으나, 커뮤니티비즈니스와 소셜비즈니스에서는 상품에 시민의 공감이 동반되는 일이 중요하다. 거기에서 사명의 표시, 운영의 투명화, 소비자(시민)와의 관계 만들기 등이 필요하게 된다. 이러한 바탕에는 구성원의 노동자세 및 의지 및 자립성에 구체적으로 반영하는 것이 중요하다.

커뮤니티비즈니스와 소셜비즈니스가 추구하는 사업이 거는 기대는 다양하다. 그중에서도 두 사업 간의 기대효과는 분명한 차이를 보이고 있다.

커뮤니티비즈니스는 지역사회의 환경을 이용하여 전반적인 생활수준의 향상을 도모한다. 지역민들에게 창업기회를 제공하고 지역의 고용을 확대하는 효과를 기대한다. 이에 따른 지역 활력과 지역사회의 활성화를 도모하는 과정에서 지역의 자립성을 강화하며 지역공동체의 번영을 가져오는 기대치가 있다.

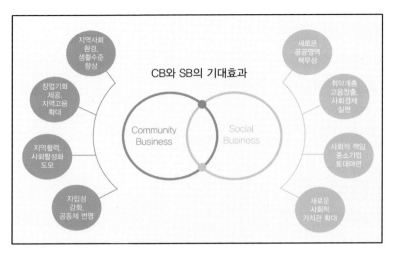

[그림 7] CB와 SB의 기대효과

　　소셜비즈니스의 경우는 기존 공공영역이 맡아 왔던 사회적 책무에 대한 대안세력으로 등장하여 취약계층의 고용창출 등 사회적 경제를 실현하는 효과를 기대한다. 이를 통하여 일반기업들의 사회적 책임 의무를 유인하는 요소로 작용하며 꾸준한 성장이 이루어질 시 중소기업의 토대를 마련할 수 있는 기회가 있다. 또한 이러한 사업을 통하여 새로운 사회적 가치관을 전 국민에게 고취시키고 확대시킬 수 있는 장을 마련해 줄 수 있는 효과가 있다.

3. 마을기업과 사회적기업의 구분

　시민의 입장에서 마을기업은 무엇이고, 사회적기업은 무엇인지 정확한 정의를 설명해 주는 이가 많지 않다. 시민사회단체조차 마을기업은 행정안전부가 하는 사업이고 사회적기업은 고용노동부가 일자리 창출을 위해 보조하는 사업으로 인식하고 있다. 틀린 이야기는 아니다. 하지만 어느 부처에서 어떤 사업명으로 집행하느냐는 이차적인 문제다. 왜 마을기업과 사회적기업으로 운영되는지에 대한 정확한 이해가 필요하다. 마을기업과 사회적기업이 추구하는 정책목표는 무엇인지에 대한 내용을 알면 의외로 쉽게 이해된다.

　[그림 8]과 같이 마을기업과 사회적기업을 구분하는 것은 몇 가지 분명한 차이가 있다. 첫째, 마을기업은 지역을 기반으로 지역주민을 대상으로 하고 있는 반면, 사회적기업은 사회적 취약계층을 대상으로 하고 있다. 둘째, 마을기업은 지역의 문제 해결을 위한 전개를 하는 반면, 사회적기업은 사회적 과제의 해결을 중심으로 하고 있다.

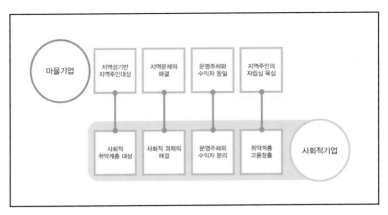

[그림 8] 마을기업과 사회적기업 구분

셋째, 마을기업은 운영주체와 수익자가 동일하다. 이는 공동추진의 협동정신을 근간으로 하고 있기 때문이다. 반면, 사회적기업은 취업 중심으로 인해 운영주체와 수익자가 분리되어 있다. 넷째, 마을기업 은 지역주민의 자립성 육성 및 지역공동체 복원을 지향하고 있는 반 면, 사회적기업은 취약계층 고용창출이 주 사업 목표로 되어 있다.

고용노동부의 사회적기업의 경우는 인증을 전제로 하고 있다. 전 세계에서 유일하게 사회적기업 사업에 대해 인증제를 실시하고 있다. 7가지 인증조건에 해당되어야만 인증 사회적기업으로 활동할 수 있 다. 사회적 일자리 창출과 고용창출이라는 정책목표를 달성하기 위해 지난 2010년부터 시행하고 있는 것이 법에도 나와 있지 않은 예비 사 회적기업이다. 즉 까다로운 조건을 완화하여 인증 사회적기업으로 유 도하기 위한 방법이다. 광역자치단체에서 독자적 브랜드로 시행하고 있는 사업도 예비 사회적기업 형태이다. 다른 점이 있다면 고용노동 부의 예비 사회적기업은 4가지 조건을 갖춰야 하고, 지자체형 예비 사회적기업들은 3가지 조건을 갖추면 된다. 같은 인건비 보조방식이다. 정부와 지자체는 고용노동부가 시행하고 있는 사회적기업으로의 인증을 받기 위한 전 단계 기업으로 육성하고 있다.

기초지방자치단체에서도 일부 지자체가 지자체명을 고유 브랜드로 예비 사회적기업을 운영하고 있다. 이러한 계층적 구조는 기초자치단체와 광역자치단체가 직접 운영하는 지자체형 예비 사회적기업이 성공하면 고용노동부의 인증 사회적기업으로 가는 구조를 지니고 있다. 여기에 기존의 마을기업까지 가세하여 마을기업의 지원이 끝나면 예비 사회적기업으로 이끌고 가려는 모습까지 나타나고 있다. 일부에서는 마을기업 선정된 지 얼마 되지 않은 단체까지 예비 사회적기업의 숫자에 포함시키거나 서류를 요구하면서 현장에서 불만의 목소리가 높아지고 있다. 이 모든 행태들이 마을기업과 사회적기업이 각각 추구하는 사회경제적 가치 및 이념, 개념, 정의, 목적 등을 이해하지 못한 데서 나온 결과이다.

다른 한편으로는 MB정부의 정책이 모든 지역 일자리 사업 및 활력사업을 사회적기업으로 통합 조정하려는 정치적 행위가 숨어 있기에 가능한 일이라는 지적이 있다. 이러한 제도적 시행으로 인하여 현장에서는 '223전략'이라는 신조어가 나타났다. 서류구비요건이 상대적으로 쉽거나 제한을 두지 않는 마을기업에서 2년, 예비 사회적기업에서 2년, 사회적기업에서 3년, 최대 7년까지 정부보조금으로 기업을 운영할 수 있다는 소문과 인식이 현장에서 뿌리내렸다. 역으로 예비 사회적기업을 하다가 마을기업을 신청하는 경우도 나타났다. 소위 '바꿔타기'를 하고 있는 것이다. 제도적 모순이 현장에서 자주성과 독립성을 육성하기보다는 정부지원금에 의존하게 만드는 '경로의존성'을 더욱 고착화시키는 결과로 작용하고 있는 것이다. 마을기업의 경우 2012년부터 예비 사회적기업 등 다른 부처 및 타 사업으로 지원금을 받고 들어온 마을기업의 경우 그 기간만큼 지원금을 제외시키는 지침을 마련하고 시행하기에 이르렀다.

일부 학자의 경우는 예비 사회적기업을 포함하여 마을기업, 사회적기업의 뿌리는 커뮤니티비즈니스에서 파생된 제도라고 주장한다. 기본적으로 위 기업들이 지역주민의 삶의 질 향상을 목표로 지역에 필요한 사회서비스를 제공하면서 일자리도 창출하는 점이라는 측면에서 동일하다고 보는 견해이다. 사업범위나 대상만 다르다고 보는 견해이다. 마을기업은 마을 및 지역단위 등 일상생활권역에서의 주민주체의 사업으로 규정한다. 사회적기업은 보다 광역차원에서 취약계층 등에 초점을 맞춰 사회서비스를 제공하는 사업이라고 규정하고 있다.

〈표 2〉 마을기업과 사회적기업 개념 및 특징

구분	마을기업	사회적기업
주관 부처	행정안전부	고용노동부
정의	지역공동체에 산재한 향토·문화·자연자원 등 각종 특화자원을 활용하여 지역의 실정을 잘 아는 지역 주민이 주체가 되어 안정적인 소득 및 일자리를 창출하는 마을 단위의 기업	취약계층에게 사회서비스 또는 일자리를 제공하거나 지역사회에 공헌함으로써 지역주민의 삶의 질을 높이는 등의 사회적 목적을 추구하면서 재화 및 서비스의 생산, 판매 등 영업활동을 수행하는 기업으로서 사회적기업육성법 제2조에 의해 노동부장관으로부터 인증을 받은 조직
구비 여건	1. 지역의 문제를 비즈니스적 방법으로 해결하기 위한 마을회, NPO 등 지역 단위의 소규모 공동체 2. 읍·면·동·주민센터, 농업기술센터가 관여하는 지역거버넌스 형태의 단체 3. 2년차 지원을 받기 위해서는 법인형태로 전환 필수	• 조직형태 • 사회적 목적 실현 • 유급근로자 고용 • 영업활동을 통한 수입 • 이해관계자가 참여하는 의사결정구조 • 정관이나 규약 • 사회적 목적을 위한 이윤의 재투자
지원 기간	최대 2년	최대 3년

지원 내용	1. 사업비 및 인건비지원(최장 2년간 총 8,000만 원 지원) 2. 금융지원 3. 운영관련교육 및 경영컨설팅 지원 4. 우수마을기업 선정 시 추가로 사업비 2,000만 원 지원	1. 경영지원 ① 경영컨설팅 ② 회계프로그램지원 2. 재정지원 ① 인건비지원 ② 세제지원 ③ 시설·운영비 대부 3. 사회적기업가 양성 지원 4. 기타 지원 ① 우선구매 ② 지자체연계 ③ 기업연계

　　마을기업과 사회적기업을 아우르는 커뮤니티비즈니스와 소셜비즈니스의 영역은 영리추구만을 목적으로 하는 일반기업 이외 다양한 분야와 영역에 걸쳐 있다.

　　[그림 9]와 같이 마을기업, 사회적기업, 협동조합, 비영리단체 등은 커뮤니티와 소셜비즈니스 영역 안에 있다. 일반기업처럼 이익창출에만 목적이 있는 것이 아니다. 일종의 수익성도 고려하고 있지만 사람 중심의 공적인 목적 달성 및 가치실현을 추구한다. 다만, 최근에 일반기업들도 사회적 책임을 다하려는 목적에서 대기업을 중심으로 CSR을 시행하고 있어 일정의 영역구분이 모호해질 수도 있을 것이다.

　　마을기업과 사회적기업을 구별하는 방식은 다양하다. 사업목적이 무엇인지, 수혜대상이 누구인지, 운영적 관점은 어디에 있는지, 운영주체와 객체의 분리 여부, 참여하는 사람들의 의식개혁이 동반되는지, 지속 가능한 사업운영을 위해 사용하는 수단은 어떤 것이 있는지에 따라 구분 가능하다.

　　첫째, 사업목적에 따라서 마을기업은 지역문제를 해결하는 관점에

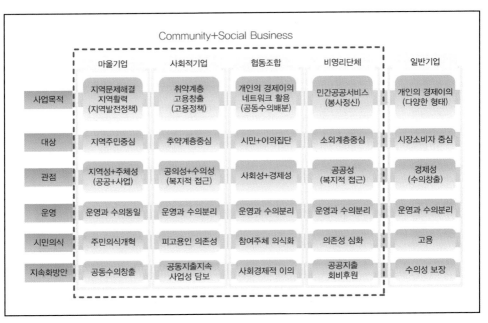

[그림 9] 사회적 일자리 사업과 일반기업 구분

서 출발하였고, 지역 활력을 통한 지역발전정책의 수단으로서 존재한다. 사회적기업은 장애인, 고령화 인구 등 사회적 취약계층을 대상으로 기업참여를 통한 고용창출이 목적이며, 새로운 고용정책의 일환이다.

둘째, 대상측면에서는 마을기업은 지역주민이 중심이며, 사회적기업은 취약계층을 중심으로 운영된다.

셋째, 기업운영을 하는 관점에서는 마을기업은 지역성과 주체성을 강조하며 공공사업과 수익성을 병행한다. 사회적기업은 복지적 접근 방식이 주류를 이루고 있으며 취약계층을 돌본다는 의미에서 공익성과 수익성을 동시에 추구하고 있다.

넷째, 참여하는 구성원의 형태에서는 마을기업은 주민 모두가 십시일반 출자금을 공동으로 지출하여 설립되는 형태가 주를 이루어 운영과 수익배분이 동일하게 이루어진다. 사회적기업은 대부분 1인 고용인과 다수의 피고용인의 조직형태를 보이고 있어 공동수익의 분배가 이루어지지 않는다.

다섯째, 기업의 지속가능한 방법에서는 마을기업은 공동으로 출자하고 공동으로 운영하여 공동마케팅을 통하여 공동수익창출을 목적으로 지속가능성을 담보한다. 사회적기업은 일차적으로는 사업 아이템으로 승부를 해야 하며, 이차적으로는 정부보조금 등 지속적인 인건비 지원이 이루어져야 하는 취약점을 가지고 있다. 즉, 인건비 지원 방식의 한계를 보이고 있다. 인건비 지원이 이루어지지 않을 경우, 피고용인들의 고용보장이 이루어지 않을 뿐만 아니라 기업 자체의 존폐 여부가 논의되기도 한다.

4. 고용노동부와 행정안전부의 역할구분

행정안전부의 마을기업은 2010년 여름에 커뮤니티비즈니스로 출발했다. 2010년 겨울에 자립형 지역공동체사업으로 명칭이 변경되었고, 2011년 초에 다시 마을기업으로 변하였다. 현재의 마을기업은 출발 자체가 지역문제 해결과 지역공동체 복원을 중심으로 하고 있는 커뮤니티비즈니스의 목적을 실현하고자 하는 과정이다. 2010년 법안마련을 위해 원어의 내용을 그대로 살린 자립형 지역공동체사업으로 태어났고, 이후 무슨 사업인지에 대한 이해부족으로 마을기업으로 탄생한 것이다.

2011년 8월에 문학진 전 의원이 대표발의한 '지역공동체 자립형사업 육성에 관한 법률안'에 대해 중앙부처에서는 고용노동부와 농림수산식품부가 법안제정을 반대하였다. 이미 사회적기업이나 농어촌공동체회사의 경우 근거법안으로 운영되고 있는 상황에서 굳이 마을기업 육성법을 제정할 필요가 있느냐는 문제제기가 있었다.

지역공동체 자립형사업 육성에 관한 법률(안)의 주관부처인 행정안전부는 각 부처의견을 수렴하는 과정에서 부처 의견으로 마을기업 육성법(안)을 제시했다. 다음에 서술하는 내용은 지역공동체 자립형 사업 육성에 관한 법률(안), 일명 마을기업 육성법 제정에 대한 고용노동부와 농림수산식품부의 의견이다. 이에 법안제정에 참여한 필자가 두 부처의 의견에 대해 시시비비 내용을 정리하여 행정안전부와 국회로 보낸 내용을 정리한다.

2012년 봄까지도 고용노동부는 행정안전부의 마을기업이 근거법을 제정을 하는 것에 대해 부정적인 것으로 알려졌다. 이러한 고용노동부가 지역공동체 자립형 사업 육성에 관한 법률(안)에 대해 2011년 9월 말에 국회로 보낸 자료의 주요 내용이다. 이 내용에 대해 필자가 고용노동부의 주장을 반박하는 내용을 정리했다.

첫째, 고용노동부는 법률 제정의 필요성에 대해 신중한 검토를 요구하며, 개념상으로 법률안의 지역공동체 자립형 사업은 커뮤니티 비즈니스로 이는 사회적기업과 동일한 개념(지역밀착형 사회적기업)이라고 주장했다.

필자의 주장은 다음과 같다. 2011년 9월 말 당시 사회적기업 육성법, 사회적기업 육성법 시행령, 사회적기업 육성법 시행규칙 및 고용노동부 산하 한국사회적기업진흥원의 사업목적 등 그 어느 곳에서도 "지역밀착형 사회적기업"이란 용어는 찾을 수 없었다.

사회적기업의 법적 개념(사회적기업 육성법 제2조)은 "취약계층에게 사회서비스 또는 일자리를 제공하거나 지역사회에 공헌함으로써 지역주민의 삶의 질을 높이는 등의 사회적 목적을 추구하면서 재화및 서비스의 생산·판매 등 영업활동을 하는 기업"으로 규정하고 있다. 또한 사회적기업 육성법 제2조 제2호에 따른 취약계층(사회적기업 육성법 시행령 제2조 취약계층의 구체적 기준)이라 함은 "고령자, 장애인, 성매매피해자, 경력단절여성, 북한이탈주민, 가정폭력 피해자, 한부모가족 보호대상자, 결혼이민자, 보호관찰 갱생보호 대상자"로 규정하고 있다.

따라서 사회적기업이 정책대상자로 규정하고 있는 취약계층은 커뮤니티비즈니스에서 말하는 지역주민과는 다른 차원이다. 생활권의 최소 단위인 읍·면·동 등 지역공동체 안에서 지역의 주민이 지역의 자원(인적·물적)을 활용하여 지역의 문제를 해결해 나가는 커뮤니티비즈니스의 기본 개념과 유사하다고 할 수 없다고 본다.

다시 말해, 법률안의 지역공동체 자립형 사업과 사회적기업은 동일한 개념이 아님을 밝혀 둔다. 지역공동체 자립형 사업이 커뮤니티비즈니스의 내용을 갖고 있지만, 본 법안은 지역공동체 자립형 사업을 하기 위한 환경조성, 지역주민 역량강화가 주된 목적에 있기 때문이다. 오히려, 커뮤니티비즈니스를 광의로 보면 사회적기업이 지향하고자 하는 정책목표와 활동영역을 포함하고 있다고 봐야 한다.

둘째, 고용노동부는 일본의 호소우치 노부타카가 저술한 지역사회를 건강하게 만드는 커뮤니티비즈니스를 근거로 들며, 아래와 같이 영국식 사회적기업과 일본의 커뮤니티비즈니스를 동일개념으로 정의하고 있다고 주장했다.

<커뮤니티 비즈니스의 특장>
• 주민주도의 지역밀착형 비즈니스
• 이익추구를 제1 목적으로 하지 않는 적정규모, 적정이익의 비즈니스
• 영리위주 기업과 자원봉사 활동 간의 중간적 비즈니스

필자의 주장은 다음과 같다. 고용노동부가 제시한 근거자료에는 몇 가지가 누락되어 있었다. 호소우치 노부타카(2001)가 말한 커뮤니티비즈니스의 특징은 고용노동부가 주장하는 3가지가 아닌 다음과 같이 4가지를 말하고 있다.

```
<커뮤니티 비즈니스의 특장>
• 주민주체의 지역밀착형 비즈니스(변경)
• 이익추구를 최우선으로 하지 않는 적정규모, 적정이익의 비즈니스(변경)
• 영리를 최우선으로 하는 비즈니스와 자원봉사 활동의 중간적인 비즈니스(변경)
• 전 지구적인 관점에서 행동은 지역적으로 하는 개방형 비즈니스(누락부분)
```

호소우치 노부타카는 영국의 비즈니스 모델을 보고 2000년도에 일본 형태에 맞게 정의했다. 2001년 1월에 책으로 발간한 것으로 커뮤니티비즈니스와 사회적기업의 수단행위에 대한 명확한 정의를 구분하지 못한 상황이었다. 일본이 커뮤니티비즈니스를 도입하여 진행한 10여 년이 지난 현재 2011년 9월 기준, 일본에서는 커뮤니티비즈니스를 커뮤니티비즈니스(CB: Community Business)와 소셜비즈니스(SB: Social Business)로 구분하여 사용하고 있다.

호소우치 노부타카의 커뮤니티비즈니스의 기본적인 개념은 지역주민이, 지역의 자원을 이용해, 지역의 과제들을 해결해 나가는 지속가능한 사업모델을 말하고 있다. 따라서 커뮤니티비즈니스는 지역주민이 자각하지 못하고 있는 지역의 인적·물적 자원을 발굴·활용하여 지역쇠퇴 등 지역문제를 해결하고자 자립적으로 설립, 지속가능성에 기초하여 적정한 수익창출을 도모하는 사업형태이다.

셋째, 고용노동부는 현재 각 부처에서 다양한 커뮤니티비즈니스형태의 사업이 수행되고 있으며, 이를 근거로 행정안전부의 마을기업과 농림수산식품부의 농어촌공동체회사의 사례를 들었다. 따라서 다양한 부처가 유사한 사업을 수행함에 따라 비효율적 예산 활용, 지역사회 통합 저해 등의 문제 제기가 있다고 주장했다.

필자의 주장은 다음과 같다. 수요자의 다양성·이질성 등 사업 대상자가 다른 사업에 같은 예산을 사용하는 것이 아니다. 지역사회 주민과 취약계층에게 정부의 관심도가 많으면 많을수록 지역경제 회생 및 활성화 가능성은 높아질 것으로 판단하고 있다. 행정기관(Top-Down)의 관점에서 통합은 효율성을 추구하는 형태일 것이다. 그러나 지역주민(Bottom-Up)의 관점에서는 지역주민의 다양한 요구에 대응 가능한 사업을 선호하며 지원받는 형태의 선택이 효율적일 수도 있다.

또한, 부처별 지역활성화 사업은 부처의 고유한 기능과도 연계되어 있는 것으로, 기능을 통합하지 않고 사업만을 통합한다는 것도 비효율적으로 보인다. 지역사회 통합 저해한다는 이유는 적절하지 않으며, 무슨 근거로 지역사회의 통합을 저해한다고 하는지 구체적인 사항을 명시할 것을 요구했다.

넷째, 고용노동부는 특정사업 종료 후 유사한 다른 사업을 활용하는 등 재정지원 사업 쇼핑, 회전문 현상이 발생하고 있다는 지적이 있다고 주장했다.

필자의 주장은 다음과 같다. 회전문 현상이 나타나는 것은, 현재 공모형태 및 지원방식의 차이 등 정책수행 방식의 문제이다. 지역공동체 사업에서 가장 중요한 것은 지역주민의 역량을 어떻게 강화할 것인가에 달려 있다. 회전문 현상이 나타난다면, 이를 최소화하기 위해서는 자치단체와 본 법안에서 명시한 "지역공동체 자립형사업 육성 공공단체 역할"이 더욱 강화되어야 한다는 것을 의미하는 것이다.

대부분 지역활성화 관련 각 부처의 사업이 현재 진행형인 상황이며, 지식경제부의 커뮤니티비즈니스 시범사업인 '지역연고산업육성사업'(2010. 7.~2013. 4.)이 10개 사업을 선정 운영하다가, 1년도 채우지 못하고 2011년 4월에 사업 중단된 상태이다. 이 중에 일부 기관이 다른 부처의 사업을 신청했다는 소문만 무성한 상황이다. 이를 두고 사업쇼핑, 회전문 현상이라고 말하기에는 무리한 가설설정으로 이해된다.

행정안전부의 마을기업 및 농림수산식품부의 농어촌공동체회사 등은 최고 2년까지 지원하는 것에 비해, 고용노동부가 3년까지 지원하는 것을 빗대어 시장에서 다른 사업이 끝나면 고용노동부 사업으로 전환해서 가야겠다는 자조 섞인 목소리가 많은 상황이다. 마을기업, 농어촌공동체회사 등이 사업성이 높아 자체적으로 독립 운영이 가능하며, 사회적기업이 요구하는 인증조건에 부합되는 경우, 사회적기업으로 인가받아 전환(현 국가 시책방향)되는 사례는 추천받아야 할 내용이지 회전문 현상으로 비난할 수 없다고 생각한다.

여기서 회전문 현상이란 회전문이 빙글빙글 돌면서 열고 닫음이 없는 것처럼 정부로부터 재정지원을 받은 후 다른 외형을 창출하였으나 실질적으로 같은 자가 또다시 재정지원을 받게 되는 현상을 말한다. 이는 사업의 목적을 분명히 하지 않음으로써 생길 수 있는 현상으로 이해하며, 사업을 운영하는 일부 사업주의 탈행동을 유발하는 원인제공은 공급자인 부처에 있다고 할 수 있다.

다섯째, 고용노동부는 사회적기업과 유사한 형태의 커뮤니티비즈니스 사업의 통합 운영 요구를 하였다.

필자의 주장은 다음과 같다. 학문적으로 개념적 정의의 유사성(교집합)은 일부 있을 수 있으나, 정책목표(고용창출과 지역발전)와 수단(사회적기업과 마을기업)은 다르며, 수요자들에 대한 집행내용도 다른 것이다. 일본의 통상산업성 보고서에서는 CB와 SB를 구분하고 있으며, 마을기업은 CB가 아닌 CE(Community Enterprise), 사회적기업은 SB가 아닌 SE(Social Enterprise)라고 표현하는 것이 바람직하다.

본 법안에서는 지역주민이 지역의 자원을 활용할 수 있는 기반을 조성하는 '마을만들기' 강화에 초점을 두고 있다. 그럼에도 사업의 영역(정책수단)에서는 일부분 교집합이 발생될 수 있으나, 이는 사업별·정책 간 건전한 경쟁을 통해 지역의 역량을 강화하는 계기로 활용할 수 있다.

여섯째, 고용노동부는 유사한 커뮤니티비즈니스 사업들을 사회적기업으로 전환시키는 방식의 통합 운영 방안 결정('11. 6. 9. 제89차 국민경제대책회의 겸 제11차 국가고용전략회의)이 되었으니 이를 따라야 한다고 주장했다.

필자의 주장은 다음과 같다. 위 전략회의 결과가 사실과 다르게 왜곡(자의적 해석) 전달되었다는 지적이 많다. 사업주체가 다르고, 사업대상이 다르며, 사업목적이 다르며, 사업승인 형태가 다른 사업을 강제로 사회적기업으로 전환시킬 수 없으며, 사회적기업 목적과 취지에도 맞지 않는다.

예를 들어, 취약계층의 일자리 창출을 제1의 목적으로 하고 있는 사회적기업과 일반 지역주민의 지역 활력을 도모하고 고용을 확대하려는 커뮤니티비즈니스와의 분명한 차이가 있다. 이를 통합 형태로 전환하는 것은 일반 주민을 취약계층으로 분류·전락시킨다는 것으로 오해 소지가 다분할 것이다.

지역공동체 자립형 사업에서 주요한 목적 중 하나는 지방자치단체 기관과 지역주민의 역량강화이며, 즉, 물고기를 잡기보다는 잡는 방식을 알려 주어야 한다. 지역공동체 자립형 사업은 1회성 단순 취업 지원이 아닌 주민 스스로 주체성을 가지고 자율적 참여를 유도하는 것이다. 즉, 정책적으로 지속 가능한 기업으로 성장 발전할 수 있도록 행·재정적 지원체계를 형성하는 것이다. 기초자치단체 조직편제상 사회적기업, 마을기업을 하나의 담당에서 처리하는 경우가 많지만 인력부족과 낮은 전문성으로 인하여 효율적인 정책집행이 이루어지지 못하고 있는 것 또한 현실이다.

일곱째, 고용노동부는 사회적기업과 유사한 커뮤니티 비즈니스 참여단체를 예비 사회적기업으로 간주하고, 사회적기업으로의 전환을 적극 지원하고자 한다고 주장했다.

필자의 주장은 다음과 같다. 현재 지역주민이 대부분인 마을기업은 별도의 인증을 하지 않고 심사 및 조사만을 통해 선정된다. 취약계층만을 주목적으로 하고 있고, 영업활동을 통한 수입(매출액이 노무비의 30% 이상), 상법상 회사의 경우는 이윤의 2/3 이상 사회적 목적을 위해 재투자를 요구하는 사회적기업으로의 전환은 쉽지 않은 사항이다. 현실적으로 어렵다는 이야기다. 향후 마을기업도 내실화를 위해 (예비)마을기업에서 마을기업으로 전환시키는 정책수단을 활용할 계획이다. 고용노동부가 행하는 사회적기업은 시도 및 시군구의 (예비)사회적기업을 활성화시키는 노력을 다해야 할 것이다. 즉, 참여하는 주민이 다르고, 공동참여하여 운영하는 커뮤니티비즈니스 형태와 취약계층이 단순 취업하는 형태의 사회적기업의 출발이 다른 점을 인식해야 한다.

여덟째, 고용노동부는 사회적기업 지원기관 중심으로 각 사업별 지원기관을 통합적으로 운영하는 등 일원화된 육성체계 마련과 유사 사업 간 혼란을 방지하고 예산의 중복 지원 방지를 위하여 유사 제도 간 통합적 운영 필요성을 주장했다.

필자의 주장은 다음과 같다. 마을기업은 지방자치단체가 중심이 되어야 하는 사업으로 마을기업과 사회적기업의 근본적인 차이를 인식하지 못해서 생기는 주장이라 판단하고 있다. 예산의 중복 지원이란 사업의 목적과 수단이 같은 사업에 유사한 용도의 자금이 지원될 때 논할 수 있는 것이다. 현행 고용노동부가 시행하는 복지를 근간으로 하는 취약계층의 일자리 창출 정책은 오히려 보건복지부가 시행하고, 영업활동을 통한 수입이 노무비의 30% 이상 요구 등 수익성만을 요구하는 기업 형태라면 지식경제부가 소관 부처가 되어야 할 것이라 판단하고 있다.

아홉째, 고용노동부는 동일하거나 유사 목표를 추구하는 제도 간 별도의 지원 체계는 지양할 필요가 있다고 주장하면서 지식경제부의 커뮤니티비즈니스 시범사업, 행정안전부의 마을기업, 농림수산식품부의 농어촌공동체회사를 예비 사회적기업으로 규정하고 향후 사회적기업으로 지향하는 그림까지 첨부했다.

필자의 주장은 다음과 같다. 사업의 목적, 수단, 형태, 지원방법의 다양성 등 마을기업과 사회적기업의 근원적인 차이를 인식하는 것이 선행되어야 할 것이다. 지식경제부의 커뮤니티비즈니스 사업은 이미 부처의 사정에 의해 중단되었고, 이를 비교 대상으로 하는 것은 고용노동부 담당부서의 현장에서 정보취합 능력의 한계를 보여 주고 있다. 즉, 문제제기를 하고 있는 시점은 2011년 9월 말이지만, 지식경제부의 사업은 2011년 2월에 종료되었다.

또한, 위에서 언급한 사업들을 (예비)사회적기업의 틀 안에서 논의하려는 것은 각 부처의 고유사업이 어떠한 정책목표와 수요자를 대상으로 하고 있는지에 대한 인식이 부족한 상태에서 기술된 것으로 이해된다. 사회적기업의 경우, 수많은 지원방법을 사용하고 있다고 적시하고 있지만, 실제로는 인건비 지원 이외는 다른 정책수단을 제대로 활용하지 못하고 있다.

커뮤니티비즈니스를 '기업'의 형태로만 이해해서는 안 된다. 선행 관련 문헌을 살펴보면, 여성가족부, 문화체육관광부, 보건복지부, 환경부, 산림청, 농촌진흥청 등의 사업들을 다 커뮤니티비즈니스 사업에 포함되는 포괄적 개념으로 이해해야 한다. 따라서 각 부처가 시행하고 있는 커뮤니티비즈니스(CB) 분야의 사업을 사회적기업이 하고 있는 유사한 사업이라고 주장하는 것은 지나친 자의적, 포괄적 개념 인식이라고 생각한다. 사회적기업의 일부사업 영역(정책수단의 복합성)이 겹친다는 것만으로 커뮤니티비즈니스 사업의 본래적 목적(지역역량 강화)이 희석되거나 훼손되어서는 안 될 것이다.

고용노동부는 지역공동체 자립형 사업의 법률(안)에 대해 주요 내용에 대한 검토하였다고 다음과 같은 문제를 제기하였다.

첫째, (안 제2조) 지역공동체 자립형 사업의 개념에 근거하여 사업단체를 선정하고 재정 지원 등을 하게 되는데라고 주장했다.

필자의 주장은 다음과 같다. (안 제2조)에서 사업목적을 분명히 하고 있다. 지역공동체의 구성원이 중심이 되어 스스로 자립할 수 있는 비즈니스 형태의 사업을 말하고 있다. 이는 곧 마을기업 형태를 지칭하고 있는 것이다.

둘째, 고용노동부는 사업의 내용이 불명확하여 지원 대상 선정과 지원 과정에서 투명한 집행이 곤란할 것으로 예상되므로 문제라고 주장하였다.

필자의 주장은 다음과 같다. 현장에서 사회적기업의 대상이 명확한지, 단순 고용창출에 그침으로 인해 지속 가능한 사업형태로 발전하지 못하는 문제를 먼저 생각해야 한다. 사회적기업 육성법 시행령 제9조(사회적 목적 실현의 판단기준) 제3항 지역사회에 공헌하는 경우(2011년 신설)에서도 전체 근로자 중 취약계층의 비율이 100분의 20 이상일 것을 요구하고 있다. 하지만 실질적으로 이 기준에 적합한 사례를 스스로 발굴 내지는 찾지 못하고 있는 실정이다. 한국사회적기업진흥원의 유형별 사례를 참조했다. 한국사회적기업진흥원이 제시하고 있는 사업별 유형에서는 기존 일자리제공형, 사회서비스제공형, 혼합형, 기타형 4유형에 2011년 추가로 지역사회공헌형을 신설하였으나, 앞에서 말한 것처럼 사례제시를 못하고 있다.

셋째, 고용노동부는 (안 제4, 5조) 지역공동체 자립형 사업 육성의 기본 방향과 종합계획 수립 규정과 관련하여서는 ①「사회적기업 육성법」에 따라 국가와 지방자치단체에 지역별 특성에 맞는 사회적기업 지원시책을 수립 시행하도록 하였는바, 특히 자립형 사업 육성의 기본 방향은 사회적기업 육성 취지와 동일하고 (사업수익의 지역발전 재투자 유도 및 지역 특성 사업 발굴 등) 라며 문제를 제기했다.

필자의 주장은 다음과 같다. 사업수익의 지역발전 재투자 유도는 당연한 이야기이다. CSR(기업의 사회적 책임) 정책도 지역환원을 유도하고 있다. 지역공동체 자립형 사업의 목적은 지역활성화와 삶의 질 향상이다. 따라서 이를 위한 지역사회로의 이익환원은 필수불가결한 사항이다. 사회적기업의 육성 취지와 동일한 지역특성 사업 발굴 등이라 말하고 있지만, 실제로 사회적기업이 지역 특성을 활용하여 사업을 진행한 사례는 거의 찾아보기 어려운 상황이다.

넷째, 고용노동부는 자립형사업 육성 종합계획의 수립은 사회적기업 육성 기본계획에 포함되거나 유사한 내용에 해당한다는 점과 지역공동체 자립형 사업은 실질적으로 사회적기업에 해당하는바, 개별 법률상 지원 계획 및 육성 기본 방향이 수립되어 있으므로 기존의 법률을 활용하여 지역별 특성에 맞는 지역 개발 사업을 추진하는 것이 타당하다는 점에 대한 주장을 하였다.

필자의 주장은 다음과 같다. 사업과 기업의 육성계획은 기본적으로 다르며, 오히려 자립형 사업이 사회적기업과 유사하다고 주장한다면, 기업이 사업의 한 형태이므로 신규 제도화되는 법의 범위에 포함되고 있다. 지역공동체 자립형 사업의 취지와 목적, 수단과 방법 등에 대해 정확인 인식이 없어 빚어지는 오해로 판단된다. 지역공동체 자립형 사업과 사회적기업은 같지 않다. 학문적으로 일부 유사한 부분이 있다고 하나, 법률 및 사업지원의 형태 등에서 구분이 되고 있다. 마을기업과 사회적기업의 사업영역 대상이 일부 유사하다고 하여 근원적으로 같다고 말할 수 없다.

사회적기업에서 말하는 취약계층(고령자, 장애인, 성매매피해자, 경력단절여성, 북한이탈주민, 가정폭력 피해자, 한부모가족 보호대상자, 결혼이민자, 보호관찰 갱생보호 대상자)이 대한민국의 국민이라고 말할 수는 있으나, 지역주민이 주체가 되는 영역과 다르며, 지역

활력을 도모하기 위한 사업방식과는 차이가 있다.

그리고, 사회적기업 육성법에서 지방자치단체는 고용노동부의 사회적기업의 지원시책을 수립·시행한 전달자의 개념에 그치고 있으나, 지역공동체 자립형 사업 법률안은 기초지방자치단체의 역할에 초점을 두고 있다. 따라서 본 법률안은 지방자치단체가 주도적으로 적극적인 지원을 하고, 지역 주민이 주체가 되어야 하는 내용을 담고 있으나, 사회적기업 육성법에는 이러한 내용이 없다. 동시에 주민의 공무원 임용, 공무원의 조직과 인사문제 개선, 중간지원조직의 의무화 등의 내용은 기존 사회적기업 육성법으로서 해결할 수 없는 영역이다.

다섯째, 고용노동부는 (안 제9조) 지역공동체 자립형 사업 단체 선정 규정과 관련하여서는, 사업단체의 법적 성격이 불명확하고 법적 실체를 예상할 수 없는 점, 사업단체는 재정적 지원을 받게 되므로 선정절차에 대하여 법률로 최소한의 요건을 규정할 것이 요구됨에도 선정 기준에 대하여 예측할 수 없는 점이 문제, 사업단체는 목적이나 사업 유형 등에서 사회적기업에 포함되는 개념으로 사회적기업으로 전환하여 통합하는 정책이 바람직하다는 주장을 하였다.

필자의 주장은 다음과 같다. 지역공동체 자립형 사업을 하는 사업단체는 현행 행정안전부가 시행하는 마을기업의 형태라 인식해야 하며, 법률이 마련되면 시행령으로 보다 구체적으로 규정함으로써 해결할 수 있는 사항이다. 사회적기업이 요구하는 노무비(인건비)의 30% 이상이 영업활동 수입으로 나타나야 인증될 수 있는 형태는 수익성만을 주요 목적으로 하는 일반 기업들에서도 쉽게 찾을 수 없는 인증 요건이다. 앞에서는 자립형 사업이 불분명하다고 주장하면서 실제로는 마을기업을 염두에 두고 의도적으로 유사성이 있다고 주장하고 있다고 생각한다.

여섯째, 고용노동부는 (안 제11, 12조) 지역공동체 자립형 사업 육성 공공단체와 지역공동체자립형사업 진흥원 규정에 관하여는 다음과 같은 점에서 문제가 있다고 주장하였다.

① 민간네트워크 구축을 위한 지역공동체 자립형 사업 공공단체는 민간의 자발적 참여를 전제로 한 단체로 법률로 설치하고 운영할 필요성이 있는지 의문시되며, 또한, 현재 각 지방자치단체별로 사회적기업 육성을 위한 사회적기업육성위원회가 운영 중이며, 이는 지역별 특성에 맞는 사회적기업을 육성하기 위한 지원기관으로 위 공공단체와 중복되는 기관이다.

② 지역공동체자립형사업 진흥원의 업무는 사실상 한국사회적기업진흥원의 업무와 중복되고 기능과 역할에서도 유사하거나 포함되어야 하며, 현재 지역 내 정부 유사사업 지원 기관의 난립으로 지원체계상 혼란이 있는 상황에서 불필요한 기관 설립에 해당된다고 주장하였다.

필자의 주장은 다음과 같다. 지방자치단체에서는 민관이 융합할 수 있는 사업육성 공공단체(중간지원조직)가 의무화되어 설치 운영되어야 실질적인 마을기업이 성공할 수 있는 토대를 마련할 수 있다. 본 법률안의 주요한 핵심은 지역공동체 자립형사업 육성 공공단체를 설립하여, 지역주민이 역량을 강화, 사업발굴을 통한 활성화에 초점을 두고 있다. 전라북도 완주군의 지역경제순환센터와 농촌활력과 조직신설이 이에 해당되는 사례이다. 각 부처에서 시행되는 사업들은 각각 그 사업목표에 의해 운영되고 있다. 사회적기업에서 운영되는 사업유형군 중 가장 영역을 많이 차지하는 복지기관에서의 취약계층의 고용은 오히려 보건복지부가 수행하는 것이 효율성 측면에서 높을 것으로 판단된다.

이상과 같이 고용노동부가 마을기업 육성 법률(안) 제정에 있어 반대를 하고 있는 점에 대해 법률 제정에 주도적으로 참여한 필자로서는 해답을 분명히 취했다. 필자는 각 부처가 고유의 기능에 맞게 정책을 구현해야 한다고 생각한다. 따라서 다음 [그림 10]과 같이 지역 중심의 일자리 창출, 지역경제 순환구조 형성, 지역역량 유지발전, 지역 활력 자립성 강화를 위한 전제조전은 부처의 역할 구분에 있다고 본다.

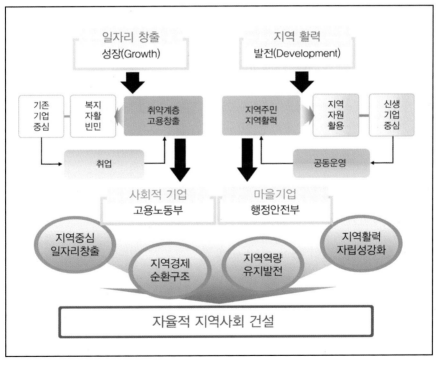

[그림 10] 고용노동부와 행정안전부의 역할 분담

현재 제도적으로 각 부처의 일정부분 기능을 고려하여 일자리 창출과 지역 활력을 도모하는 접근으로 진행해야 한다. 사회적기업은 기존에 운영되던 기업을 중심으로 사회적으로 취약계층으로 분류되고 있는 사람에 대해 고용창출을 시도하면 된다. 이는 기존의 복지와 자활적인 측면, 빈민운동 차원의 연장선상에 놓여 있다.

마을기업은 지역주민이 지역의 활력을 위해 지역의 자원을 활용하는 방식으로 사업을 전개하며 신생기업을 중심으로 전개되고 있다. 공동운영 방식의 지역공동체 회복을 다하려는 차원에서 지역의 기반을 조성하는 일에 전념해야 한다. 이러한 과정 속에서 자연스럽게 자발적인 고용창출의 문제는 해결될 것이다. 산발적이고 일회성 취업이 아닌 자주적인 형태를 담보하는 형태의 조직이 지속가능성을 보장할 수 있다.

다음은 2011년 9월 말에 고용노동부의 의견에 이어 어느 정도 부처 내에서 마무리되어 가고 있는 시점인 10월 중순경에 농림수산식품부가 뒤늦게 부처 의견이라고 보내온 자료에 대한 내용이다. 당시 필자의 느낌으로는 뒷북을 치고 있거나 타 부처의 협조요청에 마지못해 응하고 있다는 생각이 들었다.

농림수산식품부는 (안 제1조, 제2조, 제9조 및 제10조) 지역공동체 자립형 사업의 정의 및 지원대상 사업단체의 선정 등을 이유로, 현행 「농어업인의 삶의 질 향상 및 농어촌지역 개발촉진에 관한 특별법」 제19조의3 및 동법 시행규칙 제2조에 규정된 지역공동체 활성화 사업을 하는 단체, 지원대상 사업단체의 조건 및 선정절차 등과 그 내용이 실질적으로 동일하므로 유사중복 조항에 해당한다고 주장하였다.

필자의 주장은 다음과 같다. 농림수산식품부가 말하는 "농어업인 삶의 질 향상 및 농어촌지역 개발촉진에 관한 특별법"은 농어업인 등의 복지증진, 농어촌의 교육여건 개선 및 농어촌의 종합적 체계적인 개발촉진에 필요한 사항을 규정함으로써 농어업인 등의 삶의 질을 향상시키고 지역 간 균형발전을 도모함을 목적으로 하고 있다. 이처럼 "농어업인 삶의 질 향상 및 농어촌지역 개발촉진에 관한 특별법(이하 '농특법'이라 한다)"은 농촌의 모내기 일손돕기 지원으로 출발하였고, 그 대상은 실제로 농사를 짓고 있는 농민 또는 어민에 국한되고 있다.

따라서 전 국민을 대상으로 하고 있는 지역공동체 자립형사업의 수혜자 집단과는 다르게 일부 농촌지역을 대상으로 하고 있는 농특법이 실질적으로 동일하다고 주장하는 것은 확대해석의 범위를 벗어나고 있다.

2011년 10월 기준, 16개 광역시도를 제외한 전국 228개 기초지방자치단체에서 농특법에서 말하는 지역이 농촌을 근간으로 하는 '군 단위'로 보더라도 37.7%(86개 자치단체)에 불과하다. 이 중에서도 실제로 농민을 대상으로 한다면 그 범위는 현저히 작을 것이다. 또한 86개 자치단체의 경우도 대부분 도농복합형태의 자치단체로서 순수한 농어업인 및 농어촌지역의 개발촉진을 다루고 있는 농특법의 적용범위는 협소하다. 기존 농특법이 도시, 자치구, 도농복합도시의 일반 주민의 삶의 질 향상을 목적으로 하고 있지 않음을 주지해야 한다.

따라서 전국 일부 지역에서 농어업민을 대상으로 하고 있는 농특법의 적용범위를 확대·포장하여 지역공동체 자립형 사업의 법률 제정(안)의 일부 정책수단이 유사하다고 하여 동일한 법안이라 주장하는 것은 타당성이 부족하다. 신규 법안은 기존 법률과 정책목표, 사업 목적, 대상자 등 근본적인 목적과 기본이념, 정의가 일치하거나 중복될 경우에 내용을 수정 보완할 수 있으나, 기본개념과 수혜자 집단이 다른 내용이다.

결론적으로 지역공동체 자립형사업 법률(안)이 농특법 제19조의3 및 동법 시행규칙 제2조에 규정된 지역공동체 활성화 사업을 하는 단체, 지원대상 사업단체의 조건 및 선정절차 등과 그 내용이 실질적으로 동일하므로 유사·중복 조항에 해당한다고 주장하고 있으나, 농민들의 일자리 창출기여를 하는 단체에 대한 지원에 국한되고 있어 일부 중첩되는 내용에 대해 동일하다고 말할 수 없다.

또한, 농특법의 지원대상 단체의 경우는 민법상 법인·조합, 상법상 회사, 농어업법인을 말하고 있으나, 지역공동체 자립형 사업 법률(안)은 대한민국 어떤 단체라도 지역 활력을 도모하고 지역활성화 및 고용확대를 추구하는 목적을 가지고 있는 NGO, NPO 법인이라도 지원할 수 있다.

농림수산식품부가 지원대상 사업단체의 조건 및 선정절차 등이 실질적으로 동일하다는 이유로 지역공동체 자립형 사업 법률(안)의 제정에 부정적인 입장이라면, 농특법보다 3년 먼저 제정된 '사회적기업 육성법' 제8조의1에 해당하는 민법에 따른 법인·조합, 상법에 따른 회사 또는 비영리민간단체 등 대통령령으로 정하는 조직 형태와 동일하거나 유사하므로 농특법이 제정되어서는 안 되는 내용을 알아야 한다.

이렇듯 취약계층의 일자리 창출을 주목적으로 하고 있는 '사회적 기업 육성법'이나 일부 농어업인들의 복지증진, 농어촌의 교육여건 개선, 농어촌 지역개발을 주목적으로 하고 있는 농특법이 서로 다른 목적을 추구하고 있듯이 지역공동체 자립형 사업 법률(안) 또한 지역 주민의 자립심을 배양하고 대한민국 전 지역의 활력을 도모하려는 목적이 분명하고 기존 법률과 차별성이 있음을 인지해야 한다.

둘째, 농림수산식품부에서는 지역 주민이 지역의 인적·물적 자원을 활용하여 일자리 창출 및 소득증대, 지역현안문제 해결 등을 통한 지역활성화에 기여할 수 있도록 '농어촌 공동체회사', '녹색농촌체험마을', '향토자원 산업화' 등 다양한 지역공동체 활성화사업을 육성·지원하고 있다고 주장했다.

필자의 주장은 다음과 같다. 행정안전부에서는 2001년부터 농산어촌의 지역개발을 도모하기 위해 소도읍 육성사업, 살기 좋은 지역만들기, 농산어촌의 정보화마을 사업을 통해 지역활성화 기여 등 다양한 지역공동체 활성화 사업을 육성·지원하고 있다. 또한, 농촌진흥청의 농촌전통테마마을과 농촌건강장수마을사업, 산림청의 산촌종합개발사업, 국토해양부의 어촌체험마을사업, 문화체육관광부의 문화역사 마을가꾸기, 환경부의 자연생태 우수마을사업 등 농림수산식품부가 시행하는 사업과 동일하거나 유사한 사업이 진행되고 있는 현실을 감안해야 한다.

셋째, 농림수산식품부는 (안 제5조 및 제7조) 지역공동체 자립형사업 육성 종합계획 수립 및 정책심의회 운영 등 관련 제정안에 명시된 종합계획의 내용은 농림수산식품부에서 기수립한 "농어촌 공동체회사 활성화 방안" 및 고용노동부의 "사회적기업 육성 기본계획" 등 관계부처에서 수립·추진하고 있는 기본계획에 포함되거나 유사한 내용에 해당한다고 주장하였다.

필자의 주장은 다음과 같다. 농림수산식품부의 농어촌공동체회사 활성화 방안, 고용노동부의 사회적기업 육성 기본계획 등 해당 부처의 사업계획에 포함되어 있어 불필요하다고 의견 제시하고 있으나, 모든 사업 형태를 지원하는 법률에는 기본적으로 들어갈 내용이며, 지역공동체 자립형 사업(마을기업)과 농어촌공동체회사, 사회적기업은 정책목표가 다른 사업이다. 현재 거론되고 있는 사업들의 정책집행 방식이 대동소이하다고 인식함에 따라 사업목적도 같다고 오해하는 현실을 부정하기 어려우나, 지역공동체 자립형 사업(마을기업)의 정책수단은 기존 방식과 병행하여 일괄 통합지원방식을 선택하고 있어 차별성이 있다.

넷째, 농림수산식품부는 (안 제11조 및 제12조) 지역공동체 자립형 사업 육성 공공단체 구성 및 진흥원 설립 등 관련하여 농림수산식품부는 농어촌 지역의 공동체 활성화에 기여하는 사업단체를 육성하기 위해 "농어촌 공동체회사 지원센터"를 설립('11. 2.)하여 운영하고 있고, 고용노동부에서도 "한국사회적기업진흥원"을 설립하여 운영하고 있으므로 지역공동체 사업 육성이라는 제정안의 입법 목적은 기존의 중간지원조직들을 활용하여 달성 가능하므로 추가 입법이 불필요하다고 주장하였다.

필자의 주장은 다음과 같다. 사업의 목적과 대상과 범위와 수단이 다른 사업을 위해 기존 농림수산식품부의 농어촌공동체회사 지원센터, 고용노동부의 한국사회적기업진흥원을 활용하라는 주장은 행정안전부의 마을기업을 타 부처에 위탁하라는 주장과 다를 바 없다. 행정안전부 체제 하에 있는 16개 시도 산하의 지역발전연구원의 기능에는 농어촌 지역의 공동체 활성화에 기여하는 사업단체를 육성할 수 있는 기반이 조성되어 있는바, 이를 활용하지 아니하고 별도로 농어촌공동체회사 지원센터, 한국사회적기업진흥원을 설립·운영하는 것은 스스로 비합리적인 선택과 편협된 주장이라고 할 수밖에 없다.

또한 농림수산식품부의 자금지원을 타 부처 산하기관이 집행하고 정산 보고할 수 없는 행정체제 현실을 감안해야 한다. 지역공동체 자립형 사업(마을기업)을 운영하고 있는 행정안전부의 정책자금을 타 부처의 지원기관이 집행하고 정산 보고할 수 있는지에 대한 검토가 선행적으로 이루어지고 타당성이 확보되었을 경우에 반대 의견을 제시하는 것이 합리적인 주장이라 할 수 있다.

다섯째, 농림수산식품부의 종합검토의견은 지역공동체 사업을 육성·지원하고자 하는 제정안의 입법 취지와 주요 내용은 「농어업인의 삶의 질 향상 및 농어촌지역 개발촉진에 관한 특별법」과 동 법에 근거하여 실시 중인 농식품부의 지역공동체 활성화 사업들에 이미 반영되어 있음. 따라서 제정안의 입법목적은 기존의 법률 및 사업을 통해 달성 가능하여 추가 입법이 불필요하므로 법률 제정 필요성에 대한 신중한 검토가 필요하다고 주장했다.

필자의 주장은 다음과 같다. 대한민국은 일부 농촌지역과 농어업인들만을 위한 국가가 아니다. 일부 수혜자 집단을 대상으로 하고 있는 법률은 도시와 도농복합도시에 거주하는 국민의 삶의 질 향상과 지역 활력을 도모하기에 한계가 있다. 국비 15억 원을 가지고 54개 단체지원을 하고 있는 농림수산식품부의 농어촌공동체회사 육성사업이 200억 원의 예산과 500개가 넘는 마을기업을 지원 육성하고 있는 행정안전부의 마을기업 사업의 근거법안 제정이 불필요하다고 주장하는 것은 부처 이기주의로 해석될 수 있다. 따라서 「농어업인의 삶의 질 향상 및 농어촌지역 개발촉진에 관한 특별법」이 해결할 수 없는 정책목표와 목적을 가지고 있는 지역공동체 자립형 사업 육성법 제정(안)의 타당성에 대한 폭넓은 시야를 가지고 접근할 필요성이 있다.

앞에서 논의를 하였지만 고용노동부와 농림수산식품부가 행정안전부 소관의 마을기업 육성법 제정에 대해서 반대의사 표시를 하였고, 문학진 의원을 통하여 법률(안)을 마련한 필자의 입장에서는 당연히 의견표명을 해야만 했다. 따라서 위와 같은 내용들이 정리되었고, 국회로 보냈다.

2010년 가을 마을기업 관련 육성법안을 제정할 당시에는 행정안전부 사업명이 자립형 지역공동체사업이었고, 이를 근거로 지역공동체 자립형 사업에 관한 육성 법률(안)을 마련하였다. 이후 2011년부터 사업명이 마을기업으로 변경되면서 2011년 가을에는 기존의 법률(안)을 수정 보완하여 마을기업 육성법(안)을 마련하여 부처 의견으로 제시한 바 있다.

필자가 마을기업 육성법을 추진하는 이유는 명료하다. 지역주민이 지역의 네트워크를 활용하여 자주성을 가지고 지역의 다양한 자원을 활용하여 사업으로 연계하려면 기본적으로 지방자치단체의 도움이 절실하다. 특히 교육 및 인적 자원 발굴이 필요하다. 이렇게 지역과 연계망을 가지고 인사와 조직을 총괄하는 부처는 행정안전부이다. 따라서 지역의 실정을 잘 알고 있는 자치단체의 현장조직들이 민관산학 협력체제로 진행해야만 국가의 사회적 일자리 사업도 성공할 수 있다. 거버넌스를 지향하고 있지만, 부처와 행정기관의 칸막이와 이기주의가 이를 가로막고 있다. 부처의 이익이 우선일 수 있는 현재의 위치는 이해되나, 진정으로 지방자치제, 지방분권, 지역활성화를 위한다면 가장 효율적인 방법을 선택해야 하는 지혜를 모아야 할 때이다.

3장

정부의 사회적 일자리
사업 현황

1. 유사 시범사업 중단과 확대한계

　필자는 2011년 2월에 지식경제부로부터 커뮤니티비즈니스 시범사업을 위탁받았던 건국대학교의 커뮤니티비즈니스센터에서 개최한 전문가토론회에서 주제발표를 한 적이 있었다. 마을기업과 사회적기업의 중간지원조직의 육성방안에 대해 다양한 계층의 전문가가 참석하여 의견을 공유하는 자리였다. 국내에서 커뮤니티비즈니스와 사회적기업에서 활동하고 있는 다양한 이해관계자와 일본 아오모리현의 NPO추진아오모리회의 단체에서도 참가했다. 발표자들과 토론자들의 이야기를 들으면서 커뮤니티비즈니스 사업이 열정을 가진 시민사회 활동가를 중심으로 서서히 뿌리를 내리고 있다는 느낌을 받았다. 정부는 기업수 늘리기에 몰두하고 있는 상황에서 사회적 일자리 사업 관련 기업들의 지속가능성을 보완하기 위해 중간지원조직이 어떠한 방향으로 어떻게 준비되어 가야 하는지를 민간이 주도하고 있다는 사실에 내심 반가운 마음이 들었다. 행정주도의 사업에 민간이 적극적으로 길을 개척하고 있다는 느낌이었다. 당시에 사회적기업 및 마을기업이 물량공세로 양적인 사업확대를 도모하고 있을 때 참여자들의 교육을 이야기하고 중간지원조직의 형태에 대한 고민을 하고 있었기 때문이다.

지식경제부의 지역연고산업 육성사업(RIS: Regional Innovation System)의 일환으로 시작한 커뮤니티비즈니스 시범사업은 초기부터 시민사회의 관심을 모았다. 당시 마을기업, 사회적기업, 농어촌공동체회사, 복지자활사업 등 정부의 사회적 일자리 창출 관련 사업들이 각축을 벌이고 있는 시점이었다.

커뮤니티비즈니스 시범사업은 2010년 7월부터 2013년 4월까지 총 34개월에 걸쳐서 연간 10억 원씩 30억 원의 예산을 가지고 전국적으로 지역단위에서 커뮤니티비즈니스 시범사업을 진행하는 사업이다. 나름 유행처럼 퍼지고 있었던 커뮤티니비즈니스에 대한 이해도가 높았던 사업이기에 주목을 받았던 것이다.

이렇게 잘나갈 것 같았던 지식경제부의 커뮤니티비즈니스 시범사업이 8개월 만에 갑자기 사업이 중단되었다. 시장에서는 다음과 같은 다양한 억측과 소문이 무성했다. 일자리 창출에 주력하고 있던 사회적기업 정책방향에 장애요인으로 작용했다. 커뮤니티비즈니스 시범사업의 주체자들에 대한 정치적 성향이 문제가 되었다. 사회적기업으로 일원화시키기 위해 위에서 결정한 일이다. 정부주도의 사업을 민간이 주도함으로써 정부 관련자들의 성과가 퇴색되고 있다. 이러한 확인되지 않은 루머만 난무했다. 지식경제부 관료조차 미안한 마음에 다른 사업제안을 했으나, 거절했다는 소문이 돌았다. MB정부의 사회적 일자리 창출 사업과 지역활성화 사업 등 진정성에 대한 논란이 일었다. 이런 논란의 중심에는 이전에 정부와 업무협약을 맺은 희망제작소 전례가 있었기에 다양한 추측이 생성된 것으로 보인다.

실제로 현 서울시장인 박원순 시장이 희망제작소 상임이사로 재직할 당시 커뮤니티비즈니스사업을 행정안전부에 제안했다. 3년 협약으로 진행하던 중 1년이 지나지 않아 계약이 해지되고, 하나은행과의 후원사업이 무산된 과정에 박원순 이사가 국정원이 개입했다며, 민간인 사찰문제를 제기하였다. 이후 국정원이 명예훼손으로 2억 원의 손해배상 청구를 하였으나, 3년이 지난 2012년 4월 9일 대법원에서 박원순 시장이 최종 승소했다.

2011년 봄에 지식경제부의 커뮤니티비즈니스 시범사업을 위탁받아 진행했던 핵심 인물 또한 희망제작소에서 일했던 사람들이었기에 2009년 박원순 희망제작소 상임이사 민간인 사찰 의혹제기에 이어 시민사회 진영에서는 충분히 의심을 가질 만한 대목이었고 시민사회 공감대를 형성했던 것이다.

지역활성화 대책을 위한 다양한 정책이 필요하나, 현 정부의 입맛에 맞는 대상자를 중심으로 전개하려는 의도라는 비판을 면치 못할 것이다. 정부주도의 사업이기 때문에 공무원 중심이어야 하고 정책을 주도적으로 이끌었던 장관들의 업적을 기리기 위한 조치였다면 문제는 심각하다. MB 정부의 사회적 일자리 창출 사업 관련 정부와 시민사회단체들 간의 갈등과 불편한 동거체제에 대한 내용은 뒤에 구체적으로 다루었다.

국제화와 세계화 흐름 속에 FTA 시행은 1차 산업이 중심인 농어촌에는 커다란 파급력을 가져왔다. 전기전자, 반도체, 자동차 등 주력산업이 일정부분 혜택을 보는 대신 농수산물 분야는 타격을 입을 수밖에 없는 상황이다. 이러한 흐름 속에 농어촌의 활력을 도모하고자 시행된 농어촌공동체회사의 기대는 많았다. 농업인의 삶의 질 향상에 관한 특별법을 근거로 출발한 농림수산식품부의 농어촌공동체회사의 출발은 순조로웠다. 지역자원을 활용한 지역 커뮤니티비즈니스의 시범적인 모범사업으로 콘텐츠로서 충분한 환경을 가지고 있었다. 도시인구의 집중화로 황폐해진 농어촌의 활력을 도모함과 동시에 무너진 지역공동체를 복원하는 사업으로 관심을 모았다.

고용노동부의 사회적기업, 행정안전부의 마을기업, 지식경제부의 커뮤니티비즈니스 시범사업에 있어 그동안 성공사례로 알려진 대부분 콘텐츠 기반도 농어촌에서 찾아볼 수 있었다. 자본주의 시장에서 상대적으로 경쟁력이 약한 구조 속에 있는 그룹들이 선택할 수 있는 최선의 가장 빠른 방법은 지역에서 생산되는 먹을거리에 대한 접근이었기 때문이다. 일본 사례에서 유명세를 탔던 산골마을의 나뭇잎을 활용한 이로도리 비즈니스도 과소인구를 보인 농어촌에서 출발했기 때문이다.

그러나 농어촌공동체회사는 규모의 확대가 어려운 환경에 있었다. 사회적기업처럼 사회가 안고 있는 사회적 문제를 해결하거나 마을기업처럼 지역의 문제를 해결한다고 하는 대의적 명분 앞에서 농촌의 문제만을 해결하겠다는 논리는 다소 약해 보였다. 또한 정부 부처 간의 파워에서도 힘을 발휘하지 못했다. MB정부가 고용노동부 장관출신이 청와대 대통령실장으로 재직하고 있고, 우리나라의 재정을 총괄하고 있는 기획재정부장관으로 가 있는 상황에서 정치적 영향력이나 재정적인 문제에서 약자의 입장에 있었다.

또한, 정책목표가 다르고 수단이 다르고, 대상자가 다른 마을기업조차 예비 사회적기업으로 강제로 포함시켜 사회적기업으로의 일원화를 꾀하고 있는 상황에서 홀로서기는 어려웠다. 여기에는 농촌문제에 대해 접근하는 시민사회단체의 수도 적었다. 사회문제 해결에 대한 시민사회단체의 숫자에 비해 상대적으로 추진세력이 적었던 것도 원인이었다. 정부 부처의 역학관계는 그렇다하더라도 참여하는 단체의 숫자 및 관심도에 따라 성공 여부가 판단될 수 있는 일자리 창출 사업이었기 때문이다.

2. 현실에 직면한 사회적기업

　고용노동부 사회적기업과 예비 사회적기업, 그리고 자치단체에서 각자 시행한 예비 사회적기업, 예를 들어 서울형 사회적기업 등은 종사자의 인건비를 보조해 주는 프로그램이다. 즉, 기존 기업이 신규로 전 직원의 30% 이상의 구성원에 대해 사회적 취약계층을 채용하면, 전 직원이 약 100여만 원의 인건비를 매달 정부로부터 지원받는 시스템이다. 1기업당 최대 50인까지 인건비 보조금을 탈 수 있으니, 매월 최대 5,000만 원을 지원받을 수 있다는 논리다. 여기에 취약계층을 채용하게 됨으로써 얻게 되는 다양한 세제혜택 등을 더하면 기업의 입장에서 그리 손해날 일이 아니다.

　[그림 11]은 고용노동부로부터 인증을 받은 사회적기업이 차지하고 있는 16개 시도의 분포도를 나타내고 있다. 2012년 6월 말 기준으로 680개로 지역별 차이가 많다. 이는 해당 자치단체의 관심과 주민의 관심 차이에서 비롯된 것으로 분석된다.

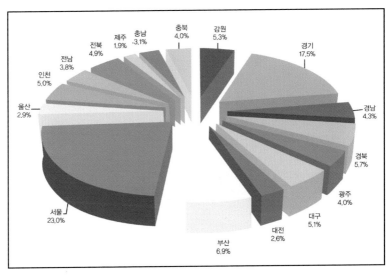

[그림 11] 인증 사회적기업 시도별 현황

　　취약계층의 범위가 애매한 부분이 있어 이를 잘 활용하면 회사 직원에게 지급되는 임금의 일정부분을 정부 보조금으로 충당할 수 있다. 여기서 사회적 취약계층을 살펴보면 더 쉽게 이해될 수 있다.

　　사회적기업 육성법 시행령 제2조에 의한 취약계층의 구체적 기준은 다음과 같다. 첫째, 가구 월평균 소득이 전국 가구 월평균 소득의 100분의 60 이하인 사람, 둘째, 고용상 연령차별금지 및 고령자고용촉진에 관한 법률 제2조 제1호에 따른 고령자, 셋째, 장애인고용촉진 및 직업재활법 제2조 제1호에 따른 장애인, 넷째, 성매매알선 등 행위의 처벌에 관한 법률 제2조 제1항 제4호에 따른 성매매피해자, 다섯째, 청년고용촉진 특별법 제2조 제1호에 따른 청년 중 또는 경력단절여성 등의 경제활동 촉진법 제2조 제1호에 따른 경력단절여성 등 중 「고용보험법 시행령」 제26조 제1항 및 별표 1에 따른 신규고용촉진

장려금의 지급대상이 되는 사람, 여섯째, 북한이탈주민의 보호 및 정착지원에 관한 법률 제2조 제1호에 따른 북한이탈주민, 일곱째, 가정폭력방지 및 피해자보호 등에 관한 법률 제2조 제3호에 따른 피해자, 여덟째, 한부모가족 지원법 제5조 및 제5조의2에 따른 보호대상자, 아홉째, 재한외국인 처우 기본법 제2조 제3호에 따른 결혼이민자, 열번째, 보호관찰 등에 관한 법률 제3조 제3항에 따른 갱생보호 대상자, 열한 번째, 범죄피해자 보호법 제16조에 따른 구조피해자가 장해를 입은 경우 그 구조피해자 및 그 구조피해자와 생계를 같이하는 배우자, 직계혈족 및 형제자매이거나, 구조피해자가 사망한 경우 그 구조피해자와 생계를 같이하던 배우자, 직계혈족 및 형제자매, 열두 번째, 그 밖에 1년 이상 장기실업자 등 고용노동부장관이 취업 상황 등을 고려하여 고용정책 기본법 제10조에 따른 고용정책심의회의 심의를 거쳐 취약계층으로 인정한 사람이다.

이 중에서 가구 월평균 소득이 전국 가구 월평균 소득의 100분의 60 이하인 사람을 예를 들어 보자. 2012년 1분기 전체 가구의 월평균 소득액은 358만 원이고, 60%는 약 215만 원이다. 따라서 4인가족 평균 월 215만 원 미만의 임금을 받는 사람은 모두 취약계층으로 분류할 수 있다는 이야기가 된다.

또 한 가지 예를 들어 보자. 결혼이민자, 즉 다문화가정이라 불리는 외국출신 인구에 대한 취약계층 논란이다. 보통 다문화가정하면 동남아시아 등에서 결혼을 통해 국적을 취득한 사람들을 연상한다. 현실적으로 취업이 어렵고, 사회적 약자임이 분명하다. 그러나 미국, 유럽, 일본 등 선진국에서 온 사람들의 경우 나름 자체 경쟁력을 가지고 있고, 배우자가 상당한 소득을 올리는 직업군에 해당되는 사람들이 많다. 이런 영역에 해당되는 사람들도 취약계층이라고 해야 하는지에 대한 논란에 대해 정리할 필요가 있다.

바로 이러한 사각지대를 이용하여 취약계층의 조건을 채우고 정부로부터 인건비를 보조받는 사회적기업들이 있기 때문에 일반기업과의 형평성 논란이 계속 일어나는 것이다. 실질적으로 자녀와 단절되어 홀로 거주하는 저소득층 노인인구가 300만이 넘어가고 있다. 호적상으로 자녀가 있고 자녀의 수입이 일정하면 저소득층으로 분류되지 않는 인구다. 실제적으로는 보호받아야 할 대상이지만 법상 혜택을 받을 수 없는 노인들의 숫자가 계속 증가되고 있다. 이는 사회문제로 계속 지적되어 왔으나 현실적인 대안마련이 어려운 상황이다. 법과 현실과의 괴리감이 큰 정책에 대해서 돌아보고 점검하여 탄력적인 방법을 모색해야 한다.

[그림 12]는 인증 사회적기업의 업종 유형별로 분류한 자료이다.

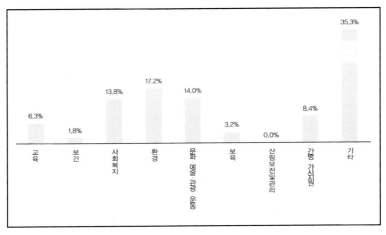

[그림 12] 인증 사회적기업 업종 유형별 현황

한국사회적기업진흥원에서는 일자리 제공형, 사회복지서비스 제공형, 혼합형, 기타형, 지역사회 공헌형으로 분류하고 있다. [그림 12]의 기타로 분류된 영역은 사회복지 관련업종과 영농조합법인 등이 대다수를 차지하고 있다.

현실적인 이야기를 해 보자. 다양한 형태의 사회적기업에 종사하는 사람들과 취약계층을 채용했던 대표와의 갈등이 여전히 논란거리로 남아 있다. 기업의 입장에서는 기업의 생산품과 서비스에 도움이 되는 인력을 필요로 하지만 현실적으로 부합되는 경우가 많지 않다. 그런 상황 속에서 사장은 취약계층 종사자에게 많은 노력을 요구하게 되고, 종사자의 입장에서는 100만 원 내외의 임금을 받는 만큼 그 정도 수준에서만 일을 하면 된다는 의식이 내재되어 있다. 이 간극이 서로 간의 갈등을 불러일으키고 있는 것이다. 심지어는 현장에서 당신이 내 월급을 주느냐, 정부에서 주는 것이라는 의식에 따른 갈등이 발생한다. 차라리 나오지 말고, 집에서 쉬는 것이 기업에 도움이 된다 하여 1주일에 한 번 출근하여 출근부에 도장 찍고 가는 사례도 있다. 물론 일부 인증 및 예비 사회적기업에서 일어난 일이다.

사장의 입장에서는 그 취약계층으로 인하여 다른 70%의 종사자들이 인건비 보조를 받고 있어 일정의 이익이 있고, 70%의 종사자들과의 마찰을 피하는 방법으로 선택하고 있다는 것이다. 직원들의 입장에서도 서로 다른 월급체계에 대해서도 불만과 갈등이 발생한다. 비슷한 일을 하는 것 같은데, 누구는 더 가져가고 나는 적은 정부보조금으로 일을 한다는 생각이다. 생산성과 효율성 측면이라는 관점에서만 본다면 차이가 나는 것은 기술력과 경험에 의한 일처리일 것이다. 자본주의 논리와 호혜평등주의 생각이 충돌되는 지점이다.

현재 대부분 시민단체가 인증 및 예비 사회적기업을 운영하거나 여러 형태로 참여하고 있다. 정부의 사회적 일자리 창출 사업을 위해 새롭게 나타난 단체들도 많다. 2011년 여름에 전국 순회를 하며 지역에서 나름 자리를 잡은 시민사회단체를 방문한 적이 있다. 이들 단체들은 오랜 세월 동안 지역을 근거지로 활동을 해 온 단체들이다. 특이한 기억은 당연히 사회적기업 등에 참여를 하고 있을 것이란 생각이 빗나갔던 것이다. 관심은 있지만 구조적이고 현실적인 한계로 인해 참여의 어려움이 있거나 참여하지 않으려는 생각이 많았다는 것이다. 기존 시민사회 단체의 본질적인 목적에 위배되거나 본질을 훼손할 우려가 있다는 소리가 많았다. 기존 업무처리를 위한 내부동력도 한계에 달한 상황에서 새로운 일을 맡는다는 것이 부담스럽다고 한다. 또한, 인건비 지급방식의 고용창출에만 집중하고 있는 사회적기업 형태로는 시민사회의 발전과 주민역량을 가져오기 어렵다는 이유에서이다.

상황이 이러하다 보니, 시민사회단체 중에서도 참여하는 집단과 비판하는 집단으로 나눠진다. 반면 사회적기업을 통해 자체 운영을 도모하려는 신규 시민사회단체의 출현도 나타나기 시작했다. 2011년 겨울, 사회적기업이나 마을기업에 참여하지 않고 있는 시민사회단체는 시대에 뒤처진 단체로 보는 시각도 팽배했다. 정부가 보조금을 주는 사업에 굳이 피할 필요가 있느냐는 자조 섞인 목소리까지 나올 정도로 다양한 인식이 많았다.

이는 사회적기업에 대한 의미나 가치 등은 뒤로한 채, 정부가 취업독려를 위해서 고용창출을 위해서 인건비를 보조해 주는 프로그램으로만 인식하고 있었기 때문에 나타난 현상이다. 그만큼 국민적 공감대를 형성하지 못하고 사전에 충분한 교육적 학습이 이루어지지 못하고 집행되었기에 이러한 혼란이 일어난 것은 당연한 일인지 모른다.

인건비 등 정부보조금에만 관심을 가지고 참여한 인증 및 예비 사회적기업들의 경우, 사업실적이 좋지 못하거나 일부 부정사례 등이 적발되어 인증 및 선정취소되면서 인건비 지급이 중단된 경우에 사업장을 폐쇄하는 사례까지 나타났다. 문제는 사업주의 입장에서는 경영난의 이유를 들어 회사를 정리하는 일이 쉬울지 모르지만, 그곳에 취업이 되어 일을 하고 있는 취약계층의 경우가 또다시 사회문제로 등장하게 되는 것이다. 그들의 입장에서는 어렵게 취업한 직장폐쇄로 또 한 번의 추락을 경험하게 되는 것이다. 갈 곳이 없다는 이야기다.

3. 지속 가능한 사회적기업의 모색방법

　사회적 가치 실현이라는 목적에 대한 의미를 이해하지 못하고 단순히 인건비 보조금에 집중하여 접근한 기업의 경우 다양한 모럴해저드(도덕적 해이) 현상이 나타날 수밖에 없다. 이전 정부에서도 마찬가지였지만, 준비되지 못한 정부주도의 정책이 현장에서 많은 부작용을 생성하고 있는 것이다. 물론 정부입장에서는 놀면서 일부 정부보조금을 받고 있거나, 상대적으로 경쟁력이 약해 정상적으로 취업이 어려운 사람들에게 기업이란 수단을 제공하여 해당 기업에서 다양한 기술과 노하우를 배워 재취업을 할 수 있는 기반을 제공하자는 취지였을 것이다.

<표 3> 인증 사회적기업과 예비 사회적기업의 차이

구분	인증 사회적기업	예비 사회적기업
법률	사회적기업 육성법	사회적기업 육성지원을 위한 조례·규칙
인증 조건	1. 조직형태 2. 유급근로자 고용하여 영업활동을 수행할 것 3. 사회적 목적 실현(취약계층 고용·사회서비스제공 등) 4. 이해관계자가 참여하는 의사결정구조 5. 영업활동을 통한 수입(매출액이 노무비의 30% 이상) 6. 정관·규약을 갖출 것 7. (상법상 회사의 경우) 이윤의 2/3 이상 사회적 목적을 위해 재투자	1. 조직형태 2. 유급근로자 고용을 통한 영업활동 수행(매출규모 무관) 3. 사회적 목적 실현(취약계층 고용·사회서비스 제공 등) 4. (상법상 회사의 경우) 이윤의 2/3 이상 사회적 목적을 위해 재투자
지원 방법	1. 경영컨설팅 2. 공공기관 우선구매 3. 시설비 등 지원 4. 세제 지원 5. 사회보험료 지원 6. 전문인력 채용 지원 7. 인건비 지원 8. 사업개발비 지원 9. 모태펀드	1. 경영컨설팅 2. 공공기관 우선구매(기관별 차이 있음) 3. 전문인력 채용 지원 4. 인건비 지원 5. 사업개발비 지원 6. 모태펀드

그리고 참여하는 취약계층의 자립심을 배양할 수 있도록 하는 목적이 있었을 것으로 생각한다. 하지만 현장에서는 인건비 보조금지급 방식의 고용창출 목적이 다양한 형태의 부작용을 만들어 내고 있다. 단기간에 많은 사람들이 고용되어 일자리 창출이라는 취업률 수치는 상승했을지 몰라도 언제까지 그 수치를 유지할지는 장담하지 못한다. 적어도 사회적기업을 통한 실업률을 감소시키는 정책이라면 그 효과를 극대화하려면 중단하지 않고 계속해서 인건비 보조를 위해 공적자금의 투입이 전제되어야 할 것이다.

보조금이 중단되면 인증 및 예비 사회적기업들이 문을 닫을 것이란 이야기는 어제오늘의 이야기가 아니다. 예비 사회적기업 형태의 경우 최장 2년의 보조금 지급기간이 만료되는 2012년 중반에 접어들면서 하나둘씩 나타나고 있기 때문이다. 그중에서 일부 기업의 경우는 7가지 인증조건을 맞춰 고용노동부 사회적기업으로 전환하여 향후 3년간 추가적으로 인건비 보조를 받을 수 있다. 조금 노력하면 3년의 유예기간 동안 다시 활로를 모색할 수 있는 시간을 번 것이라고 볼 수 있다. 하지만 예비 사회적기업에서 인증 사회적기업으로 전환되지 못하는 수많은 기업의 문제는 어찌할 것인가.

[그림 13]은 고용노동부의 예비 사회적기업 지역별 현황이다. 2011년 말 기준으로 882개다. 인증 사회적기업과는 달리 서울시의 경우는 수가 극명하게 적다. 이는 서울시가 자체적으로 시행하고 있는 서울형 사회적기업으로 몰려 있기 때문으로 풀이된다. 일종의 예

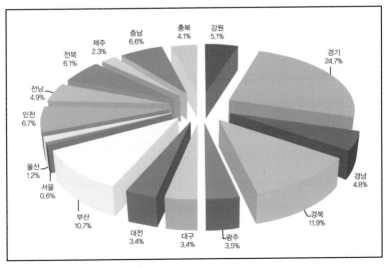

[그림 13] 고용노동부 예비 사회적기업 시도별 현황

비 사회적기업 형태인 서울형 사회적기업의 경우 고용노동부의 예비 사회적기업보다 조건이 한 개 더 완화된 상황에 따른 쏠림 현상으로 나타났다. 반면 경기도는 인증 및 예비 사회적기업 모두 인구수와 대등한 수준으로 분포되어 있다.

자본주의 시장에서 2년 동안 인건비를 지원했다면 나름 자생력을 갖추는 기반에 도움이 되었을 것으로 판단되고 스스로 독립해야 하는 것이 맞다. 하지만 예비 사회적기업이 스스로 자생할 수 있는 기반을 오히려 방해한 것이 정부라고 할 수 있다. 그들에게 보조금이란 기업운영의 일부 도움이 되는 수단으로 활용되었을 뿐, 그 이상의 가치실현의 노력에는 신경을 쓰지 못했기 때문이다. 최근 사회적기업뿐만 아니라 마을기업에서도 2년의 사업개발비 보조금을 받았던 기업들이 지원사업 중단됨에 따라 어떻게 유지 관리해 줘야 할 것인지에 대한 논의가 많아졌다. 계속해서 지원하지 않으면 문을 닫을 수밖에 없다고 항변하는 사람들에게 해당 부처 및 관계자들의 곤혹스러움은 애절할 정도이다. 회사가 줄줄이 문을 닫게 되면 그 사업이 실패했다고 언론이 주목할 것이고, 사회적 일자리를 추진했던 사람들이 문책 등 곤경에 빠질 것은 자명한 일이다.

이러한 상황을 일부분 해결하기 위해 기존의 컨설팅을 계속 유지해 주거나, 다른 정책개발비 공모를 통하여 해결하려는 모습도 나타나고 있다. 하지만 이러한 방법이 근본적인 문제해결이 될 수 있을지는 회의감이 든다. 애초부터 정책결정과 집행방법이 잘못되었다고 할 수 있다.

예를 들어, 인지도가 높은 대학 출신들이 획기적인 아이템을 가지고 어느 정도 자본력을 바탕으로 사업을 하고 있다. 기술을 개발하고 영업하여 회사를 통하여 돈을 벌 목적으로 창업한 이러한 기업들도 창업 2년을 버티는 숫자가 한 자릿수에 불과한 실정이다. 국민의 정부 시절에 IT벤처붐으로 시작된 수많은 청년창업가들 중에서 일부 극소수만 살아남은 사실과 굳이 비교를 하지 않더라도 창업 이후 지속가능성을 담보하기란 쉽지 않은 것이 현실이다. 노하우를 가지고 실력을 갖춘 기업들조차 작금의 현실에서 성공하기란 쉽지 않은 상황이다.

[그림 14]는 고용노동부의 예비 사회적기업의 목적 유형별 현황을 나타낸 것이다. 일자리 제공형이 월등히 많다. 지역사회 공헌형의 경우는 2011년 말 이후 한두 개 나타나기 시작했다.

그런데 사회적기업, 마을기업, 농어촌공동체회사 등 사회적 일자리 사업을 통해 운용되는 기업들에게 일반기업과 똑같은 방법으로 이익 추구를 독려하고 이익의 상당부분을 사회에 환원시켜야 된다고 말하는 방법이 올바른 것인지 의문이 간다. 더구나 참여하는 사회적

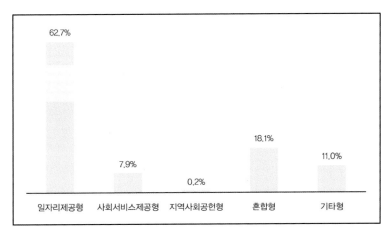

[그림 14] 예비 사회적기업 목적실현 유형별 현황

취약계층의 상당수가 자본주의 경쟁에서 일반적인 경쟁력으로는 참여할 수 없는 구조적인 한계를 가진 주민에게 같은 품질과 서비스, 이익을 강요하는 것이 정당한 것인지에 대한 생각이 든다.

아무리 사회적 가치를 추구하는 기업이라고 하지만, 대기업조차 CSR(기업의 사회적 책임)을 본격적으로 제대로 실현하고 있지 못하는 상황에서 사회적기업에게 강요하는 것은 근원적인 문제해결이 필요할 듯하다. 자본주의 국가에서 기업은 기업일 뿐이다. 정부조차 일반적인 기업형태로 인식하고 있기에 민간기업과 같은 매출액을 요구하고 있는 것이라 본다. 사회적 목적을 구현하는 차원에서 시작된 구조라면 일정부분 그 목적을 달성하였다면 그것으로 감내하고 평가하는 것이 올바른 정책이라 할 수 있다.

4. 사회적 일자리 사업의 성장과정

마을기업은 2010년 6월 처음 실시할 때의 브랜드명은 커뮤니티비즈니스사업이었다. 당시에는 우리나라에 커뮤니티비즈니스란 단어가 유행처럼 퍼져 가던 시기였다. 지난 참여정부 초기에 거버넌스란 단어가 국내에서 협치 등의 한글로 번역되어 사용되었다. 하지만 내면의 뜻을 다 표현하지 못하는 부분과 의사전달과정의 내용이 왜곡되는 부분 등의 문제점 등으로 거버넌스란 단어로 사용되었다. 이처럼 커뮤니티비즈니스도 처음에는 원문 그대로 사용한 것이었다. 그러나 여러 각계의 자문단의 지적과 내부 결제상에서 원어 자체를 이해하지 못하는 현실을 감안하여 동년 9월경부터 자립형 지역공동체사업으로 변경되었다. 그러나 자립형 지역공동체사업 명이 길고, 좀 더 쉽게 표현했으면 하는 내·외부 의견에 따라 2010년도 말에 현재의 마을기업으로 사업명이 변경된 것이다. 이렇게 시행 첫해에 3번의 작명개정을 통해 탄생한 마을기업은 사회적기업과 대한민국의 사회적 일자리 사업의 쌍두마차가 된 것이다.

이러한 사업명은 기본적으로 기업이란 단어가 보어로 붙었지만 실제적으로는 주어로서 활동을 강요받게 되는 모양새가 되었다. 즉 기업은 기업일 뿐이었다. 아무리 마을공동체 회복과 사회적 목적이란 가치를 실현하다고 하는 취지로 출발했지만, 정부에게서 사업보조금을 받는 상황과 기업이 영위해야 할 다양한 활동을 하지 않으면 안 되는 현실이 맞물린 것이다.

사회적기업이 복지기관 등 일부 시민사회단체를 중심으로 확대된 것과는 달리 마을기업은 직능사회단체를 중심으로 외연확대가 되는 모습이 특징이었다. 즉 사회적기업은 사회 취약계층에 대한 돌봄서비스를 실행하고 있었던 단체들이 중심이 되고, 사회적 약자를 보호하는 목적을 구현하고 있는 사회적 실천가들이 중심이 되어 사회적 가치를 실현하고자 했다. 지역에서 시민단체 활동을 하고 있는 많은 수의 단체들이 참여하게 된 계기이기도 했다. 반면 마을기업은 이전부터 행정기관과 밀접한 관계망을 형성하고 있었던 단체들이 초창기에 많이 진입하는 형태를 보였다. 물론 행정기관의 실적을 위해 당장 사업을 진행해야 할 집단이 없는 상태에서 쉽게 상의하여 회사를 설립할 수 있었던 배경이기도 하다. 이러한 배경적 조건으로 인해 2011년에는 인증 사회적기업 숫자나 마을기업 숫자가 비슷한 수준에까지 달했다.

특히 마을기업은 광역과 기초자치단체의 조직을 통하여 그 수가 빠른 속도로 증가했다. 사회적기업과 마을기업이 각각 다른 사업목적을 가지고 있다고는 하지만 상호 간에 비슷한 성격의 활동이 교집합 형태로 존재하고 있다. 바로 그 교집합의 영역으로 인해 참여하는 단체 및 정부 및 학계는 물론 일반 시민들까지도 사회적기업과 마을기업의 정확한 구분을 하기가 어려웠던 것이 사실이다.

여기에 광역자치단체 중심의 자치단체형 예비 사회적기업까지 합류하면서 외연확대 경쟁이 치열해졌다. 어느 자치단체가 사회적 일자리에 매진하고 있는 지는 사업에 참여하고 있는 기업수가 말해 줄 정도로 확대되어 갔다. 그러나 사회적기업이나 마을기업이 이러한 숫자 늘리기 경쟁을 하면서 사회적 일자리 관련 기업수도 증가했지만 질적인 성장의 한계에 부딪혔다. 어떤 사업이든 어떤 조직이든 양적인 확대가 되면 될수록 문제점도 그만큼 나타나는 것이 현실이다. 사전에 준비되지 못하고 참여한 사회적기업과 마을기업 참여자들은 시간이 갈수록 자본주의 시장에서의 기업이 생존해야 할 다양한 조건들을 실감하면서 후회를 하기 시작했다.

사회적 가치를 구현하고 마을공동체를 복원하는 좋은 일을 하는 기업인데, 우리 마을을 위해서 희생하면서 앞장서서 기업을 만들어 운영했는데, 남는 것은 주위의 따뜻한 도움보다는 냉정한 시선이 많아졌다는 것이다. 사회적 취약계층이 회사라는 조직에서 할 일이 그리 많지 않았다는 것이고, 다른 조직원처럼 전문성이 많은 것도 아니고, 생산적인 일에 매진할 수 있는 구조도 아닌 사실이 조직 내부에서 새로운 갈등으로 나타나기 시작한 것이다. 마을의 일에 앞장선 사람의 경우도 정부보조금을 받아 어디에 썼는지 확인하는 지인들의 참여와 간섭이 서로를 믿지 못하는 관계로 발전하고 오히려 그동안 쌓았던 인간관계마저도 무너트리는 결과로까지 나타나기 시작한 것이다.

그동안 원활한 관계를 유지했던 모임 구성원이 자본주의 논리에 밀리기 시작하면서 흔들리기 시작했다. 나는 열심히 하지 않으면서 서로가 서로를 탓하는 구조 속에 하나둘씩 문을 닫는 기업이 나타났다. 가장 중요한 것은 왜 사회적기업을 하려고 했고, 사회적기업에 취업하여 일하는 목적이 무슨 의미인지도 모르고 단순히 취업했는데, 다른 직원보다 임금이 적은 것에 대한 불만만 쌓여 가는 현실이 갈등을 유발하는 원인으로 작용했다. 또한 마을기업이 지역사회에서 어떻게 흘러가야 하고 지역문제를 어떤 방식으로 어떻게 협동하여 풀어가는지에 대한 공감대가 형성되지 못한 상태에서 갈등이 나타나기 시작한 것이다. 무엇보다도 기업이란 구조를 너무 쉽게 이해하고 참여했다는 데 문제원인이 있었다.

이전처럼 정부의 보조금으로 대충 하다 보면 해결할 것 같았고, 이러한 유사사업이 자금을 보조받았다 해서 다시 정부에 갚을 돈도 아니라는 생각이 만들어 낸 안일한 대처였던 것이다. 자금집행이 어떻게 되었는지, 출근부에는 도장을 잘 찍었는지, 월마다 보고서를 만들어 보고해야 되고, 수시로 점검받아야 한다. 하지 말라는 것도 왜 이렇게 많은지 외부간섭도 사회적기업이나 마을기업이 겪고 있는 갈등 중의 하나로 작용했다. 최소한 한 명이 행정기관에 보고하고 세무서에 정리하여 제출하는 등 전문적으로 행정업무를 봐야 되는 상황이다. 일종의 경리부 직원이 필요하다. 인증 사회적기업의 경우는 나름 기업으로서 모양새를 가지고 영업수익을 내고 있는 기업이 많다. 하지만 예비 사회적기업이나 마을기업 단위가 일반 영세기업 수준에 그치고 있는 만큼 전담으로 인력을 운영할 수 없는 구조적 한계가 나타난 것이다.

특히 초창기 농촌지역의 마을기업은 사업개발비 이외는 인건비 지급이 어려운 상황에서 그나마도 젊은 인력을 구하지 못해 어려움이 많았다. 중간지원조직이 일정부분 역할을 대신해 주고 있지만 그때마다 발생하는 업무에 대해서는 신속한 대처가 어렵다. 농촌지역의 특수성으로 회계업무를 하고 행정업무를 할 수 있는 나름 전문성 있는 젊은이를 찾기도 어렵지만, 더욱 힘든 것은 농촌지역에서 근무할 사람이 없다는 것이다. 이러한 요소들이 기업으로서 지속가능성을 담보하지 못하는 원인으로 작용하였다.

사회적기업이 두 차례의 법 개정을 통해 지역밀착형과 지역공헌형 사회적기업을 지향하고 있지만 현실적으로 실행되기가 어렵다. 이는 구조적으로 사회적기업에 몸담고 있는 단체의 특성에 기인한다. 지역보다는 특수한 계층의 돌봄과 사회적 가치를 공유하는 그룹들의 친선모임으로까지 변해 버린 사회적기업이 지역과 호흡하기에는 풀어야 할 과제가 많기 때문이다.

예를 들어, 사회적기업과 마을기업의 참여집단의 형태가 다르다. 진보성향의 시민단체와 보수성향의 직능사회단체의 구성원이 기본적으로 호흡하지 않으려 한다. 이는 그동안 사회구조 속에서 지역에서 서로 다른 길을 걸어오는 등 다른 사회적 가치를 추구했기 때문이다. 시민사회는 시민사회대로 직능사회는 그들 나름대로의 지지세력을 등에 업고 활동을 해 왔기 때문에 쉽게 융화되지 못하는 것이다. 즉 각자 활동했던 영역이 달랐고, 그들이 봉사를 해 왔던 대상들이 달랐기 때문에 쉽게 호흡하지 못하고 있는 것이다. 쉽게 표현하면 귀농인구와 원주민의 관계가 쉽게 해결되지 못하는 구조로 이해를 하면 쉽게 이해될 것이다.

이는 당연한 결과일 것이다. 각자 추구하고자 하는 목적이 다른 단체이기에 어려운 것이다. 사회적기업의 경우 기본적으로 지역밀착형이나 지역공헌형의 탄생이 쉽지 않은 이유이기도 하다. 지방의 농촌지역에서는 일부 가능할 수도 있다. 마을주민이 사회적기업을 운영하든 마을기업을 운영하든 기본적으로 지역사회에서 거주하며 활동을 해 왔기 때문에 쉽게 동화될 수 있는 구조가 있다. 그러나 읍면동이 아닌 시군구 단위의 지역부터는 활동범위와 대상자가 달라지기 시작한다. 특히 대도시의 경우는 마을의 개념과 지역의 개념을 쉽게 적용하지 못할 수도 있다. 실제로 서울에서 사회적기업을 운영하는 사람들의 대부분이 그 지역의 연고를 가지고 활동하기보다는 사회적기업이 활동하기 좋은 장소를 찾아가 사업을 하기 때문에 지역과 밀착성을 가지기가 어렵다. 그들 스스로 지역과 무슨 관련이 있느냐고 반문할 정도이다.

반면 마을기업의 경우는 지역에서 마을단위의 좁은 공간에서의 활동을 근거로 사업을 영위하려고 한다. 즉 오랜 세월 동안 안면이 있는 구성원이 주체가 되어 지역에서 활동하려고 노력한다. 농촌지역의 원주민 못지않게 도심지역에서도 원주민 행세를 하는 시민이 상당수 있다. 오랜 관계망이 없는 상태에서는 쉽게 접근할 수 없는 구조가 있다. 이렇게 사회적기업은 사회적기업대로 마을기업은 마을기업대로 각자가 가지고 있는 구조와 인적 자원, 지역의 밀착도 등에 따라 활동의 범위와 대상이 다르다.

5. 사전교육이 필요한 사회적 일자리 사업

　2007년부터 시작한 사회적기업과 2010년부터 시행한 마을기업이 각각 6년과 3년이란 세월이 흐르고 있다고 하지만 아직도 초기 단계에서 크게 벗어나지 못하고 있는 상황이다.

　행정안전부가 추진하고 있는 마을기업은 고용노동부가 추진하는 사회적기업과 다른 지원방식이다. 사회적기업이 인건비 위주의 고용 창출을 꾀하고 있다면 마을기업은 초기 사업비 방식을 통하여 신규 창업을 유도하고 있다는 점이다. 사회적기업은 사회적 문제를 해결하기 위해 취약계층의 일자리 창출을 위한 취업 중심의 정책을 구사하고 있다. 마을기업은 같은 지역에서 공동체 구조를 가지고 있던 지역 주민 중심을 대상으로 지역의 문제를 해결하는 방식의 창업과 공동 운영 방식을 권하고 있는 것이다. 마을기업은 사업 초기에 조건을 걸지는 않지만, 창업 1년 안에 주식회사 등 상법과 민법에서 정한 법적 체제를 갖춰야 연장될 수 있도록 제한하고 있다.

2010년에는 사회적기업의 열풍이 워낙 거세 마을기업은 주목을 받지 못했다. 그저 세인들의 눈에는 행정안전부가 고용노동부의 사회적기업을 벤치마킹하여 새로운 프로그램을 하나 시행하는 정도로 인식했다. 그래서 나온 말이 고용노동부에서 돈을 주면 사회적기업이고, 행정안전부에서 돈을 주면 마을기업이고, 농림수산식품부에서 돈을 주면 농어촌공동체회사라고 설명하는 것이 더 빠른 이해를 할 정도였다.

2011년 들어 사회적기업과 마을기업의 운영과정에서 일부 사업자의 도덕적 해이현상이 발견되어 지역사회에 물의를 빚게 되면서 공동참여 공동분배라는 관점에서 협동조합이 서서히 주목을 받기 시작했다. 이러한 환경이 자연스럽게 마을기업에 대한 관심으로 이어졌고, 공동창업하여 공동으로 의사결정하는 방식의 마을기업이 새로운 대안으로 부각되었다.

사회적기업의 가장 큰 약점 중의 하나가 생산된 제품과 서비스의 판로확보가 미약하다는 구조에 있다는 점이다. 이는 지역사회와 연결되지 못함으로써 지역사회에서 사회적기업은 그저 사회적 취약계층을 고용해서 운영하는 기업으로만 인식되었기에 한계가 있었다. 그래서 나온 것이 지역밀착형 사회적기업, 지역공헌형 사회적기업이란 단어가 나오기 시작했지만 실제적으로 지역사회와 연계된 사회적기업을 찾아보기는 쉽지 않은 현실이다.

반면 마을기업은 지역에서 오랫동안 활동을 해 온 지역자생단체들이 중심이 되었다. 지역에서 나름 영향력이 있고, 지역의 오래된 단체들과의 관계 속에 출발한 기업들이 많았다. 그만큼 마을 단위의 지역사회에 영향력을 가져왔다. 사회적기업가 한 명이 회사를 독점하는 형태가 아닌 마을의 리더가 중심이 되고 오랜 세월 같이해 온 사람들이 총무 및 간사를 맡아 참여하고 기존 조직들이 대부분 주주 및 출자자 형식으로 참여하는 유형이 많다. 주민 주체의 사업장이라 주변의 관심도 높은 편이다.

동네 일부 주민이 무슨 일을 하나 지켜보던 주변사람들도 활발하게 움직이는 사업장을 보면서 관심을 가지게 되고 하나둘씩 참여하여 일손을 덜어 주는 형태로 확대해 나갔다. 이렇게 지역을 중심으로 출발하고 지역의 사람들이 적극적으로 참여하는 형태의 사업장은 꾸준히 영업활동을 해 나가고 있다.

반면 마을기업 중에서도 정부의 보조금사업 참여에 익숙한 사람들이 꾸려 가는 사업장의 경우는 기본적으로 주민의 협조를 받지 못하고 있어 어려움이 많다. 그들을 바라보는 시선은 또 다른 정부사업에 보조금을 타 먹는 사람들로 인식하고 있다는 사실이다. 이러한 문제로 원주민 간에 또는 원주민과 귀농·귀촌한 마을사람들 간의 불화가 일어나기도 한다.

특히 귀농·귀촌인구와 원주민 사이에의 관계 형성이 더욱 어려운 현실이다. 원주민의 입장에서는 귀농인구가 그리 달갑지만은 않은 것이 사실이다. 고령화 인구가 대부분인 농촌에 와서 차별적으로 행동하고 지역과 호흡하기보다는 별도의 집단으로 행동하려는 모습이 원주민의 눈에는 왔다가 가는 사람들로 보이기 때문이다. 이러한 상황에서 마을기업을 신청한 사람들이 귀농 중심의 기업일 경우 갈등은 더욱 많아진다. 아는 것이 힘이고, 정보취득이 경제력인 상황에서 아무것도 모르는 원주민보다 발 빠르게 대처하는 귀농인구가 중심이 된 마을기업의 경우는 원주민과의 관계가 소원해진다. 마을 전체의 사업으로 인식하지 않고 때로는 반대를 하는 형태로 나타난다. 그래서 일부 지역에서는 반쪽의 마을기업으로 원주민과 귀농인구의 갈등이 심한 경우도 있다.

마을기업이 2010년 하반기에 실시된 첫해에는 지방자치단체에서 할당된 마을기업수를 채우려다 보니 무리한 상황이 적지 않았다. 참여단체의 상당수가 기초자치단체의 공무원이 참여하라고 해서 참여하는 소극적 방식이었다. 무슨 사업을 어떻게 할 것인지, 어떠한 구조로 운영하고 제품을 생산할 것인지, 서비스는 어떻게 할 것인지, 임금문제는 어떻게 충당할 것인지, 판매는 누구를 대상으로 할 것인지, 세금 문제는 어떻게 처리해야 하는지 등등 기본적으로 기업으로서 해야 할 의무가 무엇인지도 모르고 일단 선정되었다는 사실이다.

특히 마을기업으로 선정되어 사업도 진행하지 못하고 스스로 포기한 일부 기업도 나타나면서 보조금 회수를 둘러싼 갈등도 나타났다. 어떤 지방에서는 빵을 파는 기업을 하겠다고 빵 굽는 기계를 사 놓고도 한 번도 빵을 만들지 못하고 그대로 사업을 접은 사례도 있었다. 이렇게 마을기업도 사회적기업 못지않게 초창기에 문제점들이 나타났다. 이런 문제 또한 주민이 마을기업을 하게 되면 어떠한 마음으로 기업을 이끌어 가야 되는지에 대한 생각을 가질 시간도 없이 일단 정부에서 회사를 만들면 보조금을 준다고 하는 생각에만 매몰되어 나타난 현상이다. 사회적기업이 일부 직원 중에 사회적 취약계층을 고용하기만 하면 인건비를 전 직원을 대상으로 준다고 하는 단기적 이익만 생각하고 접수하여 운영하는 형태와 별반 다를 것이 없었다. 구조적으로 문제가 있었던 정부 주도의 사업이 보여 준 씁쓸한 사례이다.

사회적 일자리 창출 사업의 사례에는 다음과 같은 복지와 건강, 교육, 환경, 문화, 마을만들기 등 다양한 분야의 사업이 있다. 이러한 분야 이외의 사업과 몇 개의 사업을 조합하여 실행해도 무관하다. 다음은 일본 긴키경제산업국에서 조사한 지역에 있어 자율순환형 지역경제시스템 구축 보고서에서 제시하고 있는 실현 가능한 분야와 아이템이다.

〈표 4〉 자율순환형 지역경제시스템 분야 및 아이템

복지·의료활동	고령인구 및 장애인 종합서비스, 다문화 및 외국인 서비스 등
건강촉진	안전한 식자재를 사용한 레스토랑 등
교육·보육지원	정주형 보육소, 미취학아동을 위한 학교, 청소년 야외교실 등
고용창출·취로촉진	여성·장애인·고령인구 등의 고용창출, 장애인의 재택근무지원 등
환경보전	환경보전활동, 가정폐식용유와 폐가전 리사이클, 환경설비·기기 관련 서비스 등
지역산업활성화	상점가 활성화, 전통기술기능의 계승, 지역독자의 상품만들기 등
지역만들기	역사적 자원을 살린 지역만들기, 마을만들기회사, 지역만들기 컨설팅 등
예술문화진흥	시민도서관의 개설·운영, 전통행사와 지역축제 등 지원사업 등
정보서비스	지역정보지의 발행, 지역문화자원의 전자데이터화, 상점가를 위한 전자거래(virtual service) 등
시설지원교통지원	고령인구(장애인) 공동주택·복지의료시설 등의 운영, 고건축의 재생·복원, 도시와 농촌의 교류서비스 등
커뮤니티비즈니스지원	시민사업의 창업지원, 시민사업의 매칭서비스 등

6. 창업을 주도하는 마을기업

희망근로 프로젝트 이후 안정적인 일자리 대책으로 출발한 마을기업 사업은 기존에 운영되던 사업체 또는 지역공동체가 마을기업으로 전환한 사례도 있지만, 신규로 창업한 경우가 상당수를 차지하고 있다. 이는 마을기업 사업이 고용창출 등 지역의 경제를 활성화하는 데 일정부분 기여하고 있는 것으로 파악된다. 신규로 창업한 마을기업의 경우, 기존에 지역사회에서 법적 책임이 없는 단체모임 등 임의단체에서 출발이 가능하지만 창업 1년 안에는 법인체로 변경해야 한다.

지역주민이 평소 친목 등을 위해 만들어 놓은 단체가 마을기업 신청을 함으로써 마을기업이 설립 당시부터 지역사회의 강한 인적 네트워크와 협력 체제를 통한 기업으로 성장이 가능한 구조를 갖추고 있다. 이는 사회적기업 및 예비 사회적기업이 기존에 운영되던 기업 형태에서 일부 취약계층을 고용하여 운영되는 방식과는 다른 신규 창업위주의 마을기업의 특성을 보여 주고 있는 것이다.

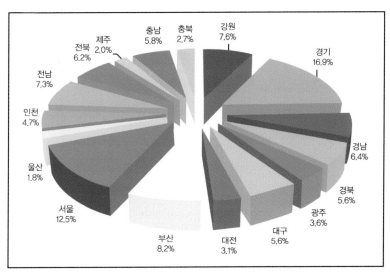

[그림 15] 마을기업 시도별 현황

　　[그림 15]는 2011년 12월 기준, 행정안전부 시도별 마을기업 현황을 나타낸 것이다. 마을이란 단어가 도심에서 쉽게 적응되지 못한다는 우려의 목소리가 있음에도 서울시가 12.5%, 부산시가 8.2%, 대구시가 5.6%를 차지하고 있다.

　　마을기업 중 우수마을기업으로 선정되어 언론매체에 소개된 마을기업의 경우 인근 지역 주민의 관심이 높다. 인근주민이 사업에 참여하겠다고 문의하는 등 지역주민의 적극적인 참여의사가 확대되고 있는 것이다. 주변의 관심은 곧 마을기업 운영자의 사업의욕을 부채질하는 요인으로 작용한다. 이러한 현상으로 2012년의 경우는 마을기업 신청자 수가 기하급수적으로 증가했다. 하지만 마을기업 사업재정의 한계로 인해 그 수요를 충족시키지 못하고 있는 실정이다.

　　마을기업 아이템 편중현상에 대한 비판이 많다. 먹을거리에 집중된 마을기업이 많다는 것이 향후 성장을 담보할 수 있느냐는 이야기다. 마을기업 사업품목에서 먹을거리 사업이 절반을 차지하는 것은 경쟁력이 취약한 고령인구, 취약계층 중심으로 사업을 시작하는 단계에서 나타나는 당연한 현상이다. 지역주민이 가장 쉽게 도전할 수 있고, 가장 자신감 있게 참여할 수 있는 현실적인 선택이다. 마을기업의 사업이 지역주민이 지역의 인적, 물적 자원을 활용하여 비즈니스 기법을 사용한 기업운영에 있다고 하는 점에서 지역의 농수산물을 직접 재배 및 가공하여 운영하는 형태의 사업은 당연할지도 모른다.

마을기업 아이템은 다양하다. 먹을거리사업 이외 일반상품·서비스, 문화·예술·스포츠, 자원순환, 교육사업 등의 확대가 꾸준히 이루어지고 있는 상황이다. 아직은 미흡한 분야이지만 지역문제를 해결하기 위한 주거관련, 의복관련, 에너지관련, 보건의료, 교통, 통신정보, 관광 등 다양한 사업분야의 확대 현상은 긍정적으로 지켜봐야한다.

[그림 16]은 마을기업의 업종별 사업 현황이다. 먹을거리 사업이 여전히 35.5%를 차지하고 있으나, 매출액과 이익부분에서는 다른 품목보다 경쟁력이 높은 것으로 나타났다. 일반상품과 서비스 및 문화예술, 스포츠 분야의 약진도 두드러진다. 자원순환과 관광형의 사업아이템 등 다양한 영역에 걸쳐 사업이 전개되고 있다.

2011년 우수 마을기업으로 선정된 기업 중에는 창업 3개월 만에 매출액 기준 1억이 넘고 6개월 만에 3억 원이 넘는 사례가 있다. 지역에서 경쟁력을 상실한 지역주민이 일궈 낸 노력의 산물이다. 이러한 높은 매출을 자랑하는 기업의 대부분은 지역 먹을거리 자원을 충분히 활용하여 지역주민의 참여와 협업을 통해 사업을 수행하고 있다.

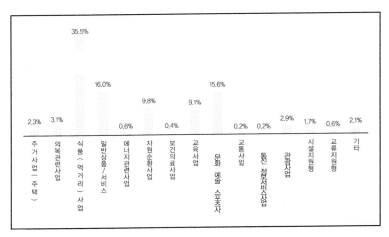

[그림 16] 마을기업 업종별 사업 현황

기본적으로 지역주민의 네트워크를 바탕으로 성장을 하고 있어, 지역 사회 사업에는 지역주민이 주체가 되어야 함을 증명하고 있다.

이러한 사례는 영리기업 및 사회적기업 형태인 고용인과 피고용인의 관계가 아닌 주민참여에 의한 주민운영 형태의 마을기업만이 보여 줄 수 있는 특징이다. 공동의사결정에 의한 사업운영이 기업의 지속 가능한 성장세를 뒷받침하는 원인으로 작용하고 있는 것이다. 이러한 점으로 인해 협동조합이 주목을 받고 있는 것이다.

필자가 속해 있는 기관이 전국 마을기업을 대상으로 실태조사를 한 적이 있다. 15장이 넘는 실태조사지와 현장방문을 통하여 조사한 자료를 근거로 다음과 같은 내용을 분석할 수 있었다. 마을기업의 대부분이 사업확대에 따른 신규고용 인원을 희망하고 있는 것을 감안하면 일자리 수는 상당수 증가할 것으로 예상된다. 마을기업은 해당 지역에 거주하는 주민이 대부분을 차지했다. 이는 일반 영리기업 및 사회적기업의 종사자들이 시군구 단위를 벗어나 채용되고 활동하고 있는 것을 감안할 때 마을기업만이 보여 줄 수 있는 특징이라 할 수 있다. 지역의 문제를 해결하기 위해 지역주민에게 일자리를 제공하고 신규로 고용을 창출하고 있는 것이다.

사회적기업이 취약계층을 대상으로 고용창출을 제1 목표로 하고 있지만 마을기업 또한 종사자의 약 30% 정도가 지역 내에 거주하는 사회적 취약계층의 일자리 창출에 상당부분 기여하고 있다. 마을기업이 지역주민 중에서도 고령화 인구, 다문화가정, 경력단절여성 등 사회 취약계층 주민을 배려하여 신규고용에 나서고 있어 사회적 가치를 실현하는 데 있어서도 상당한 역할을 하고 있는 것이다.

마을기업으로 인해 지역의 의식이 변하는 경우도 많다. 예를 들어, 농촌의 경우는 농한기 등을 이용한 집중화를 보인다거나 상품 출하 시기에 마을기업 참여인원이 아니더라도 지역주민이 일시적으로 참여하여 공동작업을 하는 형태로 운영되고 있다. 일부 농촌지역 소재 마을기업의 경우 농사철이 아닌 경우에는 마을회관 및 정자 등에 모여 술을 마시는 등 비생산적인 일로 소진했으나, 마을기업 출범 이후에는 그러한 행태가 사라져 마을의 문화를 바꾸는 역할도 하고 있다. 이러한 흐름은 마을 전체가 한 마음이 되어 '하면 된다'라는 희망을 심어 주는 효과마저 보이고 있다. 수익창출에 따른 이익배분 효과로 인해 생산 지향적인 의식전환이 이루어지는 효과도 나타났다. 특히 과거 정부 보조금에 의존하거나 도시로 나간 자녀의 생활비 지원 등 용돈에 의존했던 고령화 인구가 스스로 자립심을 배양하는 계기로 작용하는 등 주민생활에 긍정적인 변화가 나타나고 있다.

도시화, 핵가족화 등에 의한 개인주의가 팽배한 현대 사회에서 마을기업은 주민이 거주하고 있는 지역에서 마을기업을 운영하기 위해 주민이 자주 접할 수밖에 없다. 이러한 과정에서 주민 간의 대화가 늘어나고, 서로가 서로를 이해하는 지역공동체 회복을 위한 역할에도 기여하고 있다. 작은 농촌마을인 경우는 주민 대다수가 참여하게 되면서 지역공동체가 다시 복원되는 효과를 보이고 있다. 다만, 도시지역에서 마을공동체 개념과 가치, 이해도 부족으로 인한 문제해결이 과제로 남아 있다. 아파트 단지 내에서의 공동체문화를 어떻게 형성해 나가야 하는지가 마을기업이 안고 있는 숙제라고 생각한다. 마을기업에 대해 마을공동체 복원이라는 측면에서 강조한 것은 마을기업에 대해 기업으로서 요구만 강조해서는 안 된다는 것을 말하고 싶은 것이다. 이는 사회적기업에 대해서도 동일한 판단이다. 사회적 목적을 실현하는 차원이 취약계층 고용창출에 있다면 어느 선에서 기대를 멈춰야 한다. 운영과정에서는 영리기업의 기준에서 판단하고 제제를 가해서는 안 된다는 생각이다.

사회적기업의 경우는 1인이 대표를 하고 있는 경우가 대부분이다. 반면 마을기업은 공동출자 방식이 대다수다. 실제 현장에서 근무하지 않더라도 마을기업의 설립과정에서 십시일반으로 참여한 인구가 현재 마을기업 종사자보다도 더 많다. 이런 출자자가 마을기업의 지원군이 된다. 냉정한 이야기가 될지 모르지만 출자자의 입장에서는 출자분 회수를 위해서라도 직·간접적으로 마을기업을 위한 노력을 경주할 것은 당연하다고 할 것이다.

예를 들어 농촌지역의 마을기업의 경우 도시 지역에 나가 있는 자녀들이 고령인구를 대신하여 일부 출자금을 부담하는 등 마을기업에 출자하거나 종사하고 있는 구성원 자녀들이 핵심수요자 그룹이다. 이들이 지역의 상품을 이용하면서 기본적인 판매망을 형성하고 있는 것이다. 그들의 부모들이 마을기업을 통해 활력을 되찾아 가는 것이 그들에게는 큰 기쁨일 수 있다. 주말, 명절, 휴가 등을 이용해 고향을 찾아온 자녀들의 경우 부모들의 사업을 돕기 위해 마을주민과 합심하여 제품을 생산하거나 판매하는 형태로 진전되고 있는 사례도 많아졌다. 동시에 우수마을기업으로 성장한 지역의 경우는 도시로 나간 젊은이들이 사업성을 타진하는 경우도 생겨나기 시작했다. 이러한 현상은 일본의 마을기업으로 유명한 나뭇잎을 활용한 마을단위 사업인 이로도리로 지역이 활성화되면서 도시로 나간 자녀들이 회귀하여 부모와 함께 지역사업을 하는 것처럼 우리나라의 마을기업도 그렇게 될 가능성이 농후하다고 할 수 있다.

대부분의 정부주도형 사업이 보조금에 의존하여 자립심을 배양하지 못하고 경쟁력을 약화시킨다는 비판이 있다. 이런 환경에서 마을기업에 참여하는 지역주민이 스스로 출자금을 각출하여 운영하는 점은 설립 목적에 부합한 동기부여 제공이라는 측면에서 대단히 긍정적이다. 주민 스스로 회사설립을 위해 십시일반 자본금을 내놓고 참여하는 것은 스스로 무한한 공동책임을 다하려는 의지가 있다고 봐야 한다. 비즈니스를 하는 기업의 생리상 본인 자금이 얼마가 되었던 자본참여를 한 사람이 구성원으로 활동하게 되었을 때의 주인의식은 매우 높다. 이러한 주인의식을 가지고 참여하는 마을기업의 경우는 어려운 상황에 처하더라도 공동으로 의논하고 결정하여 대처하려는 응집력이 있는 집단형태이다.

사회적기업 등이 공공영역에 의존하려는 경향이 강한 반면, 마을기업은 스스로 마케팅을 통하여 공공부문 이외 민간부문에 대한 영업을 확대하고 있다. 이는 마을기업이 참여주체가 1인이 아닌 다수의 지역주민이 공동으로 운영하고 있는 형태로 인하여 영업을 할 수 있는 범위 또한 다양한 거점을 확보할 수 있는 장점이 있기 때문이다. 마을기업 참여자의 구성원이 다양하고 자치단체의 지원, 지역주민의 관심, 시민단체와의 연계, 지역기업 및 각종 사회직능단체와의 연결 등으로 인하여 마을기업을 둘러싼 네트워크는 활발한 편이다. 이러한 네트워크는 마을기업이 기업으로서 운영되고 성장하기 위한 마케팅 측면에서 대단히 중요한 요소다.

사회적기업의 경우, 생산된 제품 및 서비스가 지역사회에 흡수되지 못하여 판로확보에 어려움을 겪고 있는 상황이다. 상대적으로 마을기업의 경우는 지역사회와의 긴밀한 연대감을 형성하고 있는 경우가 많아 기본적인 제품판매 및 서비스 전달과정이 심각하지 않다. 마을기업이 주변의 네트워크를 활용하여 홍보, 판매 등 수입창출을 위한 영업활동을 함에 있어 지역사회인 시군구 및 읍면동 단위에서의 연계망이 잘 형성되어 있다. 이런 구조는 지역 중심의 사업전개에 대단히 유리한 위치에 있다는 것을 반증하는 것이다. 즉, 마을기업이 생성한 제품과 서비스가 해당 지역사회에 흡수되어 소화되고 그 이익이 지역사회에 환원되는 선순환 구조를 실현할 수 있는 시스템이라 할 수 있다. 시행 3년 만에 마을기업은 커뮤니티비즈니스에 가장 가까운 형태로 발전하고 있는 것을 보여 주고 있다.

마을기업의 네트워크는 기본적인 생산품 판매를 비롯하여 제품완성을 위한 원료 등 기자재 구매, 기술 및 정보교류, 자원봉사자 협조, 전문인력에 의한 컨설팅 등을 함에 있어 시간과 거리 단축에 의한 물류비용 감소 등 다양한 이점을 발휘할 수 있다. 기업으로서 성장하기 위한 모든 협력 체제가 지역에서 이루어지고 있는 환경에서의 마을 기업 성장가능성은 매우 높다. 마을기업에서 만들어진 제품과 서비스는 기본적으로 지역주민이 수요자이기 때문에 제품과 서비스의 질 차원에서 신중한 고려를 해야 하는 상황이다. 즉, 안면이 있는 지역주민이 소비자이기 때문에 지역사회의 체면 등을 고려하여 좋은 제품을 생산하고 질 높은 서비스를 할 수밖에 없는 구조라 할 수 있다. 현장에서의 안면장사의 위력은 최소한 기본적인 수익구조를 만들어 낼 수 있는 힘으로 작용한다.

사회적기업의 경우는 지역의 문제를 해결하기보다는 사회 취약계층 등 사회적 과제를 해결하고자 하는 접근방식으로 지역사회에 뿌리를 내리기 어려운 측면이 많다. 따라서 사회적기업도 지역밀착형, 지역공헌형으로 가기 위한 노력을 하고 있지만, 참여집단의 특성상 구조적으로 어려운 부분이 있다. 마을기업의 경우는 기본적으로 지역사회에 거주하고 있는 주민이 주체가 되어 기업을 설립하고 지역사회와 공동으로 발전하기 위한 지역문제 해결을 위한 접근방식으로 지역사회와 밀착되어 있다. 또한, 마을기업은 지역의 자치단체를 비롯한 읍면동 단위의 주민센터, 지역의 직능사회단체, 시민사회단체, 개별 친목모임 등 다양한 단체들과의 교류가 가능한 구조를 지니고 있다.

따라서 마을기업은 지역의 수많은 단체와 공생관계를 유지하면서 기업으로서 성장하기 위한 현실적인 노력을 하는 등 주변 관계자와의 나름 관계형성을 잘해 나가고 있는 사업장이 많다. 마을기업이 지역과제를 해결하기 위해 설립된 기업이면서도 해당 지역을 위한 자원봉사 성격의 활동을 하고 있다는 것은 지역사회의 좋은 이미지로 각인될 수 있다. 이러한 이미지가 지역주민의 협조와 참여를 이끌어 낼 수 있기 때문이다. 마을기업을 운영하면서 마을주민이 가장 긍정적으로 생각하는 것은 마을이 외부에 홍보되면서 여러 의미에서 도움이 되었다는 것이다. 마을발전에 대한 주민의 기대가 높아지고, 주민 간의 교류와 의사소통이 활발해졌다. 즉 마을기업으로 인해 해당 지역의 주민 간에 지역공동체 복원을 위한 움직임이 활발해지고 있다. 상품과 서비스 창출 등 자생적인 노력이 외부로 알려지면서 자부심을 갖게 되는 등 마을발전에 대한 기대감상승 등 긍정적 사고전환을 가져왔다.

반면 지역에 맞는 사업아이템의 발굴의 어려움과 인근 지역과의 상품경쟁 등에 대해서는 근원적인 처방이 필요하다. 작은 마을의 경우는 주민 대부분이 참여하는 구조가 가능하지만 인구가 많아지면 많아질수록 참여자와 비참여자와의 보이지 않는 갈등도 있다. 마을단위의 새로운 갈등이 형성될 수도 있다는 이야기다. 또한 마을기업의 아이템이 주로 1차 산업에 몰려 있어 상대적 수익구조와 성공률이 큰 것은 아니다. 이에 따른 상시적으로 근무할 수 있는 환경조성도 시급히 해결해야 할 문제이다. 따라서 마을기업을 좀 더 활성화시키기 위해서는 해당 지역의 인적·물적 환경차이를 고려한 제품개발에 치중해야 한다. 상시적인 일자리 제공을 통한 안정적 수익배분 등 모두가 만족할 수 있는 기업전략을 수립해야만 지속가능성을 보장받을 수 있다.

특히 농어촌지역에서는 강세를 보이고 있는 마을기업이 도시지역에서는 영역을 확대해 감에 있어 더딘 상황이다. 기본적으로 도시지역에서 마을의 개념이 부족하고 지역사회에서 영역구분의 애매모호함이 있다. 지역의 인적·물적 자원을 활용하여 비즈니스 방법으로 풀어 나가고자 하는 마을기업이 물적 자원에만 치중하고 있다는 점도 문제점이다. 도시지역에서는 농촌지역처럼 물적 자원을 활용하기가 쉽지 않다. 그래서 인적 자원을 활용한 아이템 개발이 필요하다. 제품을 가지고 판매하고 매출과 영업이익에 치중하고 있는 현 시스템에 변화를 줘야 한다. 보육과 교육지원 같은 인적 자원을 활용한 마을기업이 성장해야 한다. 당장 눈에 보이는 형태의 성과물에 집착하면 할수록 도시지역에서의 마을기업이 정착하기 어렵다. 이러한 아이템 개발을 도시민에게 의존해서는 안 될 것이다. 주관하는 부처에서 적극적으로 제품과 서비스 개발에 나서야 할 시점이다. 그래야 마을기업이 농어촌 지역에 국한되는 이미지를 벗어던질 수 있다.

7. 마을기업의 성과와 한계

　마을기업과 사회적기업 같은 사회적 일자리 창출 사업으로 진행되고 있는 부처사업을 평가하기는 어려운 측면이 많다. 각각 좋은 의미의 사업목적을 가지고 시행되고 있지만 부처입장에서는 실질적인 고용창출과 영업이익에 관심을 기울이고 있는 현실이다. 각 사업을 시행하고 있는 부처의 입장에서는 가시적인 성과가 있어야 다음 연도 예산편성에 유리하며 지속가능성을 보장받을 수 있기에 일정부분 이해할 수 있다. 하지만 일반기업 같은 체제가 아닌 마을기업에 같은 방식의 성과를 요구하는 것은 무리라 생각한다.

　행정학 측면에서 말하는 성과(performance)는 능률성과 같은 생산성(productivity)의 좁은 의미보다는 좀 더 광범위한 의미를 내포하고 있다. 성과란 조직 및 그 구성원이 서비스의 생산 및 제공을 위하여 수행한 업무, 정책 및 활동 등의 계획과 목표에 대한 실적 또는 효과 정도를 말한다. 즉, 성과는 능률성, 효과성, 경제성, 서비스품질, 서비스 형평성 등의 의미를 포함하는 다차원적 개념으로 이해해야 한다.

따라서 다양한 방법론을 통하여 바라보는 마을기업에서 성과라 함은 마을기업이 추구하는 목적달성의 정도, 사업 수행의 산출물 등을 봐야 한다. 예를 들어 지역공동체 회복, 지역의 문제해결, 지역사회 공헌, 개인의 삶의 질 향상 등이 마을기업이 수행하는 성과목표라 할 수 있다. 단순히 몇 명 취업했고, 얼마나 이익이 났는지도 중요하지만 본질적인 효과에 대한 평가가 중심이 되어야 할 것이다. 이러한 차원에서 마을기업 실태조사를 통해서 나타난 성과는 다음과 같이 정리할 수 있다.

첫째, 지역문제 해결 측면이다. 마을기업은 지역자원을 통해 지역의 문제를 해결하는 새로운 형태의 비즈니스이다. 최근 고용 없는 성장과 저출산·고령화로 지역에서의 당면문제는 고용과 일자리 창출이라 할 수 있다. 이 외에도 지역에 필요한 공공서비스를 주민 스스로 찾아 나서는 형태가 마을기업에서 나타나고 있다. 일례로 단순히 고용차원을 넘어 지역의 먹을거리가 문제일 경우 농촌과의 직거래를 통해 먹을거리 문제를 해결하며, 전기 등 에너지가 문제일 경우에는 태양력 등 에너지를 활용하기 위한 노력 등이 나타나고 있다. 마을기업은 지역자원과 지역문제 해결이라는 측면에서 향후 새로운 공공서비스 영역을 확장시킬 것이며, 공공서비스를 주민 스스로 생산한다는 점에서 바람직한 현상이라 할 수 있다.

둘째, 마을단위 활성화 측면이다. 한 지역에서 오랜 세월 동안 친분관계를 유지해 온 친목모임 수준의 단체가 참여하고 있어 상대방에 대한 배려 및 협력 관계가 잘 이루어지고 있다. 안면이 있는 상호 네트워크 조직의 칸막이 현상으로 초기에 외부 주민영입 등 확장성 측면에서 어려움은 존재한다. 한마음으로 마을의 발전을 위한다는 측면에서 대화를 통하여 이를 극복하려는 부단한 노력도 있다. 공동출자, 공동참여, 공동의사결정에 의한 협동심을 통해 지역공동체 회복을 위한 서로의 적극적인 노력이 회사 존립의 성패를 결정하는 요인으로 작용하고 있다. 지역 자원을 활용하고 오랜 노하우를 가진 주민의 기술력이 더해지면서 마을의 결속력이 공고해지고 있다. 이러한 효과로 인해 마을에 활력이 넘치게 되며, 주민 간의 상호 협력 및 신뢰도 향상 등 긍정적인 문화가 형성이 되는 과정이 지역공동체 회복을 견인하는 요소이다. 다만, 도시지역에서 지역공동체 회복을 위한 인식과 노력은 더딘 편이다.

셋째, 고용 및 일자리 창출 측면이다. 마을기업이란 수단을 통하여 지역에서 새로운 일자리가 마련되었다는 인식은 지역주민 모두가 체감하는 공통된 사항이며, 마을기업에 참여하려는 주민의 수요가 이를 반증하고 있다. 마을기업에 참여하는 주민의 경우, 실업자 및 경력단절여성, 고령층이 상당부분을 차지하고 있다. 일반기업 등에 취업할 수 없는 주민에게 그들의 수준에 알맞은 직장을 마련했다는 측면에서 지역뿐만 아니라 사회적으로도 새로운 일자리 창출을 위한 탈출구를 마련해 주고 있다. 마을기업에 참여하는 주민의 연령대가 30대에서 80대에 이르기까지 다양하다.

따라서 그 안에서 공동 의사결정, 협력 등 상생과정을 거치면서 핵가족화에 의한 자기중심주의, 이기주의를 극복하는 새로운 사회적 문화수단으로도 유용한 성과를 보이고 있다. 우수마을기업으로 선정될 정도의 매출과 이익을 창출하고 있는 마을기업의 경우, 그 성과를 확인한 젊은이들이 고령화 인구를 대체하려는 적극적인 움직임을 보이고 있어 청년층의 새로운 일자리가 기대되고 있다. 계절별 농산물 판매, 지역축제, 명절 등에 집중적으로 상품을 출하하고 서비스를 하는 기간에 협동노력은 더욱 확고하다. 마을기업 종사자뿐만 아니라 참여하지 않았던 지역주민에게도 파트타임으로 일거리를 제공해 줌으로써 마을기업에 대한 좋은 인식을 공유하고 있다. 어려운 경제상황에서 주민의 협동정신을 통한 일자리 창출과 고용확대 등에 의해 지역주민이 마을기업을 바라보는 긍정적인 인식전환이 이루어지고 있다. 이는 인근 주민에게도 마을기업을 통하여 일자리와 고용창출이 가능하다는 생각을 갖게 해 주는 요소로 작용하고 있다. 또한, 마을기업이 체계화되어 가는 과정에 보다 전문화된 업무가 가능한 젊은 인력이 필요하게 됨으로써 청년층의 새로운 일자리 창출의 창구를 마련해 주고 있다.

넷째, 마을기업에 참여하는 개인변화 측면이다. 사회에서 경쟁력을 잃어버리고 지역에서 소외되었던 주민이 마을기업에 참여하게 되면서 개인적으로 삶의 의욕에 대한 만족도가 높아지고 있다. 가정에서 무의미한 존재로 인식되었던 사람이 마을기업 구성원으로 참여하고 자신의 능력을 발휘하는 과정에서 일정의 소득을 얻게 되는 기회를 얻었다. 이 때문에 부부관계 및 자녀와의 관계형성이 원만해지는 효과도 거두고 있다. 마을기업을 통해 혼자가 아닌 지역주민과 공동으로 한다는 차원에서 동질감을 형성해 나가고 있다. 본인이 속한 회사가 지역뿐만 아니라 사회적으로 주목을 받고 있다는 것에 대해 대단한 자부심을 가지고 있다. 회사의 운영과정에 본인의 의견을 개진할 수 있고, 그 의견이 수용되어 진행되는 것에 대한 만족감이 상당히 높다. 이는 금전적으로 해결할 수 없는 긍정적인 삶의 질 향상과 개

인적인 사고전환에도 좋은 영향을 주는 것으로 이해된다. 따라서 마을기업을 통한 개인 삶의 활력은 회사에 대한 충성도를 높여 주게 되면서 마을기업의 운영활동에 긍정적인 요소로 작용하고 있다.

다섯째, 마을주민의 생활변화 측면이다. 마을기업을 통해 지역의 인적구조 등 현황을 파악하게 되고 이웃과 함께하려는 공동체 형성을 위한 노력이 확대되고 있다. 사업을 추진하는 과정에서 지역의 다양한 단체 및 행정기관과의 네트워크 형성의 필요성을 인식하고 협업 등을 통하여 마을기업을 운영하려는 인식이 공유되고 있는 것이다. 마을단위의 공동체와 마을주민과의 협력관계가 어떻게 연결되는가에 따라서 마을기업의 성공 여부가 결정되는 것을 알게 되었다는 이야기다. 마을기업 구성원 이외 지역주민과의 교류증진에도 노력을 기울이는 효과가 있다. 지속 가능한 마을기업의 생존을 위해 새로운 상품과 서비스 개발을 위한 공동체적 성격의 회의 및 주민모임도 활성화되고 있다.

예를 들어, 기존에 남는 시간들을 유흥 등에 소비하였던 마을기업 구성원이 마케팅 등을 위한 회의를 하는 등 보다 생산적인 일에 몰두한다. 이는 개인역량 및 지역단위의 역량이 향상되는 효과를 거두고 있다. 마을기업을 통한 수익배분 과정에서 초기에 의견차이 등 갈등 생성 부분도 쉽게 해결하고 있다. 마을기업의 지속가능성과 공동운영과 공동발전이라는 환경조성으로 인해 갈등을 해소하는 새로운 문화를 창조해 나가고 있는 측면도 보인다.

여섯째, 자치단체 협조지원 측면이다. 마을기업의 설립과 운영, 홍보, 마케팅, 판매에 이르기까지 마을기업과 해당 자치단체의 상호 협조관계는 기존 정부지원으로 이루어지는 다른 사업보다 긴밀성 유지 등 거버넌스를 실현하는 사례로 주목받고 있다. 이것은 각 지방자치단체의 단체장과 공무원의 의지와 적극적인 협력자세에서 큰 차이를 보이고 있다. 마을기업이 민과 관의 협력과 공조체제를 갖춘다면 성공확률은 높아진다. 마을기업 운영자와 해당 자치단체 공무원과의 수평적 업무처리는 주민에게 긍정적인 역할을 수행하는 행정기관으로의 인식이 바뀔 수 있다. 지역의 인적·물적 자원을 발굴하여 사업 아이템으로 이용해야 하는 마을기업의 입장에서 기본적인 유익한 정보를 제공해 주는 자치단체의 역할과 기능은 대단히 중요하다.

따라서 자치단체별 단체장과 관련 공무원의 마을기업에 대한 이해와 관심 여부 차이로 인하여 행정기관과의 협조가 공고하거나 느슨한 형태로 나타날 수 있다. 이에 따라 해당 마을기업이 얼마나 지속 가능한 체제로 성공하느냐 아니냐가 결정이 된다. 또한 마을기업의 정착과 성공을 위해 자치단체가 행정기관 및 기타 관련기관, 언론 등을 통해 다양한 방법으로 홍보해 줌으로써 마을기업에 대한 신뢰성 향상에 큰 도움을 주고 있다. 특히, 자치단체장이 마을기업에 대해 어떠한 의지와 입장을 보이느냐에 따라 해당 지역의 마을기업이 확대되고 지역의 활력을 도모하는 새로운 수단으로서 정착하느냐가 결정되는 구조를 가지고 있다.

반면, 지속 가능한 마을기업을 육성하기 위해서는 보완해야 할 한계도 많다.

첫째, 중간지원조직 활성화이다. 마을기업의 육성과 발전을 지원하기 위한 목적으로 행정기관으로부터 업무의 위탁을 받은 중간지원조직의 역할이 중요하다는 인식은 정착되었다. 지역공동체 회복 및 지역인재의 역량개발 등 마을기업의 특성을 감안한 맞춤형 컨설팅이 되어야 하나, 초기에는 광역시도 산하의 발전연구원이 그 역할을 수행함으로써 현장과의 괴리감이 많았다. 이후 지역별에 따라서는 전문성을 보유한 단체들이 중간지원조직으로서 역할을 수행하고 있으나, 인적구조, 재정상태, 방향성에 따라 역할과 효과성의 차이를 극복하기 위한 정부의 노력이 요구된다.

2012년에 정부가 사회적기업과 마을기업의 중간지원조직을 통합 논리에 의해 강제로 통합하여 운영하도록 했다. 이에 서울과 경기도는 사회적기업과 마을기업의 수가 한 군데의 중간지원조직에서 수행할 수 없을 정도로 많아 별도로 운영되고 있지만, 나머지 지방은 모두 통합했다. 문제는 사회적기업과 마을기업의 구성원과 컨설팅 방법이 다름에도 불구하고 인위적인 통합으로 갈등을 낳고 있다. 중간지원조직의 전문인력을 더 육성해 배출해야 되는 현 시점에서 선정된 한쪽이 다른 한쪽을 배척함으로써 귀중한 자원을 잃게 되는 문제가 발생하고 있다.

둘째, 마을기업을 운영할 수 있는 교육의 필요성이다. 마을기업 종사자들은 자치단체 및 중간지원조직에서 행하는 마을기업 관련 교육 및 토론회 등에 적극적으로 참여하고 있지만 포괄적인 교육방식에 대해서는 실효성이 부족하다고 판단하고 있다. 마을기업의 입장에서는 각 사업 특성에 맞는 맞춤형 교육 및 정기적인 현장방문 교육을 선호하고 있어 이에 대한 대책마련이 필요하다. 그동안 행정안전부, 지방자치단체, 중간지원조직 등이 주최한 교육 및 토론회 등에 참여하면서 마을기업 구성원의 단체 및 개인역량에 있어 많은 발전을 가져온 것은 사실이다. 그만큼 교육에 대한 수요와 욕구는 많은 상황이다. 특히, 마을기업에 참여하는 모든 종사자들의 의식개혁과 상품과 서비스를 개발했을 때 판로를 확보하기 위한 마케팅 방법론에 대한 교육수요가 많다. 이들은 지속적인 교육 아이템 발굴을 통하여 다양한 서비스를 제공해 주기를 원하고 있다.

셋째, 마을기업의 지속가능성을 담보할 법률 제정이다. 마을기업이 마을활력을 도모하고 지역공동체 복원을 위한 방법으로서 가장 적합한 정책수단으로서 증명되고 있지만 지속 가능한 정책발전을 위해서 넘어야 할 큰 산이 있다. 마을기업 육성을 뒷받침할 근거법 부족이다.

마을기업이 농어촌 지역의 면 단위에서는 홍보전달 및 파급력 등 큰 영향력을 미치고 있는 반면, 도심지역에서는 이해부족으로 확대되지 못하고 있는 것이 현실이다. 마을기업 사업아이템이 도시형태의 마을기업방식 등 신규로 개발되거나 확대되지 못하고 있다. 법 근거 부재로 인한 자치단체의 소극적인 대응태도, 국민을 대상으로 한 교육 및 홍보 취약 등이 원인으로 작용했다고 할 수 있다. 마을기업 시행 3년차를 맞이하는 현 시점에서 지속 가능한 정책집행을 위해서 가장 시급히 처리해야 할 현안은 '마을기업 육성법' 제정이며, 이를 통한 안정적 재원을 마련하는 것이라 할 수 있다.

결론적으로 지역의 문제를 마을기업을 통해 해결해 나가려는 과정에서 지역의 활력도모는 물론 개인역량 강화에 상당한 효과성을 보이고 있다는 것이 증명되고 있다. 마을기업을 통한 개인의 행복추구가 마을 전체로 확대되고, 지역경제의 활성화를 위한 핵심요소로 작용하고 있으며, 주민 자립심 배양노력이 지역공동체 회복을 위한 중요한 역할을 수행함이 입증되고 있다. 따라서 이러한 긍정적인 효과를 보이고 있는 마을기업이 지속적으로 운영될 수 있도록 '마을기업 육성법' 제정에 여야 모두 나서야 할 것이다.

8. 마을기업과 사회적기업의 불편한 진실

　마을기업과 사회적기업이 성공하려면 장기적으로는 시민들의 역량강화에 의한 시민 중심의 사업전개로 펼쳐져야 한다. 하지만 환경조성을 위해 사업 초기에는 관의 협조가 없이는 어려운 것 또한 현실이다. 지역주민 주도의 사업이지만 교육, 정부지원, 컨설팅 등 시스템으로 지원하여 스스로 자립할 수 있는 수준에 이르기까지는 행정기관의 도움이 필요하다. 특히 지역의 단위인 읍면동을 중심으로 사업을 전개함에 있어 자치단체의 협조가 절대적이다. 이러한 자치단체의 적극적인 활동을 지원하기 위해서는 인사조직을 총괄하고 있는 행정안전부의 노력이 선행되어야 한다. 희망제작소가 초기에 행정안전부와 업무협약을 맺고 커뮤니티비즈니스 사업을 준비했던 것도 행정체계의 구조를 이해한 측면으로 풀이된다.

　필자와 함께 커뮤니티와 소셜비즈니스를 연구하고 있는 지인들의 공통된 생각은 마을기업은 지방자치단체의 행정기구를 통합 조정하는 행정안전부가 해야 될 사업이라 생각하고 있다. 그래서 처음부터 행정안전부에 마을기업 관련 법률안을 제시하고 추진하고 있는 것이다. 커뮤니티비즈니스 활성화를 위한 행정안전부의 역할은 지역기반 조성에 핵심이 있다고 본다. 마을기업을 추진하고자 하는 사람에 대한 교육을 통하여 지역의 인재를 발굴하고, 역량을 강화하는 일에 중점을 둬야 한다. 다른 부처처럼 사업으로만 해결하려 하거나 숫자 늘리기에 치중한다면 차별성이 없을 것이다. 행정안전부에는 기존의 마을가꾸기 사업, 정보화마을 만들기 등 현재의 마을기업과 연계할 수 있는 다양한 사업들이 있다. 사업의 효율성을 위해 기존 사업과의 시너지를 나타낼 수 있는 마을기업을 추진한다면 지역에 활력을 줄 수 있는 에너지원으로서 긍정적인 평가를 받을 수 있을 것이다.

이러한 부처의 기능을 중심으로 한 논리적 뒷받침은 현 정부의 실세가 어느 부처 소속이냐, 어느 부처 장관출신이냐에 따라 달라지고 있다. 중앙부처의 기능을 활용한 사업전개보다는 특정의 정책목표에 맞게 펼쳐지고 있다. 오직 일자리 창출에 목말라 있던 정부 고위급 인사들에게는 이러한 정부기능보다는 단기적인 성과가 필요했을 것이다. 바로 이러한 일부 사람들 때문에 커뮤니티비즈니스와 소셜비즈니스 시장이 왜곡되거나 변형된 형태로 펼쳐지고 있는 것이다. 고용창출에 목말라 있는 이들에게는 단기간 취업률 상승에 탄력받은 사회적기업의 현상만 보인다는 것이다. 예비 사회적기업까지 포함하여 사회적기업이 몇 개 증가하였고 이로 인한 고용창출 인원이 확대되고 있다는 표면적인 것에만 치중하고 있다. 그 안에서 일어나고 있는 고통과 갈등은 보이지 않는 것인지 아예 외면하고 있는 것처럼 보인다.

이러한 생각을 갖고 있기에 다른 사업목적을 가진 타 부처의 사업까지도 사회적기업으로 일원화 내지는 통합을 밀어붙이고 있는 것으로 보인다. 각 사업이 갖고 있는 참여주체와 목적, 정책방향, 정책수단, 정책대상자, 지원방향 등에 있어 분명한 차별을 보이고 있지만 개의치 않는 태도를 보인다. 목적을 위해서는 수단이 중요하지 않는 모양이다. 사회적기업과 마을기업이 갖고 있는 본질에서 교집합 부분을 부각시켜 같은 형태로 인식하고 진행하고 있다.

마을기업이나 농어촌공동체회사는 예비 사회적기업으로 분류하고 해당부처의 지원이 끝나면 사회적기업으로 전환시켜야 한다는 논리다. 지원을 받는 수혜자의 입장에서는 반가운 이야기로 들린다. 조건만 갖추면 계속해서 인건비 지원을 하겠다는 정부에 대해 고마운 마음마저 들 것이다. 최근에는 법률 개정을 통해서 사회적기업의 제품과 서비스를 공공기관이 의무적으로 구입할 수 있도록 했다. 그야말로 꿩 먹고 알 먹는 형국이다. 문제는 정부재원을 언제까지 이렇게 투입할 것인가를 생각해야 한다. 사업주체들이 스스로 자생력을 가질 수 있도록 해야 하는데, 몇 년간 인건비지원으로 길들여 놓은 상태에서 기간종료 시 지원을 중단한다면 시장에서의 상황은 어떻게 될 것인가에 대한 대안이 마련되지 못하고 있다.

고용노동부의 사회적기업과 유사사업이라 일컬어지는 타 부처의 사업을 사회적기업으로 돌리려는 노력과 의지에 대해 무조건적인 비난하는 것은 아니다. 큰 틀에서 보면 마을기업이라도 지역문제 해결뿐 아니라 사회적 취약계층을 고용하여 사회적 가치를 창출하고 이익의 일부를 사회에 환원할 정도의 경쟁력만 있으면 사회적기업으로 전환이 가능하다. 그렇게 될 정도의 지역역량이 길러지면 굳이 끌고 가지 않더라도 주민이 자발적으로 걸어갈 것이다.

문제는 초기 단계에서 아직 걸음마도 하지 못하는 마을기업 등 타 부처의 사업들에 대해 뛰어가라고 채근을 한다는 것이다. 걸음마를 배우는 아이가 어떤 형태로 성장할지 모르는 상황에서 노동현장에 투입하라고 밀어붙인다. 기본기도 부족하고 자생력을 갖추지 못한 사람들에게 국가의 취업상승률을 위해 미성년자라도 취업전선에 나서라고 밀어붙이는 형국이다.

MB정부의 최대 고민거리는 일자리 창출이다. 물론 고용창출 개념은 이전 정부에서도 계속 노력해 왔던 분야이다. 그만큼 고용시장 환경이 갈수록 열악해지는 것은 분명하다. 대기업 중심의 성장이 가져온 또 하나의 실패작이다. 기업 프랜들리를 외쳐 본들, 다양한 혜택을 부여해 본들 영리추구, 이익창출의 근원을 비켜 가는 모험을 하지 않는 대기업을 너무 우습게 본 것은 아닌지 싶다. 상황이 이러하다 보니 일자리 창출에 대한 욕구는 더욱 강렬해지기 마련이다. 바로 이러한 시기에 적절히 생색도 내고 미미하지만 눈에 보이는 효과를 나타내는 수단으로 등장한 것이 사회적기업이다. 사회적 일자리 사업이란 단어도 등장했다.

사회적기업 육성법이 2007년 7월 1일에 법제정이 이루어질 당시는 참여정부 시절이었다. 2008년 2월, 경제회복과 성장을 외치는 MB정부가 출범했어도 큰 관심을 모으지 못했다. 출범하자마자 쇠고기 광우병 촛불시위로 정부가 사면초가에 몰렸다. 공약으로 야심 차게 출발한 4대강 사업 또한 초기부터 대다수 국민의 반대여론에 몰렸다. 특히 수십만 명의 일자리 창출로 이어진다는 4대강 사업의 실상이 그대로 전달되면서 비난이 확대되었다. 경제악화에 따른 국민적 관심은 대부분 고용시장 환경변화를 바라고 있었다. 이러한 시점에 사회적 취약계층의 고용창출이 가능한 사회적기업 시스템이 현 정부의 입장에서는 대단히 매혹적인 수단이었다.

청와대 지시에 의해 각 부처는 2010년 초에 다양한 일자리 창출을 위한 대책마련에 나섰다. 2010년 2월 이명박 대통령이 완주군을 방문하여 떡메마을 등을 돌아보고, 새로운 일자리 창출이 필요하다는 메시지를 전달하였다. 이때부터 고용노동부 사회적기업과 행정안전부 마을기업, 농림수산식품부 농어촌공동체회사 등이 중심이 되어 부처 간 일자리 창출 경쟁이 시작된 것이다.

임태희 전 대통령실 실장이 고용노동부장관을 역임했던 2010년 6월 4일에는 기존 노동부가 명칭을 고용노동부로 변경하였고, 동년 7월 5일에 정부조직법 개정을 통하여 시행하기에 이르렀다. 이때 탄생된 고용노동부는 정부 내 고용정책 총괄 부처로서의 역할을 분명히 하기 위하여 '고용정책의 총괄' 기능을 명기하고, 산업재해 예방 및 근로자 건강보호 등 중요성을 고려하여 '산업안전보건' 기능을 추가하는 등 관장 사무 중 일부를 수정·보완하였다.

정부주도의 일자리 창출 사업이 쏟아지기 시작했다. 문제는 사회적 일자리 사업이라고 일컫는 사업들에 대한 국민적 합의보다는 기업 수 생성에 더 관심이 많았던 것이다. 사회적기업은 7가지 인증조건에 미치지 못하는 기업을 유인하기 위해 예비 사회적기업이란 제도를 만들어 확대해 나갔다. 여기에 광역자치단체와 기초자치단체도 각 지자체 브랜드를 걸고 일자리 창출을 위한 경쟁대열에 합류했다.

마을기업은 사업시행연도인 2010년도 하반기에는 마을기업으로서 준비되지 못한 단체가 신청을 하여 선정되는 등 사업초기 단계에서 문제점이 많았다. 농림수산식품부의 농어촌공동체회사도 농촌지역을 중심으로 기업 수 늘리기에 나섰고, 지식경제부의 지역연고사업의 일환으로 커뮤니티비즈니스 시범사업을 실시하기에 이르렀다.

이렇게 각 부처별로 기업 수 늘리기 경쟁이 본격화되면서 사회적기업 몇 개, 마을기업 몇 개 인증, 지정, 선정하였다는 언론보도가 쏟아져 나오기 시작했다. 이 동안에 지식경제부 커뮤니티비즈니스 시범사업은 시행 8개월 만에 중지되었고, 농림수산식품부의 농어촌공동체회사 또한 예산부족으로 기업수를 늘리는 데 한계를 보였다.

2011년 상반기에는 결국 고용노동부 사회적기업과 예비 사회적기업과 행정안전부의 마을기업이 사회적 일자리 사업의 쌍두마차로 등장하게 되었다.

2011년 6월 29일 청와대 국가일자리 창출전략회의 회의에서 모든 일자리 사업을 사회적기업으로 유도한다는 발표를 놓고 고용노동부와 행정안전부가 갈등을 빚기에 이르렀다. 행정안전부 사업인 마을기업을 고용노동부의 예비 사회적기업으로 규정하기에 이르렀고, 일자리 창출 수를 중복적으로 계산하기 시작했다. 지방에서는 마을기업으로 선정된 지 얼마 되지 않아, 예비 사회적기업으로 지정하는 등 해프닝이 벌어지기 시작했다. 이때부터 고용노동부와 행정안전부의 보이지 않는 힘겨루기가 시작되었다.

특히 행정안전부의 마을기업 육성법 제정과 관련하여 고용노동부의 극렬한 반대로 청와대 관련부서가 중재에 나서기도 했다. 2011년 12월에 행정안전부가 추진하는 마을기업 육성법(안)에 중간지원조직을 별도로 신설하지 않는다는 것을 전제로 고용노동부와의 협의점을 찾았다. 현재 운용되고 있는 고용노동부 산하의 사회적기업진흥원에서 마을기업의 중간지원역할을 하는 것을 조건으로 마을기업 육성법 법안 제정에 반대하지 않겠다는 의사를 확인했다. 이때만 하더라도 마을기업 육성법(안)에 대해 부처 중에서 가장 반대가 심했던 고용노동부의 조건부 약속이 있었기에 법률 제정이 무난할 것으로 예상되었다.

그러나 2012년에 접어들면서 상황이 변하기 시작했다. 2011년에 양 부처가 일종의 구두협의를 한 것을 깨트리고 고용노동부는 무조건 마을기업 육성법에 반대한다는 주장을 되풀이하기 시작했다. 신규 법안 제정에 있어 의원입법을 하든 부처입법을 하든 관련된 부처가 적극적인 반대의견을 표하면 현실적으로 법안제정이 어렵다는 것이 정설이다. 고용노동부 입장에서는 기존 인식처럼 마을기업을 예비 사회적기업으로 규정하고 통합하려는 의지를 그대로 표출한 것이다. 사회적 일자리 사업의 주도권 상실을 우려한 것인지 부처사업의 위축을 고려한 것인지는 모르나 결과적으로는 고용노동부의 반대에 밀려 법 제정은 일정기간 뒤로 밀려났다. 행정기관, 기업 등 모든 조직구조에서는 인사권과 재정을 책임지는 부서가 가장 큰 힘을 발휘하는 것이 관례이다. 정부와 지방자치단체, 정부산하기관에 대해 수년간 조직을 진단한 경험을 봐도 정부부처에서는 행정안전부와 기획재정부가 가장 큰 힘을 발휘할 수 있는 조직이다. 지방자치단체에서는 기획예산과, 총무과, 자치행정과 등으로 볼 수 있다.

이러한 정부조직의 기본구조를 잘 알고 있는 필자로서는 감히 상상도 못 할 일이 일어났다고 보았다. 해답은 정치적인 권력구조에 있었다. MB정부에서 고용노동부 장관을 지냈던 임태희 전 의원이 청와대 대통령실장으로 자리를 옮겼고, 뒤를 이은 박재완 고용노동부 장관이 기획재정부장관으로 자리를 옮김으로써 고용노동부의 고용정책에 막강한 힘을 실어 주었다는 소문이다. 사회적기업을 통합 조정하는 중간지원조직기관으로 설립된 한국사회적기업진흥원이 임태희 대통령실 실장의 지역구였던 분당 인근의 태평역 부근에 자리를 잡게 되면서 다음 선거를 의식해서 유치했다는 소문이 나돌 정도였다. 이러한 정치적 환경조건으로 인해 고용노동부의 사회적기업 이외에는 다른 사회적 일자리 창출 관련 법안이 제정되기 어려운 측면이 있었던 것이다.

4장

지방자치단체의 자생력

1. 지방자치단체의 홀로서기

중앙부처의 사회적 일자리 창출 사업은 고용노동부의 사회적기업과 행정안전부의 마을기업이 2강 체재를 이루고 있는 상황이다. 부처 간 일자리 창출 경쟁이 심화되면서 그 여파가 광역 자치단체와 기초 자치단체로까지 확대되었다. 고용노동부가 사회적기업과 예비 사회적기업 제도를 실시하면서 서울시 경우는 오세훈 전 서울시장 재직 시절부터 서울형 사회적기업을 별도로 운영하기 시작했다. 2012년에는 서울형 사회적기업의 문제를 해결하고자 현 박원순 서울시장이 기존 방식을 중단하고 새로운 방법을 모색하고 있는 상황이다.

고용노동부의 예비 사회적기업 형태인 지자체형 사회적기업은 광역 자치단체 예산으로 모집하고 선정하여 육성하고 있다. 차이가 있다면 고용노동부의 사회적기업으로 인증을 받기 위해서는 7가지 인증조건을 충족해야 하고, 예비 사회적기업으로 선정되기 위해서는 4가지 조건을 갖춰야 된다. 하지만 지자체형 사회적기업은 3가지 조건에만 해당되면 선정하여 인건비를 지급하는 방식이다. 상황이 이러하다 보니, 한 가지라도 더 완화된 조건을 찾아 사회적기업을 하려는 시민입장에서는 고용노동부 예비 사회적기업에 신청하기보다는 지자체형 사회적기업에 몰리는 현상이 나타났다. 2011년의 경우, 고용노동부 예비 사회적기업으로 신청한 숫자는 몇 개 기업에 지나지 않은 반면, 서울형 사회적기업에 응모한 기업은 경쟁률이 갈수록 높아졌다. 이러한 현상은 충남형 사회적기업, 경남형 사회적기업 등에서 비슷한 현상을 보였다.

이와 맞물려 기초 자치단체에서도 비슷한 지자체형 사회적기업이 나타났다. 서울시의 경우 자치구인 마포구가 마포형 사회적기업을 별도로 접수하여 선정하여 지원하는 방식을 채택하였다. 이처럼 중앙부처의 예비 사회적기업 형태와 유사한 기업들이 광역과 기초 자치단체의 브랜드로 나타난 것이다.

왜 이러한 현상이 나타나는 것일까? 시민의 입장에서는 사회적기업과 마을기업만 가지고도 무슨 차별이 있는 것인지, 비슷한 것은 아닌지 등 혼선을 빚고 있는 상황이다. 인증사회적기업, 예비 사회적기업, 서울형 사회적기업, 마포형 사회적기업 등 브랜드 다양화에 의한 인식에 있어 어려움이 있다. 각종 토론회 등에서는 전문가, 시민사회 활동가, 행정기관 담당자 등이 예비 사회적기업은 무엇이고, 서울형과 마포형은 어떤 방식이고 등등 사업 브랜드 설명하느라 시간을 다 보내는 모습이 연출되기도 했다. 이렇게 중앙부처와 지방자치단체들 사이에 브랜드 경쟁이 일어난 것은 기본적으로 성과위주의 실적과 지명을 활용한 선출직 정치인의 성과를 달성하기 위한 내부적 계산이 앞섰기 때문이다.

중앙부처에서 사회적기업 주관부처는 고용노동부이다. 사회적기업이 한때 세상의 일자리 창출을 다 해결하는 것 같고, 착한기업으로서 좋은 이미지로 인하여 무서운 속도로 성장을 했다. 사회적기업 관련 수많은 네트워크와 협회, 협의회, 단체 등이 신설되었고, 각각의 단체를 중심으로 한 활동이 활발해졌다. 이러한 사회적기업의 성장에 맞춰 부처장관의 입장에서는 공로를 최대한 홍보하고자 할 것이다. 특히 정치인 출신 장관이라면 그러한 노력은 더욱 적극적이다. 시민단체와 언론으로부터 호평을 받는 정책을 펼친 실적과 성과는 여러 가지 측면에서 활용도가 높다.

선출직 공무원인 단체장의 입장에서도 이러한 호기를 놓치기는 어려웠을 것이다. 재정의 여유가 비교적 높은 광역단체일 경우에는 정부의 도움이 없더라도 홀로서기가 가능하기 때문이다. 고용노동부의 사회적기업이 아무리 많아진들 그것은 중앙부처의 성과물로 인식하고 있는 상황에서는 당연한 수순이었을 것이다. 그래서 등장한 것들이 서울형 사회적기업 브랜드 출발이다. 서울시의 입장에서도 이러한 측면을 고려하여 서울형 사회적기업을 구축하고 시행한 것으로 보인다. 인지도가 높은 사회적기업 앞에 지자체명을 붙여 지자체도 사회적 일자리 창출에 앞장서고 있다는 것으로 보여 주기 위한 방법일 수도 있다. 이러한 노력이 결국은 다음 선거를 의식할 수밖에 없는 단체장의 입맛에 맞아떨어지는 행위로 비쳐진다.

2. 지방자치단체형 사회적기업 현실

고용노동부의 사회적기업 육성법에 의거하여 사회적기업, 자치단체에서 사회적기업 육성을 위한 조례, 규칙에 의해 예비 사회적기업이란 정책을 시행하고 있다. 그럼에도 불구하고 지방자치단체의 입장에서는 자치단체명을 앞세운 고유 브랜드가 필요했다. 서울시의 경우는 2010년부터 예비 사회적기업이라고 사용했으나, 2012년 1월 5일, 서울특별시 사회적기업 육성에 관한 조례 제5217호에 의해 예비 사회적기업을 서울형 사회적기업으로 조례 개정하였다. 물론 그 이전부터 서울형 사회적기업이라고 소개하고 사용해 왔다. 이에 서울시 마포구 내에서도 마포구형 사회적기업이란 브랜드를 내세워 자치구 스스로 육성하는 사례까지 나타났다.

이렇게 자치단체가 고용노동부의 인증 사회적기업에 진입하기 위한 사전 수단으로서 예비 사회적기업 형태인 자체 브랜드를 사용함으로써 나타나는 사례를 서울시를 중심으로 살펴보고자 한다. 서울시

사례는 2012년 3월 기준이며, 현재는 기존 방식의 서울형 사회적기업 사업은 중단된 상태다.

2011년 말 자료를 보면 서울시 시정운영계획에는 서울시 지정 예비 사회적기업으로 표기되어 있고, 담당 부서에서 생성된 공문을 보면 '서울형 사회적기업'이라 표현하는 등 내부에서 조차 사업명을 다르게 사용하고 있었다. 또한, 서울특별시 규칙 제3703호, 서울특별시 사회적기업 육성에 관한 조례 시행규칙 제2조를 보면 예비 사회적기업이란 용어를 사용하고 있지만, 2012년 1월 5일자 개정된 조례에는 서울형 사회적기업이라 표시되어 있다.

서울시 25개 자치구의 사회적기업 육성에 관한 조례에서는 예비 사회적기업이란 용어를 사용하고 있는 상황에서 서울시만 조례개정을 통해서 서울형 사회적기업이라고 사용하고 있었다. 이런 사업명은 법적으로도 문제가 될 수 있는 것이다. 사회적기업 육성법 제19조(유사명칭의 사용금지) '사회적기업이 아닌 자는 사회적기업 또는 이와 유사한 명칭을 사용하여서는 아니 된다'로 되어 있고, '제23조(과태료)이를 위반할 시에는 1,000만 원 이하의 과태료에 처한다'라고 되어 있다. 즉, 사회적기업이란 용어를 사용하려면 고용노동부에서 요구하는 7가지 조건을 다 구비해서 인증 받은 기업만이 사용할 수 있는 사업명이다.

[그림 17]은 서울시 25개 자치구가 점유하고 있는 서울형 사회적기업 현황이다. 2011년 말 기준으로 411개가 있었다. 자치구별로 극명한 차이를 보였다. 마포구, 종로구, 영등포구, 강남구 등 소위 기업들이 거주하기 편리한 지역의 점유율이 높았다.

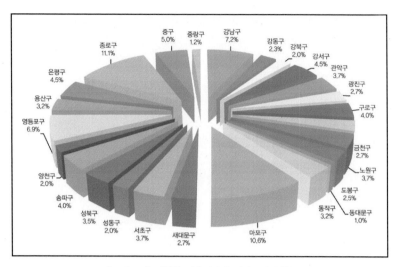

[그림 17] 서울형 사회적기업 자치구별 현황

법에 이러한 규정이 있음에도 지자체에서는 그동안 서울형 사회적
기업, 충남형 사회적기업이란 용어를 계속해서 사용해 왔다. 서울시
의 경우는 오세훈 전 서울시장이 서울형 사회적기업을 시작하여 사
용했을 때는 별문제가 없었지만, 2012년 6월 현재는 유사명칭 사용에
대한 문제제기로 인해 사용을 중지했다. 대신 고용노동부의 예비 사
회적기업 선정 위탁업무를 대신하고 있다. 기존 지자체형 사회적기업
형태방식은 더 이상 진행하지 않고 있다.

고용노동부의 예비 사회적기업도 같은 맥락에서 출처가 불분명하
다. 사회적기업 육성에 관한 법, 시행령, 시행규칙 어느 것을 살펴봐
도 예비 사회적기업이란 용어를 찾아볼 수 없다. 예비 사회적기업은
인증 사회적기업으로 갈 수 없는 기업을 대상으로 조건을 완화하여
그 대상을 확대하고자 하는 정치적 결정으로 이해될 수 있다. 또한

마을기업 등 타 부처의 유사사업으로 인식하고 있는 사업들을 예비 사회적기업으로 규정하여 묶어 놓으려는 의도에서 비롯된 것으로도 해석될 수 있다. 이렇게 지난 몇 년간은 고용노동부의 예비 사회적기업이나 서울형 사회적기업 등 법에서 규정하지 않은 용어를 사용하면서까지 확대를 도모한 것이다.

고용노동부의 예비 사회적기업은 4가지 조건을 충족해야 하고, 서울시는 3가지 조건을 충족하면 서울형 사회적기업으로 지정하고 고용노동부의 지원과 비슷한 규모의 재정지원을 하는 것도 시장에서 혼란을 가중시키는 비판을 변할 수가 없다. 이런 제도로 인하여 2011년에는 고용노동부의 예비 사회적기업을 신청하기보다는 서울형 사회적기업으로 몰리는 기현상까지 일어난 것이다. 서울형 사회적기업을 육성하여 고용노동부 사회적기업으로 발전할 수 있도록 지원하는 정책의 목적은 충분히 이해가 간다.

하지만 기존에 3가지 조건만 충족되면 사회적 취약계층이 아닌 일반 직원까지 포함하여 최대 50명까지 인건비를 지원받고, 전문인력 1명에 대해 150만 원 별도로 지원받을 수 있다. 또한 정책개발비로 2,000만 원 이내에서 지원받는 구조에서 지원계약기간이 완료되면 스스로 무너져 버리는 기업들이 발생하면서 사회적 문제가 발생하고 있는 것이다. 다행히 2012년부터는 서울시에서 별도로 지원하는 서울형 사회적기업의 경우는 인건비 방식이 아닌 사업방식을 모색하고 있는 것으로 알려졌다.

[그림 18]은 서울형 사회적기업의 목적 실현을 위한 유형별 사업종류이다. 혼합형의 경우도 대부분 일자리제공의 사업형태를 보이고 있어 약 85% 이상이 고용창출을 주목적으로 하고 있는 것으로 나타났다.

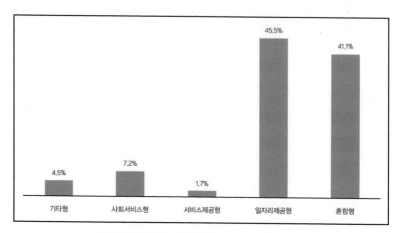

[그림 18] 서울형 사회적기업 목적실현 유형별 현황

　　2011년까지 서울시에서 사용하는 사회적기업 관련 사업명은 다양
했다. 일자리 창출형 예비 사회적기업, 지역 혁신형 사회적기업, 성장
기 사회적기업, 더 착한 서울기업 등 사업명의 다양성으로 현장의 공
무원조차 이해하기 어려운 상황에 처했다.

　　자료를 살펴보면, 2010년과 2011년에 지정된 414개 서울형 사회적
기업과 고용노동부 지역형 예비 사회적기업을 합하여 2012년부터 일
자리 창출형 예비 사회적기업으로 통일, 일자리 창출형은 기존처럼
인건비와 사업개발비를 지원하는 기업의 형태다.

　　지역혁신형 사회적기업은 서울시가 사회혁신 10대 핵심과제를 중
심으로 최대 2년 동안 최대 1억 원 범위 내에서 인건비와 사업개발비
를 지원하는 기업 형태라 할 수 있다.

　　성장기 사회적기업은 사회적 경제 규모화 및 내외부 시장구축 지
원을 위해 사회적기업 간 협력 및 공동사업을 위한 기업으로 기존 지
정된 서울형 사회적기업 411개를 대상으로 공모 등을 통하여 5,000만

원 이내의 재정지원을 하는 기업을 말한다.

더 착한 서울기업은 서울시에서 지정한 서울형 사회적기업 중에서 서울시 대표 롤 모델로 정착하기 위해 2011년 35개 기업을 지정하여 인센티브를 부여했다. 그러나 서울시의회 사회적기업 토론회에서 나온 의견을 수용하여 2012년부터는 우수 사회적기업으로 사용하기로 하였다.

일자리 창출형 예비 사회적기업은 2010년과 2011년에 서울시에서 지정한 서울형 사회적기업과 고용노동부의 예비 사회적기업을 합해서 용어를 통일한 것으로 이해된다. 각각 선정조건이 고용노동부의 예비 사회적기업은 4가지이고, 서울시에서 지정한 것은 3가지인데 조건이 달라도 지원금액 및 방식은 동일하였다.

더 착한 서울기업이란 용어를 사용하지 않기로 한 것은 다행이라고 생각한다. 사회적기업 목적 자체가 사회적 취약계층의 일자리 창출 등을 위해 공공이 해야 할 일을 대신 맡아서 하는 착한 일을 시행하는 기업의 이미지를 갖고 있다. 더 착한 서울기업에 지정되지 못한 나머지 기업들은 악하거나 나쁜 기업으로 인식될 소지가 충분한 내용이었다.

지역혁신형 사회적기업은 사회혁신을 위한 공모 등을 통해 새로운 방식의 지원을 하겠다는 것으로 이해되며, 성장기 사회적기업은 기존 서울형 사회적기업들의 협력 및 공동사업을 지원하기 위한 새로운 용어라고 이해되고 있다.

마을기업 관련 용어도 다양하다. 행정안전부에서 마을기업이란 정책을 시행하고 있고 서울시와 매칭사업으로 마을기업을 육성하고 있었다. 2012년에 등장한 서울형 마을기업과 지역형 마을기업, 마을공동체기업의 등장으로 현장에서 혼선을 빚고 이해하는 데 시간이 걸리고 있다. 서울시 자료를 보면 서울형 마을기업은 지역별 특성에 맞는 자립형 지역공동체 사업을 말하고, 지역형 마을기업은 마을공동체 복원을 위한 사업, 마을공동체기업은 행정안전부가 하는 마을기업을 지칭하는 듯하다.

서울시 2012년도 예산서를 보면, 사회적 일자리 제공 목적과 지역 공동체 일자리 비용으로 서울형 마을기업과 지역형 마을기업의 사업이 별도로 마련되어 있다. 무슨 차이가 있는지 이해하기 어렵다는 이야기다. 지역별 특성에 맞춘다는 것이 곧 그 지역 및 마을의 공동체 복원을 위한 수단이라고 생각한다. 중앙부처에서 진행하는 사업명도 다 이해하지 못하는 시민의 입장에서는 당혹스러울 것이다. 서울시에서 다양한 용어를 신설하여 진행하는 것에 대해 일부 이해집단의 재정지원확대를 위한 정책이라고 오해할 수 있다. 특정 집단이 아닌 일반 시민들이 이해할 수 있어야 한다. 그래서 적극적으로 참여가 가능한 장을 열어야 서울시의 사회경제적 생태계조성이란 정책이 성공할 수 있을 것으로 판단된다.

앞에서 거론한 고용노동부의 사회적기업과 행정안전부의 마을기업 관련해서 현재 사용되고 있는 용어를 나열해 보면 다음과 같다. 사회적기업, 고용노동부 선정 예비 사회적기업, 서울시지정 예비 사회적기업, 서울형 사회적기업, 서울시 사회적기업, 일자리 창출형 예비 사회적기업, 지역 혁신형 사회적기업, 성장기 사회적기업 등 사업명을 이해하기도 어렵다.

행정안전부의 마을기업도, 서울형 마을기업, 지역형 마을기업, 마을공동체기업 등의 이름으로 별도 예산이 편성되어 있다.

이러한 현상은 시민 위주의 정책이 아닌 공급자인 서울시 행정편의주의 시각에서 생성된 사업이라고 생각한다. 중앙정부 및 이전 시장과의 차별성을 부각시키고자 하는 고심은 이해할 수 있다. 어디까지나 시민 중심의 시민이 이해하기 쉬운 한두 가지 사업명으로 일관성 있게 진행해야 한다고 본다. 예를 들어, 고용노동부의 사회적기업, 서울형 예비 사회적기업, 행정안전부의 마을기업, 서울형 예비마을기업 이렇게 정리하여 시민들이 이해할 때 "중앙부처에서 하는 사업이 있고, 서울시에서 별도로 하는 사업이 있다"고 인식할 수 있도록 사회적기업과 마을기업으로 사용되는 용어를 통일해야 한다.

2012년 들어 서울시에서는 사회적기업 생태계 조성을 위해 노력하고 있다. 하지만 이러한 새로운 정책이 기존의 사회적기업에게 이중으로 수혜를 주는 것은 아닌지에 대한 의문도 확대되고 있는 상황이다. 서울시는 2012년부터는 기존 인건비 지원방식을 폐지하고 컨설팅 응모 지원방식으로 변경한다고 공포하였다. 25개 자치구에서 12년 신규 지원한 서울시 지정 예비 사회적기업은 소수에 그치고 있는 것으로 나타났다. 기존 인건비 지원방식을 원하는 단체는 고용노동부의 위탁을 받아 선정(지역형) 예비 사회적기업으로 신청을 받고 있다.

따라서 서울시는 12년부터 인건비 지원방식이 아닌 기초단위 생태계 구축을 위한 지역특화사업 공모, 공공서비스분야 혁신형 기업 육성, 10대 전략분야 사회문제 해결형 사회적기업 육성 등의 방법을 통하여 지원하기로 결정하였다.

그러나 2012년도에 처음 서울형 사회적기업으로 진입하는 기업의 경우가 문제가 될 수 있다. 사회적기업에 대한 이해부족, 역량 미흡 등 기업으로 창업단계에 있는 기업수준에서 벗어나지 못하는 상황에서 이러한 사업들을 수행할 수 있는 역량이 되는지에 대한 문제가 발생한다. 즉, 서울시가 사회적 경제 생태계 조성이라는 목표하에 시행하는 사업에 참여할 수 있는 역량을 가진 집단은 한정되어 있다. 기존 411개 서울시가 지정한 서울형 사회적기업 및 고용노동부 사회적기업으로 이미 인건비 지원을 받고 있는 기업들에게 다른 방식을 통하여 계속 지원을 하려는 의도가 내재되어 있다는 의구심을 떨쳐 버릴 수 없다.

예를 들어, 10대 전략분야 사회문제 해결형 사회적기업 육성의 경우, 혁신적 해법을 제시하는 사회적기업을 응모하여 초기 시범사업비 3,000만 원을 지급한다. 성과 평가 후에 7,000만 원을 지급하여 1년 이내에 1억 원을 지원하는 방식이다. 그렇다면, 2012년도에 신규 진입한 기업의 경우 자체적으로 응모하기가 어려운 과제이다. 이미 기업으로 성장하고 있는 기존 411개 기업들이 참여하게 되는 경우 기존 최대 50명까지 인건비 지원과 사업개발비도 받는 기업이 또 다른 신규공모를 통해서 지원금을 받는 것은 이중특혜 시비를 불러올 수가 있다는 것이다.

또한, 사회혁신 10대 핵심과제 지원금 30억 원 안에는 단순히 사업개발비만 들어가 있는 것이 아니다. 기존 기업처럼 인건비도 지원할 수 있게 되어 있다. 1년 연장하여 2년까지 지원이 가능하도록 설계되어 있다. 따라서 이런 방법이 기존 서울형 사회적기업의 지원방식과 차이가 있다고 구별하기가 어렵다. 기존 기업도 사회적기업 관련하여 다양한 해결과제 응모를 통해서 사업개발비 명목으로 2,000만 원을 지원하고 있는 상황이다. 새로운 지원방식이 기존 기업들의 자립심을 육성하기보다는 의존관계만 심화시키는 역기능을 보일 수 있다는 사실을 간과해서는 안 되는 지점이다.

이러한 서울시의 새로운 지원방식이 나오게 된 배경에는 서울형 사회적기업의 기존 방식은 지원이 중단되면 사업포기를 할 수밖에 없는 구조여서, 사회경제적 생태계조성이 시급하다고 판단하고 있는 듯하다. 그래서 단순히 인건비를 지원하는 방식이 아니고 기업이 성장할 수 있도록 특성에 맞춰 지원하는 것이며, 기존 방식과는 다른 지원방식임을 주장하고 있다. 하지만 새로운 지원정책이 영세기업 등 다른 기업과의 형평성 시비 등 문제점은 없는지를 살펴봐야 한다. 2년 동안 지원해도 스스로 자립할 수 없는 기업을 계속 변형된 방법으로 지원하는 것이 맞는지에 대한 논의가 있어야 한다.

이처럼 기존 411개 기업에 대하여 기존 인건비 지원방식 이외 또 다른 정책개발비 명목으로 지원하고자 하는 방식이라면 검토가 필요하다. 자립을 통하여 사회의 건전한 기업으로 육성하기보다는 계속된 정부의 지원금으로 유지하게 하는 의존 형태의 기업만 양산하는 것이라고 생각한다. 서울형 사회적기업의 경우 고용노동부 사회적기업으로 인증받으면 또다시 3년 동안 인건비와 사업개발비, 전문인력 2명까지 지원받게 되는 등 5년 동안을 시민의 혈세가 투입되는 프로세스로 되어 있다. 이렇게 서울형 사회적기업에 대한 지원이 다양함에도 불구하고 또다시 서울시가 사회적경제 생태계조성이라는 사업 명목으로 예산을 편성하여 지원한다고 하면 분명 문제가 있을 것이다. 이러한 내용은 기존 서울형 사회적기업을 운영하고 있는 일부 시민단체들을 지원하기 위해서 진행한다는 소문이 시중에 확대 재생산되고 있어서 더욱 걱정이다. 물론 당연히 우려가 기우에 그쳐야 할 것으로 생각하고 또 그렇게 될 것으로 믿고 싶다.

조금 보수적인 생각을 나열해 보자. 현재 인건비를 지원받고 있는 사회적기업의 경우는 이미 정부지원금을 받고 있는 기업이므로 추가로 비슷한 유형의 사업에는 원천적으로 진입할 수 없게 해야 된다. 다른 어떤 것도 지원받지 못하는 단체에게도 균형 있게 지원될 수 있도록 형평성 원칙에서 접근해야 한다고 생각한다. 사회적 가치를 구현한다는 차원에서 선정된 서울형 사회적기업에게 2년 동안, 고용노동부의 사회적기업에게 3년 동안 인건비, 사업개발비, 제품 우선구매, 사무실 지원, 전문인력 자금지원, 각종 세금혜택 등을 지원하고 있다. 그 정도면 스스로 자립하여 성장할 수 있어야 한다고 생각한다. 언제까지나 변형된 방법을 통하여 시민의 세금을 투여한다는 것은 기업 스스로에게도 국가적인 차원에서도 이익이 되지 못하는 정책이라고 판단된다.

사회적기업의 성장을 돕기 위해서 사회적기업 제품에 대해 우선구매를 촉진하기위한 방안으로 사회적기업 육성법 제12조 공공기관의 우선 구매 조항에 의거하여 구매계획과 구매실적을 노동부장관에게 보고해야 한다. 이에 서울시는 사회적기업이 생산하는 제품과 서비스에 대해 서울시, 25개 자치구, 투자 및 출연기관별 우선구매 목표액을 11년 116억 원에서 12년에 500억 원(4.3배 증가)으로 설정하였다. 그러나 기존 장애인단체 등 영세기업의 재화물품은 상대적으로 감소되는 부분이 있는지에 대한 검토가 필요하다. 서울시 등 공공부문에서 사회적기업의 생산제품과 서비스를 우선 구매하는 취지는 좋다고 본다. 하지만, 의무사항으로 지정하고 목표액까지 부여하여 강제하는 것은 타당성이 있는 것인지에 대한 분석이 선행되어야 한다. 또한 고용노동부 인증 사회적기업이나 서울형 사회적기업에서 생산한 제품과 서비스가 다른 중소기업대비 가격, 품질, 서비스 등에서 현저히 떨어진다고 판단될 때에도 의무적으로 우선 구매하는 것이 효용성 측면에서 맞는지 구매 관련 가이드라인이 필요할 것이다.

그리고 사회적기업 제품을 구매하는 수요자 입장에서 공무원들이 필요하지 않은 물품과 서비스를 의무조항 및 평가로 인해 구매행위를 강제하는 것은 옳지 않다고 본다. 상품과 서비스의 질에서 경쟁력도 있어야 하고, 수요자인 공공기관의 입장에서 스스로 구매하고 이용하겠다는 의지가 있고 공감대가 형성이 되어야 공공부문 소비시장이 확대될 것으로 판단된다. 일률적으로 구매목표를 정하여 필요하지 않은 제품을 구매하여 제품이 바로 쓰레기장으로 버려지지 않도록 해야 한다. 구입물품과 서비스에 대한 정확한 평가측정 시스템을 도입하는 등 불필요한 세금이 낭비되지 않도록 노력을 해야 할 것이다.

사회적 일자리 사업은 중앙정부와 지방자치단체가 공동으로 합심하여 진행해야만 더 큰 성과를 거둘 수 있다. 하지만 현실적으로 상황은 그렇게 협조적이지 못하다. 일례로 행정안전부의 마을기업과 서울시의 관계는 그리 원만하지 못하다. 정치적인 이해관계가 있다고는 하지만 서로의 정보를 공유하지 못하고 있는 것에 대한 문제제기가 있다. 지방에서 마을기업이나 사회적기업을 하다가 서울로 올라와 명의를 변경하여 다시 신청하는 사례가 있다. 그럼에도 불구하고, 전산망 연결 등 중앙정부와 지방자치단체의 업무협조 체제가 구축되지 못하고 있어 이러한 불법사례를 쉽게 발견하지 못하고 있다. 따라서 문제 있는 사업신청자를 체크하여 이중으로 세금이 낭비되지 않도록 행정기관이 노력해야 할 것이다.

3. 단체장의 생각, 따라잡기는 싫다

고용노동부가 행정안전부의 마을기업 육성법에 정면으로 반대한 이유도 사회적기업을 본격적으로 육성했던 MB정부의 실세 정치인의 실적이 퇴색될 수 있다는 배경이 깔려 있었을 것이다. 사회적기업이 대세를 이루고 고용의 질은 뒤로 하더라도 당장 고용창출의 숫자 계산이 가능한 사회적기업이다. 취업인원이 많으면 많을수록 성과를 보이면 보일수록 관련 장관의 개인 지명도 상승이 개인의 치적으로 쌓여 갈 수 있기 때문이다.

2010년 6월 전라북도 완주군이 커뮤니티비즈니스를 진행하면서 통합 지원하는 중간지원조직 기구인 지역경제순환센터를 개관했다. 지역의 폐교를 리모델링하여 오픈하면서 언론의 주목을 받기 시작했다. 당시 커뮤니티비즈니스란 단어가 생소하던 시절에 일부 시민사회단체에서 조금씩 알아 가던 시절에 기초 자치단체에서 거버넌스 실현이라는 실제 사례를 보여 준 것이다. 완주군이 지역의 사회적 일자리 창출과 육성을 위해 관 주도로 진행하면서 민간과 함께 지원센터를 설립했다는 사실 하나만 가지고도 주목을 받을 수 있었다.

지역경제순환센터에는 민간 시민단체 출신의 전문가를 공무원으로 특별 채용하여 일자리 안정을 부여하면서 현장일에 매진할 수 있게 만들어 주었다. 완주군을 이를 위해 지역 일자리 관련 기능을 '농촌활력과'를 신설하여 기능을 통합하여 지원하는 구조로 전환했다. 이러한 사실이 공공기관 조직에 관심을 두고 있는 필자와 주변 학자들의 관심을 자극했다. 그래서 수차례 완주군에 내려가서 현장을 살펴보고, 관련 공무원과 지역경제순환센터 종사자와 별도로 만든 커뮤니티비즈니스지원센터 관계자들을 만나 이야기를 들었다. 이것을 설계한 완주군 임정엽 군수를 인터뷰한 것도 여러 차례다.

2010년 6월 24일, 완주군 지역경제순환센터가 개관하면서 현재까지 전국에서 커뮤니티비즈니스에 관심을 가진 자치단체, 시민단체, 학계, 전문가에 이르기까지 수많은 사람들이 완주군을 다녀갔다고 한다. 외부에서 찾아오는 사람들을 감안하면 완주군을 대한민국 전역에 알렸다는 것 하나만 가지고도 완주군 브랜드는 성공했다고 할 수 있다. 이후 마을기업과 사회적기업, 협동조합을 이야기하게 될 때 빼놓지 않고 등장하는 곳이 완주군 사례일 정도로 유명해졌다. 여기에는 항상 수식어가 따라 다녔다. 전국 최초로 커뮤니티비즈니스 사업을 지원하는 중간지원조직을 설립한 자치단체로 알려졌다. 단체장의 리더십이 가장 중요하다는 사실도 완주군의 사례에서 마지막 결론에서 나오는 부분이다. 청와대 및 중앙부처의 성공사례로 유명세를 치르고 있다. 지역경제순환센터를 찾아오는 손님들을 대상으로 교육하고 홍보하는 차원을 넘어 전국에서 초청받아 강연을 다닐 정도로 유명해졌다.

사회적 일자리 창출 관련 이야기를 할 때 반드시 성공사례로 거론되는 완주군이다. 그리고 단체장인 임정엽 군수 이야기의 강한 의지와 추진력은 수많은 언론매체에서 보도된 바 있다. 지역 일자리 창출과 지역공동체복원의 가장 핵심은 단체장의 굳은 의지와 추진력이란 평가를 받고 있다. 선거를 통해 선출되는 단체장의 입장에서는 이만큼 큰 홍보효과도 없을 것이란 생각이 들었다. 마을기업이나 사회적기업이 지자체에서 활성화되기 위한 전제조건 중에서 가장 핵심은 단체장의 의지와 노력이다. 그래서 임정엽 군수의 활약이 빛을 발하고 있는 것이다.

그런데 완주군의 성공모델이 전국적으로 확산되고 타 자치단체에서 벤치마킹을 했음에도 다른 지역에서 집중적으로 추진하고 있다는 소식을 듣기에는 시간이 걸렸다. 단체장의 입장에서 참으로 좋은 정책이고 추진해서 손해날 일이 아님이 분명한데도 확산되는 시간이 너무 걸린다는 생각이 들었다.

이유는 다양할 것이다. 단체장의 입장에서는 타 자치단체에서 성공으로 알려진 방식을 그대로 답습해 봤자 자신에게 큰 메리트가 없다고 판단했을 것이다. 최소한 전국에서 최초는 아니더라도 해당 지역의 광역 자치단체 수준에서 최초의 사업을 선보여야 언론이 주목을 받을 것이란 계산이 있었을 것이다.

이러한 필자의 생각을 뒷받침하듯 2011년 하반기부터 사회적기업 허브센터, 마을공동체지원센터 등이 하나둘씩 만들어지기 시작했다. 전국 최초이거나, 광역단체에서 최초, 다른 방식의 브랜드명으로 최초 등이다. 언론의 입맛에 적절히 부합되는 방식이다. 이는 완주군의 성공사례에 멈추고 싶지 않은 단체장의 속내를 드러냈다고 볼 수 있다. 그럼에도 불구하고 지역 활력, 지역경제의 활성화를 위해 뒤늦게라도 뛰어든 단체장은 주민의 입장에서는 고마운 존재이다. 아직까지도 마을기업이 무엇이고 사회적기업이 무엇인지에 대한 정확한 개념이 부족하여 사업을 망설이는 단체장이 부지기수이기 때문이다. 또한 한두 개의 문제가 된 사례만 보고 터부시하는 행태도 문제이다. 새로운 것이 아닌 정책과 사업은 언론의 주목을 받지 못한다는 현실을 감안하더라도 너무 무관심한 단체장이 많다는 사실이다.

2011년 가을 보궐선거로 당선된 박원순 서울시장이 취임하면서 커뮤니티비즈니스, 마을공동체 활성화에 대한 사업이 중심이 되리라 예견한 대로 현재 서울시는 마을만들기 사업에 몰두하고 있다. 25개 자치구를 대상으로 인센티브를 부여하게 되면서 경쟁적으로 자치구가 몰입하기 시작했다. 그럼에도 불구하고 아직은 25명의 구청장이 같은 생각과 인식을 공유하기에는 미흡한 단계이다. 이러한 현상은 전국적으로 공통된 현상이다.

4. 정부 및 단체장의 의지

　　MB정부에서의 고용창출은 몇 가지 특징이 있다. 그중에서도 가장 눈에 띄는 것은 고용의 질은 큰 신경을 쓰지 않는다는 점이다. 숫자에 유독 민감하다. 경제회복을 기치로 집권한 정부로서는 당연한 수순일지 모른다. 그래서 나온 것들이 행정인턴, 사회적기업 취업인구에 목말라 한다. 대학을 졸업하고도 100만 원 남짓한 돈을 주면서 명목은 그럴싸하게 행정인턴제를 실시한다. 취지에 대해서까지 비난할 생각은 없다. 정규직 취업이 어려운 현실에서 인턴을 통해서라도 사회를 배우고, 조직을 배우고, 전문성을 배양하다 보면 취업하는 데 유리하지 않겠느냐는 생각이 전혀 틀린 이야기는 아니다.

　　문제는 그러한 행정인턴이 실제 현장에서 배울 만한 일이 있느냐다. 대학에서의 전공과는 무관한 일, 일이 없어 자리에 앉아 이력서와 자기소개서를 작성하느라 시간을 보내는 일, 심지어 복사 및 커피 심부름까지도 해야 하는 현실 앞에 더 절망감을 느끼고 있다. 행정인턴을 바라보는 내부직원들조차 어차피 몇 개월 하다 그만둘 사람들에게 업무를 맡기기도 어렵고, 오히려 귀찮아할 때가 더 많다고 한다.

사회적기업 또한 별반 다르지 않다. 사회적기업에 취업하여 기술도 배우고 업무도 배우면서 새로운 일을 찾아갈 수 있도록 한 것 자체는 후한 점수를 주고 싶다. 그러나 현실을 감안하지 못했다. 한 달을 놀아도 일정의 보조금을 받는 사람의 입장에서는 아침 9시부터 저녁 6시까지 사장과 기존 직원의 눈치를 보며 근무해야 하는 입장이 불편했을 것이다. 취약계층을 받아들이는 회사입장에서는 회사업무에 부합하는 전문가를 모셔 온 것이 아니다. 정부에서 취약계층을 고용하면 이러저러한 혜택을 주고 있기 때문이다. 오래 근무한다고 생각하지도 않는다. 당연히 중요한 업무를 맡기지 못한다.

예를 들어 취약계층이라 고용한 다문화 여성이 한국말이 서툰 관계로 영업현장에 내보내지 못한다. 컴퓨터를 자유자재로 다루지 못하는 고령화 인구에게 무슨 일을 시킬 수 있겠는가. 당연히 단순 반복적인 일 이외는 현실적으로 어렵다. 취업한 사람들 입장에서도 새로운 기술이라도 배우려는 의욕이 있다. 하지만 배울 만한 환경이 형성되지 못한다. 사회적기업, 즉 기업이다. 기업이란 연습이 없다. 바로 실전이다. 공공기관처럼 인턴과정과 실무과정 등을 거쳐 현장에서 담당자로 거듭나기 어렵다는 한계가 있다. 이러한 현상은 사회적기업을 운영하는 입장에서도 고용되어 있는 사회적 취약계층에게도 곤혹스러운 일이다. 더 중요한 것은 내게 필요한 곳에 근무할 수 있느냐 여부다. 항상 고용불안이 뒤따른다. 혼자 사는 사람에게는 100여만 원의 월급이 상황에 따라서 클 수도 작을 수도 있을 것이다. 하지만 가족을 부양해야 하는 입장이라면 이야기가 다르다.

취업 전의 마음과 취업 이후에 환경변화로 인한 마음가짐이 달라질 수 있다. 같은 종업원인데 조금 다른 일을 한다고 해서 차별적으로 월급을 지급하는 것을 눈으로 확인하는 상태에서는 신명이 나지 않을 것이다. 차별적 대우를 받는다고 생각할 것이다. 이러한 상황에서 무슨 고용의 질을 담보하고 삶의 질 향상을 도모할 수 있겠는가. 고용창출 숫자에 민감한 반응을 보이고 있는 청와대 및 정부입장에서는 멍석을 깔아 놨으니, 알아서 춤을 추라고 말할 수 있을지 모르지만 흥겨운 굿거리장단이 나오지 않는다.

마을기업과 사회적기업이 현 사회의 새로운 일자리 창출 수단으로 홍보되고 인식되어 가고 있지만 일부 영역에서의 이야기일 뿐이다. 특히 지자체마다 차이가 크다. 주민 선거로 당선된 단체장 입장에서는 몇 명 취업보다는 지역에 대기업 이전, 공공기관 이전, 공단유치에 더 관심이 많다. 주민에게 보여 줘야 할 가시적인 성과물이 필요한 것이다. 그래서 일부 몇 사람 취업하는 것에 큰 관심이 가지 않는다. 더구나 사회적기업을 하겠다고 신청한 사람들이 본인의 선거에 반대쪽에 있었던 사람일 경우 더 멀리한다. 굳이 내가 도와줄 필요가 있느냐는 시각을 갖는다.

차라리 도로 건설하고, 복지관, 노인정, 독서실을 하나 더 건립하는 것이 많은 주민에게 잘한다는 소리라도 듣는 것이 더 효과적이라 생각할 것이다. 마을기업이나 사회적기업에 참여하는 사람들의 숫자도 많지 않고, 경쟁력이 취약한 계층이 도전하는 정도의 인식이 깔려 있는 상태에서 그들에게 거는 기대도 많지 않다.

또한 지자체로서는 돈 사용할 곳도 많은데, 마을기업이나 사회적기업이 증가하면 할수록 지자체로서 부담해야 할 비용이 증가한다.

재정자립도가 튼튼하면 그 정도야 하고 지원할 수 있지만, 그렇지 못한 지자체의 입장에서는 이것도 부담으로 생각할 수 있다. 그래서 일부러 외면하는 단체장도 많다는 이야기다. 나에게 무슨 도움이 될 수 있을까. 별 도움이 될 것 같지 않다고 생각한다. 그래서 이러한 사회적 일자리 사업의 성공 여부를 판단할 때 가장 중요하게 여기는 것이 단체장의 의지에 있다고 말한다. 강한 의지와 적극적인 행동으로 보여 줄 수 있다. 주민과 같이 호흡하고 취약계층을 포용하여 같이 가려는 생각이 있어야 한다.

그럼에도 단체장들이 적극적으로 나서지 않는 이유가 또 있다. 단체장의 입장에서는 다른 지자체가 하지 않는 일을 최초로 해야 한다는 강박감이 있다. 전국 최초로 우리 지방자치단체가 이러한 일을 했다는 홍보를 해야 하기 때문이다. 최소한 광역단위에서라도 뭔가 최초 내지는 1등을 해야 홍보성 기사로서 유용하다고 판단하고 그렇게 믿고 있기 때문이다. 실제로 주민에게 호소력 있는 전달이 될 수 있다. 다른 지자체에서 이미 시행한 일을 그대로 답습한다는 것은 체면에 걸린 일이다. 그렇게 생각한다는 것이다.

자세히 살펴보면 그것이 그것인데, 단체장의 입장에서는 뭐가 달라도 달라야 한다는 것이다. 최초로 생각해 내고 최초로 시행하고, 선구자 같은 단체장의 모습을 보여 줘야 주민에게 감동을 줄 수 있다고 생각한다. 그래서 무엇이든 최초가 아니면 굳이 따라갈 필요가 없다고 생각하는 것이 선출직 공무원, 즉 정치인의 입장이며 오랜 경험에 따른 시각일 수 있다. 이렇게 단체장조차 깨어 있지 않은 상태에서 무슨 사회적 일자리를 제대로 만들고 성공시킬 수 있겠는가. 마을기업과 사회적기업을 확산시키는 데 있어서 단체장이나 지방의원들을 반드시 교육시켜야 하는 이유가 바로 이러한 그릇된 시각을 바로잡아 주기 위해서다. 지도자 그룹부터 올바른 시각을 갖도록 사전교육이 필요하다. 그래야만 사회적 일자리 창출 사업이라 일컬어지는 마을기업과 사회적기업의 지속 가능한 성장이 가능할 것이다.

5. 공무원이 바라보는 사회적 일자리 사업

16개 광역시도와 228개 지방자치단체에서의 사회적기업과 마을기업 업무를 담당하는 공무원의 인식도 중요하다. 현장에서 직접 일처리를 해야 하는 입장에서 사업의 중요성, 사람관리의 필요성에 대한 정확인 인식이 있어야 한다. 2011년에 지자체 공무원을 대상으로 사회적기업과 마을기업의 운영자들과 인식차이를 조사한 적이 있다. 마을기업과 사회적기업을 운영하는 사람들의 입장과 담당공무원이 이들을 바라보는 시각은 차이가 많았다. 즉 공급자와 수요자의 인식차이가 크다는 이야기다. 바라보는 관점도 달랐다. 지역문제를 해결하거나 사회과제를 해결하는 목적으로 나름 소명의식을 가지고 참여하려는 사람들과 이들에게 보조금을 지급하는 공공영역에 있는 사람들이 바라보는 사회적 일자리 창출은 달랐다.

공무원의 입장에서는 당장 행정편의가 우선이다. 보조금 지급과 정산, 사후관리가 중요하다. 현장에서 문제라도 발생되면 그 책임을 일정부분 져야 하는 입장에서는 부담이 크다. 그래서 원리원칙을 내세운다. 때로는 매몰차게 몰아붙이기도 한다. 2011년 가을에 서울형 사회적기업에서 일부분 도덕적 해이현상이 문제가 된 적이 있었다. 그래서 자치구를 바꿔 가며 교차조사를 하고 문제점을 부각시키기도 했다. 잘못된 지급, 출근부에 사인이 없는 곳 등을 지적하는 과정에서 자연스럽게 형성된 시각이 있다. 현장에서의 문제가 곧바로 담당공무원의 질책사유로 이어질 수 있다. 사회적 가치를 중요하게 생각하는 기업과 세금으로 충당되는 보조금 지급에 따른 정산 및 사후관리가 중요한 공무원 업무 벽이 쉽게 무너지지 않는다.

또한 담당공무원의 입장에서는 사회적기업이나 마을기업의 업무가 그다지 매력적이지 못하다. 기존에 자치행정과를 중심으로 민간사회단체에 주는 보조금 형태의 업무시각에서 크게 벗어나지 못하고 있기 때문이다. 지자체에 따라서는 단체장이 적극적인 곳과 그렇지 않은 곳으로 갈라진다. 단체장의 선거공약 사항이나, 특별한 관심을 갖고 있는 지역의 경우는 담당공무원의 자세도 달라진다. 일부 지역에서는 이를 통해 특별승진도 이루어진다. 하지만 단체장이나 지방의원의 관심이 적은 지역의 경우는 굳이 먼저 나서려고 하지 않는다. 마땅히 인센티브도 없고 혹시라도 잘못되면 모든 책임을 떠맡게 될 수도 있다는 생각에서 나오는 현상이다. 그래서 소극적인 태도를 취한다. 행정 중심의 업무처리가 일어난다. 수요자인 사회적기업이나 마을기업의 입장을 이해하려고 하지 않는다. 어찌 보면 이해하고 싶은 마음도 없을지 모른다. 조금 있으면 다른 업무로 순환보직 받아갈 것인데, 굳이 노력할 필요가 없을지 모른다. 바로 이러한 이유 때문에 단체장, 지방의원뿐만 아니라 지자체 전 공무원이 최소한의 사전교육을 받아야 하는 이유이다.

마을기업이나 사회적기업에 대한 중앙정부나 지방자치단체의 담당 공무원들이 바라보는 시각도 차이가 있다. 마을기업에 종사하는 사람들은 기존에 일정의 관계망이 형성된 사람들이 진행하고 있어 나름 협조가 잘 이루어진다. 반면 사회적기업들의 경우는 기존에 보조금을 받았던 복지단체 등을 위시하여 사회적 약자들이 중심이 된 단체의 참여가 많다 보니 여전히 같은 시각으로 바라보게 된다. 특히 인건비성 보조금 지원이다 보니 인건비가 제대로 지급되고 관리되는지에 대한 우려가 많다.

이는 초창기에 일부 단체에서 인건비 횡령 등 부정수급이 일어난 사례가 공무원사이에 광범위하게 퍼져 있었기 때문이다. 또한 기초자치단체 담당 공무원 입장에서는 한 번도 본 적 없는 지역의 지인들과도 잘 알지 못하는 사람들이 사회적기업을 하겠다고 신청하는 것에 대한 불신이 있었다.

일부 사례이기는 하지만 초창기에 사회적기업을 운영했던 사업자가 도중에 사업장을 폐지하고 잠적하는 사례가 발생했다. 그곳에서 근무했던 많은 취약계층들이 길거리에 내몰리는 문제가 발생하면서 자치단체장을 비롯한 공무원 사이에서의 비난이 있었다. 공무원의 입장에서는 해당 자치단체에 사회적기업이 많으면 많을수록 할 일이 많아지고, 적으면 적은 대로 실적 문제로 엄격한 관리를 해야 한다. 이러한 과정 속에 공무원과 사회적기업들 간의 마찰과 갈등도 발생했다.

이면에는 사회적기업을 하는 사람의 입장에서는 좋은 일을 하는 기업을 감시하듯이 지도하느냐는 불만이 깔려 있다. 공무원의 입장에서는 사회적기업이든 마을기업이든 국가의 세금을 보조받는 단체로만 인식하고 있었기에 문제점이 있는지, 행정서류상의 문제는 없는지에 대한 당연한 업무로 치부했기 때문이다. 담당자로서는 사회적기업이 관리대상자로만 인식되었다. 정상적인 영업이 이루어지지 않거나 회사운영에 문제가 발생하게 되면 보고서 작성하여 보고를 해야 하는 위치에 있다. 행정지도라는 차원의 그 이상도 그 이하도 아닌 것으로 판단했다. 이러한 문제는 사회적기업 내지는 마을기업 등 사회적 일자리 창출 사업에 대한 상호 간의 이해부족이 낳은 문제였다. 사회적 가치를 실현하는 기업, 마을의 문제를 해결하는 기업이라 해서 예외는 없다. 이러한 기업들과 좀 더 편안한 관계, 신뢰를 형성할 수 있는 대화 등이 부족하여 일어난 사례라 볼 수 있다.

지자체 공무원이 다 그렇다는 이야기가 아니다. 공직자 조직 특성상 그런 유형과 사례가 많다는 이야기를 하고 싶은 것이다. 최근엔 마을기업이나 사회적기업을 운영하는 사업자들이 놀랄 정도로 적극적으로 지원하는 공무원이 증가하고 있다. 단체장의 의지가 반영된 경우도 있지만, 이러한 일에 자진해서 참여하는 경우도 있다. 고무적인 현상이다. 공무원들의 자세도 달라졌다. 마을기업과 사회적기업을 하는 주민이 다른 세계 사람이 아니다. 같은 지역의 이웃주민이기 때문에 나름 공동체 의식을 느껴 가고 있는지 모른다. 단체장의 의지와 공무원의 적극적 행정지원 행위가 마을기업과 사회적기업의 성공을 보장하는 핵심요인이다.

6. 사회적 일자리 사업을 바라보는 지역사회

2010년 하반기와 2011년 상반기만 해도 마을기업과 사회적기업에 대해서 구분할 수 있느냐고 물어보면 대부분이 그것이 그것 아니냐고 반문을 해 왔다. 커뮤니티비즈니스와 소셜비즈니스에 대해 관심을 가진 학자가 적어서인지 학계에서도 구분을 하지 못했다. 각자가 외국 문헌을 보고 인식한 수준에서 이런 차이가 있다, 아니면 본래는 같다 등등 다양한 주장을 하였다. 심지어는 시행하는 부처 공무원들조차 무슨 차이가 있는 것인지 헷갈려할 정도였다. 상황이 이러니, 지방자치단체 담당 공무원이야 오죽했겠는가 싶었다.

이렇게 사회적 일자리 사업을 주도적으로 이끌어 가는 공급자 측에서 정확한 정의를 내리지 못하고 있었으니, 사업에 참여하는 수요자 입장인 일반 시민들이 그 차이를 알 수가 있었겠는가. 일부 시민사회에서는 브랜드가 뭐가 중요하겠는가, 정부가 고용창출을 위해 부처별 사업을 다양하게 시행하는 것이 중요하다. 그 차이가 무슨 의미가 있겠느냐고 반문하기도 했다.

이렇게 시장에서 마을기업과 사회적기업에 대해 정확한 정의구분이 어려웠던 것은 여러 이유가 있었다. 가장 먼저 사업자 선정방식에 있어서 큰 차이가 없는 형태로 진행되었기 때문에 혼란이 가중된 것이다. 공모를 통하여 선정된 단체에 대해 고용노동부는 인건비를 지급하고, 행정안전부와 농어촌공동회사는 사업비를 지원해 주는 방식이 일반 시민들에게는 그것이 그것으로 비쳐졌기 때문이다. 유사한 사업을 각 다른 부처가 다른 이름으로 지원하는 것으로만 인식하였다. 사회적 일자리 사업의 수혜자일 수도 있는 시민들의 입장에서는 더 많은 부처들이 각자 다른 브랜드를 걸고 자금을 지원해 주는 방식을 원했다. 국책사업 등에 있어서는 일반 시민사회단체가 참여할 수 없지만 이러한 사업은 참여할 의지와 참여가 가능한 구조가 형성되었기 때문이다.

또 하나는 흔히 영국에서는 사회적기업이라고 하고 일본에서는 커뮤니티비즈니스라고 알려져 왔다. 그래서 사회적기업이 커뮤니티비즈니스이고, 커뮤니티비즈니스가 사회적기업으로 인식하고 있다. 영국의 사회적기업의 문헌을 살펴보면 한국에서는 사회적기업보다 마을기업에 가까운 내용이 많다. 그러나 확실히 해 둘 필요가 있다. 영국에서도 사회적기업이 시작이 아니고 커뮤니티비즈니스부터 시작했다. 영국의 커뮤니티비즈니스 사업이 정부지원금에만 의존하는 형태로 발전하면서 사회적으로 문제가 되고 이미지가 나빠지면서 사업지원 방식을 변경하였다. 사업변경 방식과 맞물려 커뮤니티비즈니스란 단어를 삭제하고 사회적기업이란 단어를 쓰기 시작한 것이다.

일본의 경우는 영국의 사례를 지켜보면서 커뮤니티비즈니스를 일본식으로 전환하여 도입하였다. 이미 NPO 지원법률이 있고, 크고 작은 시민단체로 구성된 일본사회는 커뮤니티비즈니스 방식을 다양하게 적용하였다. 대부분 NPO가 중심이 되어 민관산학 협력관계로 사업을 진행하면서 아이템에 따라 정부의 도움을 받는 방식을 선택하였다.

영국과 일본 모두 주민의 자발적 노력과 자생적인 협동을 요구하고 주민 및 취약계층이 스스로 자생할 수 있는 시스템으로 이끌어 가고자 노력했다. 바로 이러한 방식이 대한민국에 커뮤니티비즈니스 붐을 일으키게 만들었다. 지역주민이 지역의 인적·물적 자원을 활용하여 비즈니스 수법을 사용하여 지역의 활력을 도모하는 점을 높이 평가한 것이다. 이러한 자주적 활동, 내발적 발전, 주민 주도의 사업, 혁신적 생각, 거버넌스 등이 혼합된 커뮤니티비즈니스가 시민사회를 중심으로 관심을 가지게 만든 것이다.

이러한 측면에서 커뮤니티비즈니스에 가장 가까운 사업으로 진행되었던 것이 지식경제부의 커뮤니티비즈니스 시범사업이었다. 건국대학교 산학협력단이 3년간 위탁사업을 받아 진행하면서 실제적 사업진행과 전문가 사이의 관심이 높아졌다. 이 사이에 고용노동부의 사회적기업과 행정안전부의 마을기업, 농림수산식품부의 농어촌공동체회사 등도 확대일로에 있었던 시기였다. 커뮤니티비즈니스 시범사업이 각광을 받고 관심을 받기 시작했다.

필자의 경우도 다른 부처의 사회적 일자리 사업보다 더 많은 관심을 기울였다. 그러나 2010년 하반기부터 시작된 사업이 2011년 초에 갑자기 중단되었다. 지식경제부나 위탁기관 모두 입을 닫았다. 그리고 무성한 소문만 돌았다. 현 정부가 사회적기업으로 가고 있는데 다른 사업이 더 각광을 받게 되면서 문제가 되었다고 보는 시각이 존재한다. 위탁기관의 대표자가 예전에 대통령선거에서 모 후보의 비서실장을 했다는 전력이 있어서 위에서 정리하라고 했다든지 모 시민단체 부소장 출신이라 견제하느라고 그랬다 등등 근거를 확인할 수 없는 소문만 돌았다.

그동안 시범사업으로 지정된 사업장들은 사회적기업으로 흡수되었다는 이야기만 들었다. 이때부터 시민사회에서는 MB정부의 의도를 파악하기 시작했다. 초기부터 사회적 취약계층을 중심으로 하는 사회적기업에 대해 현 정부가 추진하는 것에 대한 의문이 많았다. 대기업 중심, 자본가 중심의 정책을 구현하는 정부가 무슨 이유로 사회적 취약계층을 대상으로 사업을 시행하고 시민단체들에게 참여기회를 부여하고 있는지에 대한 의문이 있었다. 일반 시민사회뿐만 아니라 일선 공무원 사이에서도 의문부호로 맴돌았다.

일거리가 있고 돈이 몰리는 곳에 사람이 모인다는 속설이 맞아떨어졌다. 행정안전부의 마을기업은 근거법 부족으로 예산확대의 한계가 있다. 편성된 항목 이외에는 다른 용도로 사용할 수도 없고 그 금액 또한 많지 않았다. 시민사회가 끼어들 공간이 부족했다. 반면 고용노동부는 고용창출이라는 목적을 달성하기 위한 수단으로 사회적기업 활성화를 위해 수천억 원을 쏟아붓기 시작했다. 여기에 불을 붙이듯 광역자치단체도 예비 사회적기업 브랜드를 만들어 사회적 일자리 창출에 나서기 시작했다. 고용노동부 산하기관으로 한국사회적기업진흥원이 설립되면서 더 많은 자금이 시장에 쏟아져 나왔다. 교육, 시장조사, 아이템 발굴, 경진대회, 토론회 등 최근 2년 사이에 고용과 관련된 자금이 사회적기업 육성에 맞춰 사용되는 듯했다.

모든 나라가 사회적기업에 몰려 있는 듯했다. 상황이 이러하니 학계, 전문가, 시민단체 그룹들이 사회적기업에 참여할 수밖에 없는 구조가 되었다. 일부 비판적 흐름이 있었지만, 쏟아져 나오는 연구용역과 사업자금 앞에서는 큰 줄기를 돌리지 못한 것이다. 심지어는 농촌 활력을 위해 연구해 온 단체까지도 사회적기업 연구를 맡게 되면서 사회적기업 선구자로 나서는 사례까지 나타났다. 일부 대학에서는 과 단위의 그룹에서 사회적기업연구소 등을 만들어 참여하게 되었고, 퇴직 공무원, 청년 일자리 창출의 메카로서 자리를 잡아 가고 있는 것 같은 흐름이 확연해졌다. 비판적 시민단체까지도 참여하면서 사회적기업이 사회 일자리 창출의 대안으로 각인되는 착각을 가지게 만들었다.

이러한 흐름이 2012년 3월로 접어들면서 일부 언론에서 문제점을 제기하면서 내·외부 비판이 고개를 들기 시작했다. 준비 없이 시작한 사회적기업이 지속가능성을 담보하지 못하고 특히 판로확대에 가장 큰 어려움으로 스스로 포기하거나 무너지는 기업들이 하나둘씩 생겨나고 있다는 보도였다. 그러나 이런 대중매체의 보도 또한 잠시 뿐이었다. 이유가 뭔지 모르지만 일부 언론기관의 보도만 있었을 뿐 대부분 언론기관의 보도는 긍정적 평가 내지는 성공사례에 맞춰져 있는 것 같았다.

그러나 이러한 상태에서 방치한다면 예비 사회적기업이나 인증 사회적기업 등이 사업지원이 종료되기 시작하는 2012년 하반기부터 어려움이 나타날 것은 자명하다. 이미 사회적기업 운영자들 사이에서는 곧 닥쳐올 어려운 환경을 어떻게 해결해야 하는지에 대한 고민이 깊어져 가고 있다. 대부분의 기업들이 새로운 탈출구를 마련하기 위해 노력하고 있지만, 인건비 지원방식에 길들여진 회사 조직구조와 운영형태에서 획기적인 개선방안을 마련하기는 현실적으로 어려운 현실이다.

그래서 2011년 겨울부터 사회적기업들의 목소리는 이구동성으로 정부가 책임져야 한다는 것이다. 사회적 약자를 고용하고 사회적 가치를 실현하는 착한기업의 생산제품과 서비스를 공공기관이 수용하지 않으면 어떻게 살아갈 수 있느냐고 항변한다. 일부 시민사회단체들의 목소리를 중심으로 때로는 집단적으로 때로는 정치적 스탠스를 취하면서 요구하고 있다. 그래서 나온 것이 정부 및 산하기관, 지방자치단체가 의무적으로 일정량의 사회적기업 제품을 구매하겠다는 보도가 나오고, 기관을 대상으로 평가에 반영하겠다는 지침서가 뿌려졌다. 하지만 공공기관이 구매하는 형태의 구조는 한계가 상존한다. 모든 제품을 구매할 수도 없고, 필요한 제품과 서비스에만 국한될 수밖에 없다.

2011년 공공기관 및 지방자치단체에서 구매한 사회적기업의 제품과 서비스를 살펴봐도 일부 제품에 국한되어 있다. A4용지, 종이컵 등 일회 소모성 제품에 치중되어 있다. 즉 모든 사회적기업에게 혜택을 줄 수 없는 구조라는 것이다. 생색내기에 그칠 수도 있다. 기존 거래를 하고 있던 일반기업들과의 형평성 문제도 발생한다. 이미 장애인기업 등 사회적 취약계층이 운용하는 기업들과 여성이 대표를 맡고 있는 기업들에게 제품을 공급받고 있는 체계가 무너지고 있다. 여기서 다른 사회적 문제가 발생한다. 사회적기업을 살리기 위해 다른 영세기업을 몰락시키는 형태로 나타나고 있다. 동일한 제품으로 동일한 시장을 침체시키는 악순환을 형성한다.

근본적인 문제를 해결하지 않고 이러한 단기적 성과에 급급한 정책집행이 가져올 파급력도 생각해야 한다. 댐 한가운데 구멍이 하나 생겼는데, 손가락 하나로만 막으려고 달려드는 형국이다. 댐 부실에 대한 점검을 하고 재설계하여 근원적인 대책마련에 나서야 한다. 지금 상황에서는 일시적인 실업률 감소, 고용창출 효과에 현혹되어서는 안 된다. 이런 방식으로 방치하다가는 어느 한순간에 몰락하면서 사회적 문제를 해결하려고 시행되고 있는 사회적기업이 또 다른 사회적 문제를 만들어 낼 수 있기 때문이다.

사회적 가치를 구현하는 것은 분명 좋은 기업, 착한 기업만이 할 수 있는 일이다. 영리만을 목적으로 하지 않고 사회적 취약계층을 고용하고 그들의 지속 가능한 일자리를 제공하고 이익의 상당부분을 다시 사회문제 해결을 위한 공익목적으로 환원시키는 사회적기업의 개념은 훌륭하다. 하지만 현실은 그러하지 못하다. 일정부분 이상과 현실이 상존하는 것을 인정해야 한다. 그래야만 치유할 수 있다.

기업은 기업으로서 할 일이 있는 것이다. 그러하기에 정부도 사회적기업에게 일정의 매출액을 요구하고 있고, 예비 사회적기업들의 월별 매출을 독려하고 목표달성을 못 하면 경고장을 보내지 않는가. 머릿속으로는 사회적 목적을 외치지만 현실적으로는 공적자금이 들어갔기에 실적을 내야하고 평가를 해야 하고 그것을 보고해야 하는 공급자 입장에서는 당연한 수순을 진행한다. 바로 여기서 문제해결을 위한 고민이 시작되어야 한다.

사회적 가치에 대한 정성적 평가부분을 얼마나 인정해 줘야 할 것인가에 대한 정의부터 내려야 한다. 정량적으로 체크할 수 없는 성과에 대한 평가체계가 구축되지 않은 상태이다. 눈으로만 보이는 수치에 급급한 상황에서 접근하고 있기 때문에 이러한 문제가 발생한 것이다. 또 한 가지는 사회적기업이나 마을기업을 단순히 고용창출의 수단으로 접근하고 있는 정부정책의 문제점이다. 단기적으로 몇 사람을 얼마나 채용했느냐도 중요하겠지만, 그들이 진정 그곳에서 진정한 구성원으로서 지속 가능하게 갈 수 있느냐를 고민해야 할 것이다. 사회적기업이나 마을기업 모두 최종 목표는 국민의 삶의 질 향상에 있다. 현재 하고 있는 방식이 평가를 하고 있는 방법이 참여하고 있는 상대적 경쟁력을 상실한 참여자들의 삶의 질 향상에 얼마나 도움을 주고 있는지를 재평가해야 할 시기다.

마을기업과 사회적기업 관련된 학문적 정의와 현장에서 진행되는 사업과는 분명 간극이 있다. 그러하기에 현장에서 혼란이 생성되는 것이다. 또한 주도적으로 역할을 하고 있는 활동가나 참여자도 모르는 정책적 가치를 분명히 하지 못하고 있는 데서 고민이 있는 것이다. 사회적 고귀한 가치를 실현하고자 하는 마음 한구석과 현실적인 지원금 앞에서 갈등해야만 하는 이중적 스탠스는 분명히 집고 넘어가야 한다.

현장에서는 마을기업을 거쳐서 예비 사회적기업으로 가고 다시 고용노동부의 인증 사회적기업으로 가야 한다고 유인하고 있다. 소위 223방법으로 알려져 있다. 즉 머리를 잘 쓰면 마을기업 2년, 예비 사회적기업 2년 인증사회적기업 3년을 말한다. 바로 이런 잘못된 지도 방법이 사회적 일자리에 참여하고 있는 시민들에게 스스로 자립심을 배양시키지 못하게 방해하고 있는 것이다. 막연한 기대감을 주고 있는 것이다. 최대 7년 동안 정부 보조금으로 회사를 운영할 수 있다는 황당한 희망을 심어 주고 있는 것이다. 일부 중간지원조직의 활동가들 내에서도 이러한 이야기를 현장의 사업가들에게 전달하고 있다는 것이다.

자본주의 구조에서 현실적으로 취업이 어렵고, 창업이 어려운 그룹에게 일정기간 동안 정부가 스스로 자립할 수 있도록 인건비 및 사업개발비를 지원해 주는 선에서 그쳐야 한다. 그 기간 동안 스스로 일어설 수 없는 구조가 지속된다면 과감히 퇴출할 수 있다는 사실도 전달해야 한다. 스스로 영업하여 판매하고 이익을 취하고 기업으로서 해야 할 행위들에 대해서 설명해 줘야 한다. 그리고 회사를 운영함에 있어 어떠한 문제가 있고, 세금은 언제 내야 하고, 노사갈등은 어떻게 해결해야 하고, 판매방법을 촉진하기 위해서는 어떠한 노력을 해야 하는지 등에 대한 컨설팅이 전제되어야 한다.

일반기업의 경우 창업을 하여 1년을 넘기기 어렵고 2년 이내에 퇴출되는 기업이 90%에 달한다고 한다. 이러한 기업들은 나름 전문기술과 자금력, 전문인력 등 경쟁력을 갖추고 사업시작을 위해 준비한다. 사업개시 몇 개월부터 사업연구를 하고 사업계획서를 변경하고 영업활동을 어떻게 할 것인지, 중장기 전략까지 수립한 상태에서 사업을 시작한다. 그럼에도 불구하고 사업이란 것이 계획서에 나와 있는 대로 순서대로 진행되지 않는다. 생각하지도 못했던 상황이 연출되고 사건이 터지고 제품이 팔리지 않아 부도를 맞는다. 대표자가 도피하고 신용불량자가 되는 사례는 주변에서 쉽게 찾아볼 수 있다.

국민의 정부 시절, 수많은 젊은이들이 다양한 아이디어로 창업한 IT산업도 성공사례는 많지 않았다. 물론 그러한 배경으로 IT 강국이 되고 현재 다양한 혜택을 누리고 있음을 부인할 수 없다. 하지만 현재의 마을기업과 사회적기업 아이템은 대부분 1차 산업에 중심을 두고 있다. 우수한 기술력이 뒷받침되는 사업에는 쉽게 접근하지 못하는 구조적 한계가 있다. 규모의 경제에 부합되지 못하는 소수의 인력이 모여서 할 수 있는 사업의 한계는 분명히 존재한다. 바로 이러한 열악한 조건 속에 있는 기업들에게 일반기업처럼 영업이익을 내야 한다고 밀어붙인다면 그러한 것을 정상적인 방법이라고 말할 수 있을까 싶다.

7. 정부의 압박과 지자체의 사회적기업 통일화 요구

　사회적기업! 말만 들어도 뭔지 좋은 느낌을 주는 기업이라는 생각이 들 정도의 아름다운 브랜드이다. 우리나라의 경우 대기업의 문어발식 경영이 가져온 기업에 대한 반감, 중소기업의 침체와는 달리 대기업의 호황, 기업의 영리추구 앞에 무너진 도덕적 해이 등등 기업에 대한 좋은 인상은 없는 것 같다. 생존을 위한 치열한 경쟁을 강요하는 기업의 이미지와는 달리 사회적 목적을 실현한다고 하는 사회적기업은 왠지 뭔가 달라도 다를 것 같다. 그래서 주목받기 시작했다.

　취약계층에게 일자리도 제공해 주고 이익의 대부분을 사회의 공공이익의 목적을 위해 내놓는 착한기업! 사회약자를 배려하는 순수한 기업, 혼자가 아닌 공동의 노력을 통하여 이익분배를 실현하는 기업, 언론에는 항상 좋은 이미지로 부각된 사회적기업이다. 무엇보다도 시장에서 경쟁에 밀려난 취약계층에게 좋은 일자리를 제공해 준다는 차원에서 각광을 받았다. 그리고 실제로 많은 사람들이 취업효과를 보았다. 실업률 감소효과에서도 미미한 움직임이 있었다.

유럽의 경우는 사회적기업이 차지하는 시장점유율이 6.5%인 데 반해 우리나라는 아직 0.2%에도 미치지 못하고 있어 더욱 확대되어야 한다는 논리는 정당한 듯 보였다. MB정부에서의 경기침체는 더욱 어려운 상황의 연속이었다. 경제 하나만큼은 살려 보겠다고 해서 출발한 정부이기에 국민의 기대와 관심과 지지가 있었다. 그러나 시간이 흐르면 흐를수록 실망과 허황된 꿈을 가졌다는 사실을 알고 나서는 할 말을 잇지 못하는 상황에까지 이르렀다.

현 정부에서도 여전히 대기업 중심의 일부 수출제품의 경제 의존도에 기대고 있고, 1차 농산물 등의 시장에서는 수입상품에 밀려 고전을 면치 못하고 있다. 작은 빵가게, 피자, 케이크 등 서민형 작은 상품에까지도 대기업이 참여하는 시장으로 변했다. 서민의 입장에서는 갈 곳이 없다. 더욱 중요한 것은 취업할 사람은 많은데, 그들이 갈 곳이 많지 않다는 사실이다. 정부에서는 취업할 곳이 많은데 취업하려고 하는 사람들이 너무 눈이 높아서 취업전선에 나서지 않는 것이 원인이라고 한다. 전혀 틀린 이야기는 아니다. 일부 지방의 중소기업에서는 사람이 없어 공장가동을 중지하고 있는 반면, 노량진이나 신림동에는 각종 고시와 공무원 시험준비로 젊은 인구가 가득하니 말이다.

그러나 이들을 누가 탓하랴, 특히 정부의 경제정책이 가져온 불안감으로 인해 모두가 소득은 적더라도 안정된, 오랜 세월 동안 다닐 수 있는 공무원을 선택하는 행위를 비난할 수 있겠는가?

상황이 이러하다 보니 정부의 입장에서는 창업과 신규 고용창출이 최대 목표가 되었다. 일자리 창출이란 단어는 이제 일상화되어 버렸다. 이런 시기에 절묘하게 등장한 것이 사회적기업이다. 사회적기업이란 단어 자체가 가져오는 파괴력은 상당했다. 아름다운 창업이 가능하고 사회적 취약계층을 고용하면 전 직원이 인건비를 보조받을 수 있고, 사회적 목적을 실현하는 기업이기에 세금 등 다양한 혜택이 주어진다. 기업의 입장에서 솔깃한 내용이다.

기업을 운영하는 데 있어서 더구나 작은 기업일수록 인건비가 차지하는 비중이 상당하다. 사업을 해 본 사람은 알 것이다. 매월 월급날이 돌아오면 인건비 지급이 어려운 날이면 머리가 아파 오는 것을 경험해 본 사람은 공감할 것이다. 정부가 인건비를 보전해 주는 사회적기업은 몇 가지 조건만 구비하면 어렵지 않다. 특히 사회적 취약계층의 일부 허점이 있는 것을 적당히 이용하면 가능한 구조다. 그렇게 해서 사회적기업이 되면 사회로부터 바라보는 시선이 달라진다. 좋은 일을 하는 회사의 사장님이고 좋은 기업에 다니는 회사원이 된다.

이렇게 좋은 것만 있어 보이는 사회적기업에 사람이 몰리기 시작했다. 고용노동부 인증조건이 까다로워 인증받는 것이 쉽지만은 않다. 이러한 사람들을 위해 조건을 완화하여 예비 사회적기업이란 제도가 신설되었다. 예비 사회적기업에서 최대 2년간 인건비를 보조받고 7가지 조건을 갖추면 인증 사회적기업이 되어 최대 3년간 또다시 정부의 인건비 지원 이외 정책개발비 등 다양한 혜택을 받을 수 있다. 여기에 광역자치단체와 기초자치단체가 앞다투어 각각 고유브랜드를 내세워 서울형 사회적기업, 충남형 사회적기업, 마포형 사회적기업 등이 만들어졌다. 모두 인건비 보조방식이다. 좋은 이미지에 인건비까지 얹혀 주니 이보다 좋을 수는 없다.

정보취득이 용이하고 눈치가 빠른 사람들이 우선 몰려들었다. 상당수의 시민사회단체들이 참여하기 시작했다. 정부로서는 호재였다.

지난 2008년 촛불집회로 소원해진 시민사회와의 관계도 일자리 창출 앞에서는 관계형성이 되어 가는 듯했다. 취업률이 미미하지만 상승효과에 대한 보도자료가 배포되었다. 몇 만 명의 고용창출이 이루어졌다. 신규 창업이 이루어졌다. 언론보도가 받쳐 주니 이보다 좋을 수는 없었다.

여기에 행정안전부의 마을기업과 농림수산식품부의 농어촌공동체회사도 한몫 거들고 나섰다. 2010년 하반기부터 2011년 한 해 동안 대한민국은 사회적기업이냐 마을기업이냐를 놓고 논쟁도 많아졌다. 어느 것이 더 일자리 창출에 효과가 있는지, 주민의 삶의 질 향상에 도움이 되었는지 등 토론회도 많아졌다. 일자리 창출 붐이 일어나는 듯했다. 사회적기업과 마을기업을 바라만 보았던 사람들도 하나둘씩 적극적인 참여형태를 보였다.

특히 정부의 입장에서는 4대강사업, FTA 반대 등 정부정책에 반대를 해 왔던 대부분의 시민단체들이 사회적기업 등 사회적 일자리 창출의 큰 틀 속에 갇혀 있는 것이 무엇보다도 큰 소득이었을 것이란 판단이 들었을 것이다. 비판적 목소리를 내야 될 일부 시민단체까지 사회적기업이란 구조 속에 정부의 인건비 보조금을 받으려고 하다 보니 제 목소리를 내지 못하는 상황까지 연출되었다. 일석이조의 효과를 보고 있는 사회적기업의 과도한 포장은 결국 정부의 정책이 무리한 수준에까지 이르렀다.

사업목적과 대상자, 집행방식이 다른 것은 상관하지 않는다. 마을기업도 예비 사회적기업으로 등록을 강요하고, 고용노동부의 사회적기업만이 사회문제를 해결하는 방식으로 착각하는 듯했다. 다른 무엇보다도 고용창출이 일어나고 있기 때문이다. 문제는 그 모든 것이 사회의 공적자금을 쏟아붓고 있다는 사실은 망각한 듯했다. 이 문제에 대해서는 정부나 참여하는 집단이나 서로가 공유하는 이익을 위해 말을 하지 않는다. 굳이 떠들어 봐야 이익날 것이 없다고 판단하고 있는 듯했다.

사회적 일자리를 위한 정부의 노력으로 고용창출이 얼마나 달성되었는지와 실업률 감소에만 관심이 모였다. 이렇게 일시적인 불편한 동거가 언제까지 유지될지 장담할 수 없다. 사회적기업 정책에는 여야 모두가 한마음이다. 그만큼 국민적 관심사이기 때문이다. 사회적기업에 대한 비판은 양쪽 모두에게 이롭지 못하다는 인식이 퍼지는 기이한 현상까지 보이고 있다. 정부의 정책에 대해 비판세력이 없어진 것이다. 물론 일부 시민사회에서 문제점을 계속해서 지적하고 있지만 소귀에 경 읽기다. 들으려고 하지 않는 것처럼 보이지만 사실은 무시하고 있는 것이다.

그러나 실제 현장에서는 변화가 일어나기 시작했다. 아무리 사회적 가치를 실현하고 사회적 목적을 달성하고 좋은 기업 이미지를 가지고 정부의 세금에 의존하는 기업이라 할지라도 사회 전체가 받드는 사회적기업에 대해 언론이 문제를 제기하기 시작했다. 예비 사회적기업과 사회적기업을 운영하는 사업자 사이에서도 자성의 목소리가 일기 시작했다. 인건비 방식에 의존한 나머지 자립을 할 수 있는 시간을 가지지 못한 것이다. 자립심 배양이 없는 상태에서 판매의 어려움, 지속적인 회사로서의 운영이 어려움을 실감하기 시작했다.

일부에서는 정부가 사회적기업을 육성했으니, 사회적기업이 살아갈 수 있도록 정부가 제품과 서비스를 구매해야 한다고 주장한다. 때로는 집단을 형성해 목소리를 높였다. 사회적기업 관련 간담회, 토론회 등에 참석해 보면 모두가 정부의 공공구매를 확대해야 한다고 말한다. 그러한 목소리를 모른 체할 수 없는 정부 입장에서는 사회적기업이 생산하는 제품과 서비스를 일정부분 구매해야 한다는 가이드라인이 만들어졌다. 법률 개정도 했다. 이를 각 단체의 평가에 적용한다고 한다. 정부, 자치단체, 정부 산하기관 등은 하는 수 없이 평가를 잘받기 위해 구매에 나서고 있다. 하지만, 행정기관의 현장에서는 곤혹스러움을 호소한다. 일부 불만을 제기하기도 한다. 품질이 우수하지도 않고, 가격도 저렴하지 않는 제품을 굳이 할당받아 사용해야만 하느냐는 볼멘소리도 들린다. 소위 '공무원이 봉이냐'라는 자조 섞인 불만이 바닥에 깔려 있지만 대놓고 반대도 하지 못하는 형국이다.

이러한 모든 것이 사회적기업이 스스로 자생력으로 기업으로서 영업활동을 통해 지속 가능할 수 있도록 하기보다는 눈앞의 고용창출 달성이라는 단기적 목표에 치중한 결과라 할 수 있다. 정부의 공적자금이 대안 없이 정권마다 그때그때 단기적인 정책결정으로 시행됨에 따라 반복되는 양상을 보이고 있다. 받는 것에 익숙해진 사람들을 탓하기보다는 받는 것에 익숙해질 수 있도록 길들여 온 정부의 책임이 더 크다. 성과위주의 정책이 가져온 실패작이라 할 수 있다. 이렇게 반복되는 악순환의 고리를 이제는 끊어야 할 때라고 생각한다. 스스로 일어설 수 있는 정책을 마련해야 한다.

5장

시민사회단체의 역할

1. 시민사회단체의 새로운 방향전환

　지난 2000년 제16대 국회의원 선거를 앞두고 진보진영 중심의 시민사회단체들은 큰 모험을 걸었다. 소위 낙천낙선운동을 통하여 국회의원 물갈이를 시도하였고, 결과적으로 소기의 목적을 달성할 수 있었다. 기존에 문민정부부터 청와대를 중심으로 각 정부기관에 참여하기 시작한 시민사회단체의 주요 구성원이 다시 한 번 정치계에 참여하는 계기를 만들었다. 이를 통해 과거 군사정부 시절에는 볼 수 없었던 많은 수의 시민활동가들이 정부 주요 요직에 참여를 했다. 일종의 정치세력화로서 빛을 본 것이다.

　그러나 이러한 정치적 참여가 반대로 시민사회단체의 후퇴를 가져오는 계기가 되기도 하였다. 시민 위주의 지역주민과 호흡하며 지역의 문제와 사회적 문제를 해결하는 시민사회로서의 단체가 아닌 정치세력단체로 비쳐지면서 일반시민의 참여와 후원이 급속히 급감한 것이다. 일부 사람이 정치세력화의 영향으로 그 덕을 보았는지는 모르나, 상대적으로 일반 시민사회단체는 방향을 잡지 못하고 표류하기 시작했다. 지역 밀착형태로 자리를 잡은 시민사회단체의 경우, 지역 주민으로부터 꾸준한 사랑을 받으며 성장을 하였지만, 정치세력도 아닌 봉사단체도 아닌 어정쩡한 상태의 단체들은 어려운 길로 접어든 것이다. 이른바 회원 없는 시민단체라는 굴욕스러운 소리까지 들어야 했다.

지역사회에 뿌리를 내리지 못하고 방황하던 시민사회단체들에게 2008년 5월은 쇠고기 수입재개 협상내용에 대한 반대집회가 열리면서 또 다른 탈출구를 마련하는 계기가 되었다. 100일 이상 집회가 계속되면서 쇠고기 수입문제에서 교육문제 및 4대강 사업, 공기업 민영화 반대 등 정권퇴진 운동으로 확대되었다. MB정부가 시민사회단체들과 의사소통 구조를 확립하지 못해 더 문제가 확대되었다는 평가도 있다. 하지만 기본적으로는 정부와 시민들의 의사소통 문제가 원인으로 작용했다. 사태가 진정되는 듯했으나 이전 정부부터 집행된 시민사회단체의 정부보조금 문제에 대해 정부가 제동을 걸면서 시민사회단체들과 다시 대척점에 서게 됐다. 당시 촛불집회에 참여한 시민사회단체들에게 정부 보조금 지급을 하지 말라는 말이 나오면서 자치단체별로 촛불집회 참여 여부를 둘러싸고 힘겨루기가 있었다. 결국 수많은 시민사회단체들에게 보조금 지급이 중단되었다.

비영리민간단체의 자발적인 활동을 보장하고 건전한 민간단체로의 성장을 지원함으로써 비영리민간단체의 공익활동증진과 민주사회발전에 기여함을 목적으로 하고 있는 비영리민간단체지원법이 무색할 정도의 결정이었다. 이후 2009년은 MB정부와 시민사회단체의 침묵이 이어진 기간이었다. 바로 이 기간이 사회적기업에 대한 논의가 시작되는 시점이었다. 사회적기업 육성법의 목적은 사회적기업의 설립·운영을 지원하고 사회적기업을 육성하여 우리 사회에서 충분하게 공급되지 못하는 사회서비스를 확충하고 새로운 일자리를 창출함으로써 사회통합과 국민의 삶의 질 향상에 이바지함에 있다. 이른바 교육, 보건, 사회복지, 환경 및 문화 분야의 사회서비스를 제공하는 영역은 기존의 시민사회단체가 중심에 있었다. 사회적기업을 통하여 일자리 창출을 유도하려는 정책집행 과정에 촛불집회 이후 보조금 지급이 중단되었던 시민사회단체들이 자리 잡고 있었던 것이다. 고용노동부 사회적기업의 경우는 인증 자체의 까다로움으로 인해 기존에 나름 기업으로서 성장가능성이 있는 기업을 중심으로 형성이 되었다. 하지만 고용노동부 선정 예비 사회적기업 및 광역자치단체 중심의 예비 사회적기업의 가입조건이 상대적으로 완화되면서 많은 수의 단체가 참여하기 시작했다.

2010년부터 불기 시작한 커뮤니티비즈니스는 고용창출을 계획했던 정부 주도로 시작되었지만 주도적인 역할은 기존 시민사회단체가 핵심으로 영역을 확대해 나갔다. 당시 이재호 특임장관실은 시민사회단체들에게 일본연수 등 커뮤니티비즈니스를 위한 해외견학을 주선하고 지원하기에 이르렀다.

2008년 쇠고기 수입반대로 불거진 MB정부와 시민사회단체들이 일자리 창출이란 정책목표로 인해 주도세력으로 자리를 잡으면서 불편한 자리 잡기가 시작된 것이다. 정부는 정부대로 고용창출의 기수가 누가 되었던 간에 사회적 가치를 실현하려는 단체에게 취약계층을 취업시키는 기업에게 인건비를 지원했다. 시민사회단체는 인건비 지원을 통한 내부역량 확대 및 사회적 가치를 실현하려는 본연의 취지와 일치한다고 판단하여 같은 배를 타게 된 것이다. 서로의 이익이 부합된 지점이 바로 사회적기업의 활성화로 이어진 것이다. 특히 빈민구제, 자활사업, 복지사업 등 사회적 일자리 사업을 추구했던 주체들에게는 일정의 조건만 갖추면 전 구성원에게 인건비를 지급해 주는 사회적기업 형태의 보조금 사업은 단체에 일부 회생의 길을 열어 준 계기가 되었다. 현장에서는 시민활동가뿐만 아니라 심지어 공무원조차도 왜 MB정부가 사회적기업에 집중하는지에 대한 의문을 나타내기도 했다. MB정부의 외견상 보이는 이념의 흐름상 사회적 약자를 배려하는 자체에 대해 의아하다는 평가가 다수를 이루었다. 그만큼 의외였다. 정부의 진정성에 대해 의구심을 갖고 있으면서도 꾸준히 진행되는 사업에 대해 나름 긍정적인 평가를 보였다. 더구나 고용노동부뿐만 아니라 다른 부처에서도 일자리 창출을 위해 유사하다고 인식될 수 있는 사업들이 쏟아져 나왔기 때문이다. 이래저래 시민의 입장에서 시민사회단체의 위치에서는 굳이 피할 이유가 없는 상황이었다.

물론 중간에 지식경제부의 커뮤니티비즈니스 시범사업이 계획된 3년을 채우지 못하고 8개월 만에 중도하차하면서 그러면 그렇지라는 자조 섞인 목소리도 나왔지만 큰 반향을 불러일으키지는 못했다. 자치단체의 예비 사회적기업의 확대가 새로운 탈출구를 열어 주었기 때문이다.

사회적 일자리 창출 사업이라는 측면에서 마을기업과 사회적기업을 양분하고 있는 참여자들의 특성이 있다. 마을기업은 수도권을 제외한 지방에서는 기존의 직능사회단체 성격의 단체가 참여하고 있다. 인증 사회적기업의 경우는 기존에 자리를 잡은 복지문화관련 단체와 대기업으로부터 지원을 받아 운영되는 기업들이 주를 이루고 있다. 고용노동부의 예비 사회적기업이나 광역 지방자치단체의 예비 사회적기업의 경우는 시민사회단체가 중심이 되어 활동하고 있는 상황이다.

시민이 중심이 되어 진행하는 이러한 사업에는 우선 열정과 봉사정신, 적극성을 가진 그룹이 참여하게 되어 있다. 일반 주민의 경우는 결집력을 보이기도 어렵다. 정부와 지자체에서 사회적 일자리 사업의 장을 마련한 자리에 대부분 시민사회단체가 참여할 수밖에 없는 구조가 있었다. 일감이 쏟아져 나오는데 그것을 받아들일 단체가 많지 않았다. 특히 사회적 가치를 실현해야 한다는 측면에서 나름 시민사회에 공헌도가 있었던 단체의 참여는 불가피해 보였다. 또한 조직 활성화 측면에서도 새로운 사업을 통해 내부동력을 끌어올리기 위한 단체에게 유용한 사업수단으로 작용했다.

서울시의 경우는 서울형 사회적기업을 통한 시민사회단체들의 새로운 만남의 장이 형성되었다. 민주화, 노동운동, 정치세력화, 환경문제, 다문화문제 등 정권별로 활동을 해 왔던 단체들이 사회적 가치실현이라는 새로운 목표를 설정한 것이다. 과거처럼 스스로 내외부적 활동을 통해 이끌어 가는 것이 아닌 정부의 사업에 자연스럽게 합류하는 형태다. 사회적기업을 통하여 만남의 장을 만들고 뜻을 같이하고 의견을 모으면서 각종 연합체 성격의 단체도 신설되었다. 규모를 갖춘 이익단체로까지 발전하게 되었다.

고용노동부의 인증 사회적기업이나 예비 사회적기업의 정책방향은 물론 지자체 주도의 사회적기업의 목소리는 점차 확대되어 가고 무시할 수 없는 수준에까지 이르고 있다. 표를 의식해야 하는 선출직 단체장의 경우는 더욱 그렇다. 지원금이 종료되는 기업들에 대한 사후대책 방안이나 그들이 생성하는 제품과 서비스에 대해 지자체가 일정부분 책임을 지려 한다. 법률을 개정하고 조례를 개정하여 사회적기업이 살아갈 수 있는 판로확보를 위해 정책이 만들어진다. 사회적기업을 제정하고 시행한 것은 정부이나 그 흐름을 이끌어 가고 있는 것은 사회적기업 주체자들이다.

2. 시민사회단체와 지역주민과의 함수관계

　사회경제적 수단인 마을기업과 사회적기업의 핵심에는 열정을 가진 시민사회단체가 중심에 서 있다. 지역의 문제를 해결하고 사회문제를 해결하는 목표를 가진 이러한 기업형태는 영리만을 목적으로 하지 않는다. 일종의 공공성이 담보되어야 하는 것이다. 또한 상당한 이익을 얻기도 어렵다. 열정이 있어야 하고, 적극적인 참여의지가 있어야 한다.

　마을기업의 경우는 초창기에 지역에 뿌리를 두고 있는 자생단체가 중심이 되었다. 새마을부녀회 등 소위 직능사회단체라 불리는 영역에 있는 사람들의 참여비중이 높았다. 행정안전부가 초기에 각 지자체별로 마을기업 설립에 대해 일정의 할당을 부여했다. 지자체 담당 공무원으로서는 당장 숫자를 채워야 되는 상황이었다. 시민들 중 누군가는 마을기업을 설립하고 운영해야만 하는 상황이었다. 담당자의 입장에서는 오랜 기간 지역에서 봉사활동을 해 온 단체에 눈길이 갔을 것이다. 이렇게 지자체 공무원의 추천에 의해 시작한 마을기업이 상당수 있었다. 또한 마을부녀회 형태의 자생단체의 참여도 많았다.

　마을기업에 착수하려는 단체는 무엇을 어떻게 해야 할지 몰랐다. 커뮤니티비즈니스가 무엇인지, 왜 해야 하는지, 어떻게 해야 하는지도 모른 채 일단 창업자금을 받아 놓고 고민하는 곳도 있었다. 회사 이름만 만들어 놓고 자금을 받은 곳도 나타났다. 이 모든 것이 2010년 하반기 마을기업 사업이 시작되던 당시의 모습이었다. 자금을 받은 지 얼마 되지 않아 정산을 해야 하는 시기가 도래한다. 사업활동을 위한 기자재만 사 놓고 제대로 하지도 못하고 있는데, 정산하라고 하니 답답했을 것이다. 이러한 우여곡절을 겪고 나서 2011년이 돼서야 제대로 마을기업이 형성되기 시작했다. 대부분 지역주민이 중심이 되었지만, 지역에서 활동을 해 온 시민사회단체도 참여하기 시작했다.

　2011년의 실적으로 인해 우수마을기업도 탄생했다. 아주 빠른 속도로 사업확대가 이루어진 사례다. 비판을 받아 가면서도 일단 숫자 늘리기에 성공했다. 2011년 말 기준으로 약 550개의 마을기업이 형성되었다. 조금씩 자리를 잡아 가는 형국이다. 행정안전부에서는 2013년까지 1,000개의 마을기업 달성을 목표로 하고 있었다. 그러나 고용노동부의 사회적기업, 예비 사회적기업, 서울형 사회적기업 등 지자체형 사회적기업에 이르기까지 양적 증가로 인한 비판에 직면하자 호흡을 조절했다. 행정안전부는 2012년 마을기업 선정도 지자체 할당 방식이 아닌 각 시도별로 예산 범위 내에서 마을기업을 선정할 수 있도록 지침을 변경했다. 지속 가능하게 성장할 수 있는 마을기업 형태가 아니면 마을기업을 선정하지 못하도록 한 것이다. 그래서 2012년에 마을기업 성장세는 약보합세다. 마을기업을 하려는 시민들의 입장에서는 불만이 가득하지만 장기적 관점에서 보면 아주 잘한 것이다. 마을기업으로서 지속가능성이 보이지 않는 단체에까지 무리하게 선정하여 정부자금을 보조할 이유가 없다. 이렇게 행정안전부가 실리위주로 전환한 배경에는 사회적기업이 자리하고 있다.

2007년부터 시작된 사회적기업은 2009년까지는 주로 기존의 복지사업을 하고 있던 다양한 복지관련 단체의 참여가 많았다. 또한 일정의 매출을 거두고 있는 중견형의 기업이 참여하고 있었다. 2010년부터 각 부처별 사회적 일자리 창출계획에 따른 경쟁이 본격화되면서 다양한 형태의 사회적기업이 탄생되었다. 2010년부터 2011년까지 2년 동안 고용노동부의 인증 사회적기업, 예비 사회적기업, 광역자치단체형 사회적기업 등 사회적기업 영역에는 수많은 시민사회단체가 참여하고 있었다. 문제는 그 많은 기업들을 이끌어 갈 주력군이 필요했다. 취약계층을 이해하고 사회적 가치를 실현하고자 하는 시민사회단체의 참여가 절실했다.

시민사회단체의 입장에서는 새로운 방식의 활동이 필요한 시점이었다. 2000년도 총선 당시, 정치세력화에 성공했던 많은 시민단체가 이후 방향을 정하지 못하고 우왕좌왕하면서 뿌리를 내리지 못하고 10년을 보냈다. 더구나 MB정부에서 미국산 쇠고기 협상으로 인해 촉발된 촛불집회 참여가 비영리기관의 지원금을 중단시키는 결과로 나타나면서 여러 측면에서 어려움을 겪고 있었다. 무엇인가 탈출구가 필요한 시기였다. 사회문제를 견인해 갈 동력이 필요한 시기였다. 이러한 양측의 이해관계가 맞아떨어지면서 사회적기업에 진입하는 계기가 된 것이다. 정부의 사회적기업, 지자체 유형의 사회적기업에 참여하는 시민사회단체는 기하급수적으로 증가했다. 사회적기업에 참여하지 않는 단체는 오히려 이상할 정도로 일종의 유행처럼 퍼져 나갔다.

사회적기업을 둘러싼 담론이 시작되었다. 이곳에서 제2의 시민사회 운동이 시작되었다. 사회적기업을 주도적으로 이끌어 가는 주체세력으로 등장하기 시작했다. 그동안 자원봉사 개념의 운동이 기업이란 형태를 가지고 사업을 운영하면서 할 수 있는 장이 마련된 것이다. 사회적기업지원을 둘러싼 수많은 단체, 협회 등이 결성되었다. 그들 스스로 네트워크를 형성하고 규모화를 이루고 연계망을 갖추기 시작했다. 불과 2년이란 짧은 시간에 엄청난 발전을 한 것이다. 정부의 입장에서나 단체장의 입장에서 무시할 수 없는 세력화가 된 것이다. 그들끼리의 카르텔(cartel)을 형성한 시민사회단체의 모습도 보이기 시작했다. 그들만의 리그전을 보는 듯했다. 일반 주민이 참여하는 데 거부감을 보일 정도다. 사회문제에 대해 지역문제에 대해 관심을 보이지 않았던 일반 사람들의 사회적기업 진입이 달갑지 않은 모양새다. 일부 사례이기는 하지만 그들끼리 이끌어 주고 밀어주는 모습도 비치고 있다.

이렇게 급속한 성장 뒤에는 반드시 비판이 뒤따르기 마련이다. 냉정한 평가가 이루어지고 있다. 보조금을 타기 위해 사회적기업에 참여하는 사람들이 많아졌다는 것이다. 물론 일부분 사례이긴 하다. 정권이 변할 때마다 정부의 일자리 관련 다양한 사업에 대해 보조금을 신청하여 운영해 본 경험이 많은 사람들의 참여도 많았다. 이 중에서 일부분 사람들의 도덕적 해이로 인한 문제가 전체 사회적기업에 참여하는 사람들의 문제처럼 왜곡되어 퍼져 나갔다. 소위 '선수'들이 참여하면서 문제를 일으킨 것도 사실이다. 종목을 잘못 선택한 것이다.

사회적기업은 사회적 목적을 달성하고 사회적 가치를 구현하고자 하는 사람들이 취약계층을 고용하여 공동 작업을 통하여 기업을 운영하여 공공성과 수익성을 동시에 추구해야 하는 개념이다. 그런데 수익성만을 추구하고 공공성을 외면하거나, 공공성만에 집착하여 수익성을 방치하는 경우가 상당수 드러났다. 두 마리 토끼를 쫓는 다는 것이 얼마나 힘들다는 것을 운영을 통해서 체득했을 것이다. 당연히 기업 측면에서는 어려운 환경이다. 수익성 하나만 추구하더라도 목표를 달성하기가 쉽지 않다. 그런데 여기에 공공의 목적을 위한 활동까지 하라니 쉽지 않은 이야기다. 제품과 서비스가 통하지 않는 구조다. 상황이 이렇다 보니 정부 및 지자체에 일정부분 책임을 지라고 요구한다. 공공기관이 구매해 주지 않으면 어떻게 살아갈 수 있느냐며 항변한다. 그래서 공공기관들의 구매 가이드라인이 마련되었다.

하지만 하나만 알고 둘은 모르는 형태이다. 공공기관이 구매할 제품 및 서비스는 일부 품목에 국한될 수밖에 없다. 그리고 구매액에 있어 한계가 있다. 이것 가지고 사회적기업이 살아 나갈 수만 있다면 얼마든지 공공기관이 구매해야 함이 마땅할 것이다. 해답은 일반 소비자의 선택에 달려 있다. 일반 시민이 외면하고 찾지 않으면 기업으로서 성장할 버팀목은 없다. 사회적 가치를 실현하는 공공성도 중요하지만 일단 기업으로서 살아갈 수 있는 방법과 대안을 마련하는 것이 더 시급하다. 기업으로서 살아남아야 사회적 목적을 달성하든지 말든지 할 것 아닌가. 재정비를 해야 할 시기가 도래했다. 생각을 전환해야 할 시기다. 전 국민이 사회적기업에 대한 인식이 긍정적으로 변하고 일반기업 제품보다 더 선호하려면 상당한 시간이 필요하다.

그때까지는 살아남아야 한다. 그러기 위해서는 기업 마인드를 키워 나가야 한다. 현재 시민사회 운동 차원의 생각만 가지고는 한계가 있음을 인식해야 한다.

3. 지역주민과의 공감대 형성이 탈출구

   사회적기업이나 마을기업에 참여하고 있는 많은 시민사회단체를 보면 절묘하다는 생각이 든다. 현 정부 들어 많은 탄압을 받았고, 시민사회단체는 촛불집회를 하는 불법단체로 규정해 버린 보수언론으로 인해 발 디딜 곳이 없었다. 이러한 시민사회단체와 정부가 사회적기업의 단기적 고용창출과 일자리 창출이라는 목표하에 한 지붕 아래 동거체제를 형성해 가고 있다는 사실이 신기할 정도이다. 기본적으로 자원봉사 의식을 가지고 사회적 목적을 실현할 수 있는 그룹이 시민사회 영역 이외는 찾기가 힘들었을 것이다.

   인건비 100여만 원을 받으면서 이익도 창출하고 사회적 가치도 실현할 수 있는 사람이 얼마나 될까. 쉽게 찾을 수가 없을 것이다. 시민사회로서는 또다시 재기할 수 있는 기회를 얻었다. 사회적기업을 통하여 시민단체의 존립목적을 달성하고 비즈니스 방법을 통하여 지속 가능한 디딤돌을 마련한 것이다. 이러한 흐름은 다음 정부에서도 지속될 것으로 예측되고 있다. 누군가는 정부 및 지자체가 할 수 없는 공공의 목적 달성을 위해 책임의식을 가지고 진행해야 하기 때문이다.

이렇게 시민사회단체에게는 기회로 다가온 마을기업과 사회적기업이 일반 주민에게는 어떠한 꿈과 희망을 심어 줄 수 있는지에 대한 해답도 찾아야 할 시기다. 준비되지 못한 주민을 위해 시민단체는 무엇을 해야 하는지, 지역주민과의 공동상생을 할 준비가 되어 있는지에 대해서도 고민을 해야 한다. 마을기업이 무엇인지, 사회적기업을 어떻게 접근해야 하는지에 대한 사전적 교육도 시민사회단체의 몫이라 할 수 있다. 공공기관의 종사자보다는 주민의 공감대를 얻어낼 수 있는 사람들이기 때문이다.

마을기업과 사회적기업이 새로운 일자리 창출의 대안이라고 정부 및 지자체, 시민사회단체, 전문가, 학계 등에서는 관심이 집중되고 있지만 정작 지역에 거주하는 주민은 대부분 알지 못하는 수준이다. 그만큼 바닥까지는 확대되지 못하고 있다는 증거이기도 하다. 따라서 지역의 경제를 활성화하고 지역주민의 활력을 도모하기 위해서는 국민 모두의 공감대 형성이 가장 시급하다. 국민적 지지를 얻어 내야만 현재의 가장 큰 고민인 판로확대가 해결되기 때문이다. 마을기업의 상품과 서비스가 제한적이고, 사회적기업의 제품에 대한 왜곡된 인식구조로 인하여 회피하는 상황에서는 지속 가능한 기업으로 성장하기 어렵다. 이러한 시기에 시민의 입장에서 지역의 문제를 해결하려고 설립된 마을기업이나 취약계층을 채용하여 같이 공생하려고 하는 사회적기업의 숭고한 가치를 인식해야만 가능하다. 제품의 질이 다소 떨어지고 서비스가 미흡해도 마을기업과 사회적기업에서 생산된 제품이라면 그 정도는 이해하고 구입할 수 있는 의식과 공감대 형성이 선행되어야 한다. 현재 사회적경제 관련 기업들이 살아갈 수 있는 가장 최선의 방안이라고 생각한다.

마을기업과 사회적기업, 농어촌공동체회사, 전국 지자체가 실시하는 (예비)사회적기업 등을 합하면 약 2,000여 개의 사업이 이루어지고 있다. 최근 3년 동안 청와대부터 중앙정부, 광역과 기초 지방자치단체, 대다수의 시민사회단체, 학계가 관심을 기울인 결과다. 보는 시각에 따라서는 많게 보일 수 있고 작을 수 있다. 필자의 견해로는 아직 갈 길이 많이 남아 있다. 전국 228개 기초지방자치단체를 기준으로 한다면 한 지자체당 약 9개 정도의 시민기업이 운영되고 있다.

시민 중심의 기업운영은 기본적으로 어려운 구조를 가지고 있다. 참여하는 인력과 사업 아이템 선별이 어렵기 때문이다. 대부분 사업이 초창기에 양적인 증가를 위해 집중하다 보니 이런저런 문제점이 발생하기 마련이다. 그중 하나가 주변 지역의 상품과 겹친다는 것이다. 이웃에서 하고 있는 아이템에서 크게 벗어나지 못하고 카피하는 수준에 그친다는 것이다.

지방에 있는 마을기업 사업 아이템 중 전통한과를 예로 들어 보자. 농촌지역에서 어르신들이 쉽게 접할 수 있는 아이템이며, 오랜 세월 동안 노하우가 축적된 제품이다. 먹어 본 사람들은 맛에 이의를 달지 않는다. 우리 할머님들이 오랜 세월 직접 만들어 왔던 제품이기에 신뢰성과 보이지 않는 정성의 맛이 더해졌기 때문에 제품생산이 이루어지면 바로 팔릴 것 같은 착각에 빠질 수밖에 없다.

문제는 한과 특성상 일부 계절과 명절에 집중적으로 소비되고 있어 사계절 전천후 상품으로서 가치가 떨어진다는 것이다. 이렇게 특정 시기에 한시적 수요시장이 있는 제품이기에 생산보다는 수요시장의 움직임을 체계적으로 살펴야 한다. 제품 특성상 대량생산을 할 수 없는 구조이지만, 기존에 이미 형성되어 있는 시장이 있다. 영세규모의 사업장에서 생산되는 제품과의 갈등이 시작된다. 동시에 인근지역의 마을기업에서 같은 제품을 출시한다. 공급과잉 현상이 나타난다. 사정이 이러하다 보니 공공조직에서 구매해 주지 않으면 살아갈 수 없다고 항변한다. 정부에서 마을기업으로 지정했으니, 살아가는 길도 마련해 줘야 한다고 말한다. 단체장이 책임져야 하고, 담당 공무원에게 구매를 강요하는 현실이 드러난다. 이러한 현상은 비단 마을기업만의 문제가 아니다.

사회적기업의 경우도 심각한 수준이다. 사회적 약자를 위해 일하는 기업의 제품을 정부가 매입하지 않으면 누가 하느냐며 몰아친다. 틀린 주장은 아니다. 공공의 목적을 실현하기 위해 취약계층을 고용하고 대신 인건비를 지원받고 세금혜택을 받는 선에서 해결된 것은 아니다. 어찌 되었던 정부가 해야 할 사회복지 부분의 고용창출을 대신 해 주고 있는 공공성 실현 차원에서 일부분 공공조직이 부담해야 한다는 주장이 어긋났다는 것은 아니다. 그래서 중앙정부, 지방자치단체, 산하기관 등 공공조직에서 의무적으로 구입하고 서비스를 이용하고 있다. 사회적기업의 제품과 서비스를 얼마나 제공받았느냐에 따라 경영평가 점수로 체크할 정도로 노력은 하고 있다. 사회적기업의 입장에서는 만족할 만한 수준은 아니지만 관료제 입장에서는 최소한의 성의를 보이고 있다. 그럼에도 사회적기업의 목소리는 커져만 간다. 특히 (예비)사회적기업일 경우 더욱 심하다. 불안한 경영구조와 외부환경 등의 악재가 겹치면서 공공조직은 물론 정치권에도 해결을 요구하고 있다. 그들의 목소리를 그냥 지나칠 수만은 없는 현실이다.

그러나 일부 사회적기업의 주장이 지나치다는 비판이 일고 있다. 이미 기존에 관공서에는 장애인지원 특별법 등 많은 법률에 의해 일정부분 사회서비스와 제품의 구입과 이용을 의무적으로 명시하고 있다. 영세기업의 제품을 일정부분 구매하는 곳이 대부분이다. 사용처에 따라서는 대기업제품을 구매할 수밖에 없을 것이다. 행정의 효율성과 재정건전성을 위해 최저가 입찰을 통하여 모든 물품을 구매하도록 되어 있다. 공직자로서 공공조직의 구성원이기에 세금낭비가 되지 않도록 노력해야 하는 시스템이다. 이러한 구조에 다소 비싸더라도 물건을 구매해 줘야 한다고 말해야 하는 현실이 답답하기만 하다.

최근 서울시는 25개 자치구와 산하기관 등 공조직에서 구매하는 제품이 약 2조 원에 달하는데, 대부분 사회적기업에서 생산되는 제품 및 서비스를 이용할 것이라고 밝혔다. 사회적기업을 하는 입장에서는 대단히 큰 선물이 아닐 수 없다. 사회적 약자를 보호해야 하는 사회복지서비스 차원에서는 좋은 정책으로 보일 수 있다. 여기에는 현실과 구조적인 문제가 있고 함정이 숨어 있기에 조심해야 한다. 공공조직의 구조적인 문제는 앞서 말한 바 있다. 우선 현실적인 문제를 생각해 보자. 다양한 제품수요를 맞춰 줄 수 있느냐 여부다. 그리고 제품의 질을 담보할 수 있는지도 봐야 한다. 공무원이 사용하는 제품은 사용연한이 정해져 있다. 제품마다 기한 내에 교체하기가 쉽지 않다. 또한 조달청을 통해 납품받아야 하는 제품이 대부분이다.

4. 봉사단체와 사회적기업가의 출현

2008년 촛불집회 이후 기존 비영리민간단체, 이른바 진보진영의 시민사회단체의 보조금이 중단되면서 그 자리를 사회직능단체들이 채워 나가기 시작했다. 소위 관변단체로 인식된 단체들에게 더 많은 보조금이 지급되었고, 기존 시민사회단체가 진행한 영역의 일자리를 대신하도록 하였다. 하지만 거의 자원봉사자 형태로 운영하면서 사회적 취약계층의 돌보미를 자청했던 사업활동에 대해 감히 엄두를 내지 못했다. 슬그머니 뒤로 빠지는 상황이 연출되었다. 누군가는 맡아야 할 사회취약계층의 지원에 대해 봉사활동에 대해 자신이 없었던 것이다.

지역문제에 대한 자원봉사 활동과 사회문제에 대한 자원봉사 활동의 영역은 달랐다. 자치단체를 중심으로 활동해 온 사회직능단체들과 시민의 사회문제로 접근한 시민사회단체들의 입장차이가 있었다. 이러한 관점과 시각이 초기의 사회적기업과 마을기업의 주도 세력이 어떤 단체가 주를 이루었느냐에 대한 분석을 할 수 있었다. 즉, 지역 문제 해결에 초점을 맞춘 마을기업은 사회직능단체를 중심으로 형성이 되었고, 사회문제 해결을 도모하고자 하는 사회적기업은 시민사회단체 구성원이 핵을 이루고 있었다. 바닥에서는 뚜렷한 구분이 있었다. 참여구조도 다르고 참여하는 구성원도 달랐다. 당연히 보조금을 지원하는 방식도 다르다. 인건비를 지원하는 사회적기업과 사업비를 보조하는 마을기업이 다르듯이 참여하는 구성원도 달랐다. 이러한 경향은 초기 진입과 형성단계에서 두드러진 특색의 하나로 평가되었다.

사회적기업이나 마을기업이 서서히 자리를 잡아 가면서 내부적으로 반성의 목소리가 들리기 시작했다. 정부주도로 이끌어 가고 부처 간 경쟁으로 진행되면서 성과위주의 사업으로 변형되기 시작했다. 정부 입장에서는 당연히 국고가 투여된 만큼 일자리 창출의 숫자가 필요했을 것이다. 얼마를 투입했으니 얼마의 산출이 있어야 된다는 인식이 강했다. 어느 사업이 어느 정도의 일자리 창출에 공헌했느냐가 관심이었다. 그 안에 다양한 문화와 고민은 우선 뒤로 빠진 듯했다. 검증하고 인증하고 지원하고 조사하고 평가하고 탈락시키는 행위가 반복적으로 이루어졌다. 사회적 가치를 실현하기 위한 준비단계인 교육과 이념적 공유 등 가장 기본적인 정책형성과정은 생략되었다. 정부 주도의 사업의 한계를 보인 것이다. 바로 이러한 때에 진정으로 사회적 가치를 실현하고자 나타나기 시작한 그룹이 사회적기업가들이다. 이른바 시민의 입장에서 비즈니스를 진행하는 시민기업가 출현이다.

Roger Martin & Sally Osberg에 의하면 사회적기업가는 온당하지 않은 현상유지적 평형상태에 대하여 활력, 창의력, 실천적 행동, 용기로 도전하는 사람들이라 정의하고 있다. Goldsmith는 시민기업가 정신에 대해 공적, 사적 영역뿐만 아니라 지역사회 영역에 걸쳐서 지역 공동체로 하여금 경제적 자산을 개발 또는 조직을 하며, 생산적이고도 유연한 관계를 구축한다고 말하고 있다. 다시 말해 사회적기업가는 불평등한 사회문제에 대해 실천적 행동으로 도전하는 사람이며, 시민기업가는 지역공동체 회복을 위해 관계형성을 위한 다양한 활동을 전개하는 사람들이라 말할 수 있다. 이렇게 사회적 과제에 대해서 지역문제에 대해서 각각 비즈니스 방법을 이용하여 사회적 가치를 실현하거나 지역사회 활력을 도모하는 주체로서 등장한 것이다.

이런 두 가지 측면에서 출발한 것이 소셜비즈니스와 커뮤니티비즈니스라고 할 수 있다. 소셜비즈니스의 형태로 나타난 것이 우리나라에서 진행되고 있는 사회적기업이며, 커뮤니티비즈니스로 시도되고 있는 것이 마을기업이라 지칭할 수 있다.

마을기업과 사회적기업에 있어서 누구를 주체로 할 것인가, 누가 서비스를 제공할 것인가 등의 문제 공유가 필요하다. 이러한 인적 자원을 충분히 활용해 나가면서 단순히 판매자와 구매자가 아닌 쌍방향의 구조를 만드는 것이 중요하다. 누가 마을기업과 사회적기업의 주체세력이 되는 것인가를 생각해 봐야 한다. 자신에게 무엇이 가능할까, 무엇을 하고 싶을까. 확실하게 정해 행동을 해야 한다. 다시 말해 자신이 할 수 있는 일, 하고 싶은 일을 사회에서 펼치는 것이다. 그것이 결과적으로 지역의 문제와 사회의 과제해결에 접근해 가는 것이다.

사회적 일자리 사업에서 중심이 되는 사람은 지역의 인재를 코디네이트(coordinate)하고 참여자들의 숨겨진 힘을 이끌어 낼 수 있는 지도력과 포용력을 길러야 한다. 참여자들의 고용창출이든 사회적 일자리 창출이든 극히 사적인 과제에서 시작하는 것이 사회적 일자리 사업일 것이다. 주민이 지역과 사회를 위해 조금의 노력과 조금의 자본을 부담해 나가면서 아주 사소한 것부터 시작해야 한다. 다양한 서비스를 짊어지고 가는 주체가 되고, 역으로 수혜자가 되기도 하는 지역을 만들어 비즈니스를 만들어 가는 과정이다.

이러한 변혁적이고 새로운 발상이 마을기업과 사회적기업에 내재되어 있다. 결론적으로 보통의 생활에서 전혀 신경을 쓰지 못했던 것부터 지역의 문제와 사회가 안고 있는 과제에 대한 해결점을 찾아야 한다. 나에게 우리에게 우리 이웃에게 필요한 것을 만들어 보자는 아름다운 상상을 모으는 것부터 출발해야 한다. 이런 생각이 사회적 가치를 실현할 수 있는 새로운 시장을 열게 되는 것이다. 작은 일부터 무리를 하지 않는 방법을 사용한다면 자의적이고 독립적인 마을기업과 사회적기업이 탄생될 것이다. 여기에는 열정과 헌신, 기획력과 추진력을 가진 코디네이터라 불리는 사회적기업가와 시민기업가의 등장과 역할이 절대적으로 필요할 것이다.

5. NPO와 기업의 참여 필요성

　CB(커뮤니티비즈니스)와 SB(소셜비즈니스)는 지역과 사회의 과제를 해결하고, 커뮤니티의 이익과 연결됨을 목적으로 하고 있다. 그에 따른 대가는 사업의 지속과 안정화를 위해 필요한 최소한도에 멈추는 경향이 있다. 그러나 CB와 SB도 일반 비즈니스도 상품과 서비스를 제공하고, 대가를 얻는다고 하는 점은 같다. CB 및 SB와 일반 비즈니스를 무엇인가의 지표에 의해 명확히 구분하는 일은 교집합의 영역이 있어 애매한 부분이 있다.

　지역과 사회문제 해결을 위한 자원봉사활동과 지역문제 해결을 위한 CB와 사회의 과제해결을 위한 활동인 SB는 비슷하다고 볼 수 있다. 그러나 CB와 SB에서는 상품과 서비스를 제공하고, 사업의 지속성과 안정화를 위한 대가를 얻어 내지만, 자원봉사자(volunteer) 활동에서는 대가를 얻지 않는다는 것이 큰 차이다. 단, 지역과 사회의 과제를 해결하는 방법으로 정해진 형태는 없기 때문에 어느 것이 좋다고 말할 수는 없다. 기부금과 자원봉사자에 의해서만 운영되는 활동도 있고, 이용자가 대가를 지불하는 활동이라면 사업성을 높일 수 있어 사업의 안정과 발전에 연결되는 것도 생각할 수 있다. 활동의 내용과 집단의 생각방향에 의해 최적인 선택을 하면 된다.

CB와 SB는 사업의 성격상 공급자는 사업주체를 묻지 않는다. 다시 말해 NPO 이외의 주체라도 CB와 SB의 사업주체가 될 수 있다.

반면, NPO는 조직형태를 지향하고 있다. NPO(Nonprofit Organization)는 비영리조직, 영리를 목적으로 하지 않는 민간조직의 의미다. 원래의 목적은 단체의 사명이라 할 수 있는 미션의 달성 그 자체이다.

NPO의 활동목적은 미션을 달성하는 것이다. 이를 위한 활동을 기부와 자원봉사자에 의해 운영되는 것도 많지만 이용자로부터 일정의 대가를 받으면서 행하는 일이 가능한 활동이라고 한다면 CB와 SB로서 접근이 가능하다. 예를 들어 간호서비스사업과 배식사업, 공정거래(fair trade)사업은 비즈니스의 요소를 포함하고 있다.

현재 상황에서 CB와 SB를 하고 있는 사업주체에는 NPO(비영리조직)가 많은 상황이다. NPO의 비영리의 의미를 수익을 창출해서는 안된다, 무상으로 활동한다고 오해를 하고 있는 사람이 많이 있다. 또는 수익이 최종 목적은 아니지만 수익사업을 할 수 있고, 대신에 수익을 구성원이 분배해서는 안 된다는 것을 의미한다. 따라서 미션을 실현하기 위해 유상의 사업활동과 수익을 창출하는 활동을 하기 위한 일이 가능하다. 그 경우에는 수익을 구성원에게 분배하지 않고 모두 단체의 활동에 재투자하게 되어 있다.

기업들도 CB와 SB를 할 수 있다. 일반 비즈니스에서는 통상, 접근하기 어려운 채산성이 맞지 않은 사업에 '지역과 사회의 과제를 해결하고, 커뮤니티의 이익을 목적'으로 운영이 가능하다.

예를 들어, 한 사람 한 사람에 맞추어 세계적(universal) 상품의 개발, 상품화와 상점가의 개별 상점이 지역의 활성화를 위해 협동으로 사업을 진행하는 것도 CB와 SB의 요소를 포함하고 있다.

지역생활을 유지하는 서비스와 한 사람 한 사람의 상황에 대응한 극히 세부적인 상품과 서비스 등 잠재적인 주민의 요구가 지역 안에 있다. 이와 같은 주민의 관점에 서서 지역주민의 참가를 유도하여 사업전개를 하는 것은 지역밀착형과 지역공헌형이라고 하는 비즈니스 스타일이다.

기업이 이윤을 추구하지만은 않고 사회의 일원으로서 법률의 준수와 환경에 대한 배려, 지역사회의 공헌에 접근하는 것을 주체적으로 진행하고 있는 것을 기업의 사회적 책임(CSR: Corporate Social Responsibility)이라고 한다. CB와 SB는 이러한 방향 흐름에도 일치한다.

중소기업이 스스로 CB와 SB에 진입하여 지역과제를 해결하는 것으로 지역공헌하는 일이 가능하다. 또한 대기업도 CB와 SB에 투자와 공헌하는 구조를 만들고, 지역에서 자금을 순환시키는 일로 지역공헌을 하거나 상품의 매출 일부를 사회공헌으로 역할을 할 수가 있다.

6장

마을기업과
사회적기업의 방향

1. 지역공동체 복원을 위한 마을만들기 사례

지역공동체 하면 두레, 계(契) 등의 단어가 떠오른다. 두레는 농민들이 농번기에 농사일을 공동으로 하기 위해 부락이나 마을단위로 만든 조직이다. 계는 경제적인 도움을 주고받거나 친목을 도모하기 위하여 만든 전래의 협동 조직이다. 모두 원시적 유풍인 공동노동체 조직이며 농촌 사회의 상호 협력을 위해 조직된 촌락단위라 할 수 있다. 마을기업 사업들의 내면을 들여다보면 예전의 두레, 계 등의 내용이 담겨 있다. 지역공동체의 내면적 가치를 살리고 계승 발전하려는 외형적 변화라 할 수 있다.

농촌 중심의 사회에서 계승 발전된 지역공동체는 도시화가 진행된 해방 이후부터 변화하기 시작했다. 1950년대는 전쟁 피해 복구를 위한 재건정책과 빈곤극복을 위한 자주적인 공동체 형성이 조성되었다. 경제회복을 위한 절약정신을 강조하는 공동체들이 일부 형성되기 시작한 시기다. 1962년 자립적 경제를 바탕으로 한 제1차 경제

개발 5개년 계획을 시작으로 자본주의 토대가 마련되면서 지역공동체는 정부주도형으로 변모한다. 제1차 산업구조에서 경공업 및 중화학 중심의 제2차 산업으로의 발전은 도시와 농촌의 불균형을 가져오기 시작하였다. 농촌인구가 대거 도시로 이동한 시기이기도 하다. 노동을 통한 자본 획득을 위해 도시로의 진출이 농촌인구를 감소시키고 공동체를 서서히 무너트리는 결과로 나타났다. 이러한 불균형 개선을 위해 정부주도형으로 시작된 것이 새마을운동이다. 새마을운동을 통해 농촌의 개발을 견인한 것이다. 1970년대에는 계속되는 산업화와 더불어 도시뿐만 아니라 농촌지역에서도 자주적인 삶의 질 향상과 개선을 위한 공동체 복원이 있었다. 1980년대는 제5공화국 탄생과 맞물려 군사정부에 저항하는 사회운동 중심의 공동체 활동이 주를 이루었다. 1990년대는 시민사회가 국정 및 지방자치시대에 참여하게 되고 개발로 인한 생태계 복원을 위한 환경운동 중심의 활동이 주를 이루었다. 2000년대 들어 인간성 회복과 지역경제 활성화, 생태계 복원 등 대안사회운동을 지향하기 시작하였다. 특히 지역주민 중심의 환경친화형 마을 만들기가 외국의 사례를 벤치마킹하면서 도입되기 시작하였다.

독일의 태양도시 프라이부르크, 스웨덴의 예테보리, 노르웨이의 오슬로, 일본의 마치즈쿠리, 브라질의 꾸리찌바, 쿠바의 아바다 등이 친환경 도시만들기의 모범사례로 알려져 있다.

독일의 환경수도로 불리는 프라이부르크(Freiburg)는 독일 서남단에 위치한 인구 20만 명의 작은 중소도시이다. 태양의 도시라고도 불리고 있다. 원전 반대로 시작한 시민들의 노력이 자연보호와 자연에너지 정책으로 전환하게 하는 동력이 되었다. 바이오폐기물, 태양열,

풍력, 수력, 목재재활용 등 자연에너지를 대폭 도입하고 있다. 미래지향적인 에너지 수급 대책이 활발한 도시이다. 교통, 쓰레기 재활용을 주요 정책으로 삼고 있다. 자전거 이동속도가 전철보다 빠를 만큼 인간을 위한 도시이다. 유리병도 투명, 초록, 갈색 병으로 구분할 정도로 분리수거가 잘되고 있다. 프라이부르크는 지리적으로 태양광이 풍부한 특성을 살렸다. 남쪽으로 3㎞ 떨어진 지역인 보봉(Vauban) 생태마을과 슐리어베르크(Schilerberg)에 태양광 연립단지를 조성했다. 이 지역의 주택들은 많은 양의 태양광을 얻기 위해 대부분 남향으로 건립되었다. 모든 지붕에 태양광 전지가 설치되었다. 기본적인 난방뿐만 아니라 연못의 물을 끌어 올려 정원을 가꾸거나 햇빛 조절을 하는 용도에 태양광을 이용한 에너지로 조절하고 있다.

쿠리치바(Curitiba)는 브라질 남부 파라나주에 있는 도시로 고원에 위치해 있고, 목재 집산지로 제지, 담배, 자동차, 시멘트 공업이 발달한 인구 200만 명에 가까운 도시다. 대표적 친환경 도시들이 환경보호의 중요성을 깨닫고 뒤늦게 파괴된 환경을 보호하면서 친환경도시로의 변모를 꾀하는 것이 일반적이다.

그러나 쿠리치바는 공해문제가 대두되는 시점에 환경보호를 위해 도시계획 단계에서부터 친환경적인 과정을 거쳐 개발한 도시다. 이를 위해 1950년대에 쾌적한 시가지 시설과 위생시설 건물을 우선시하는 정책을 폈다. 1960년대에 도시인구 급증에 따른 도시확장을 통제하고자 교통량 감소계획을 목표로 한 대중교통 체계를 바꿨다.

쿠리치바는 1970년대에 버스환승제와 버스중앙차로제를 실시하였고, 서울시가 이를 벤치마킹하였다. 버스중앙차로제 실시는 교통체증 감소와 가솔린 소비량 감소에 따른 예산절약 효과 등 두 마리 토끼를 잡는 데 성공한 것으로 알려졌다. 또한 쓰레기 처리문제와 빈민문제를 해결하기 위해 쓰레기 구매정책을 시행했다. 시민이 쓰레기를 수거해 오면 식품, 음료 등 생필품이나 버스토큰을 지급하면서 쓰레기 문제가 자발적으로 해결되도록 했다. 골목길의 쓰레기까지 돈이 된다는 사실을 안 시민의 노력에 힘입어 외관상으로 깨끗한 도시를 만들 수 있었고, 환경문제에 관심을 기울일 수 있게 만들었다. 이 외에도 보행자 우선도로 건설, 장마에 유량을 조절하기 위해 공원 같은 호수를 조성하였다.

스웨덴의 예테보리(Göteborg)는 브라질의 쿠리치바처럼 보행자 중심의 도로건설과 쓰레기를 에너지로 대체하는 정책을 구현해 친환경 도시로 알려져 있다. 일반적인 도로 개념과는 달리 예테보리는 사람이 걷는 인도가 중앙에 설치되어 있고, 차도가 양 구석으로 다니게 되어 있다. 사람이 중심이 되는 도로 시스템이다. 도로 시스템이 자가용을 이용하기보다는 걷는 시민 위주의 정책이 만든 결실이다. 따라서 시민들은 일반 자가용보다는 대중교통을 이용하거나 도보를 통해 에너지 절약과 건강의 생활화를 실현하고 있다. 그리고 예테보리는 분뇨와 쓰레기를 이용하여 친환경 에너지로 사용하는 친환경 난방시스템 정책을 구현했다. 쓰레기를 단순히 쓰레기로 보지 않고 재활용하거나 난방 에너지로 활용한 것이다.

북유럽의 친환경 도시인 오슬로(Oslo)는 노르웨이에서 가장 큰 도시임에도 불구하고 조용하고 수수한 멋을 그대로 지니고 있다. 스칸디나비아 국가의 수도 중 가장 오래된 도시이다. 중심가에는 수많은 박물관, 공원, 역사유적 등과 더불어 신구 건축물이 조화롭게 배치되어 있다.

오슬로는 1960년대 개인 승용차의 판매제한이 해제되면서 승용차가 급증했고, 이로 인해 새로운 도로 건설을 불러왔다. 구도심에서의 소음, 공해, 교통사고 위험이 증가하면서 도심인구가 감소하자 1993년 환경도시 프로젝트가 시작되었다. 구도심을 통과하던 주요 고속도로를 외곽으로 이동시키고, 도로폭과 차선은 축소시키는 대신 인도 확장과 자전거 도로를 신설하여 사람 중심의 도로로 변모시켰다. 국립병원 설립으로 유발되는 교통수요를 방지하기 위해 대중교통 이용이 전체의 50%가 되어야 한다는 조건으로 트램라인(Tram Line)을 만들어 노선을 녹지로 조성했다. 또한 일부 지역에서는 주차장을 없애고 도로포장을 석재로 교체하고 벤치를 설치하여 시민들 간의 커뮤니티 형성을 도모하였다.

일본의 마치즈쿠리는 공해반대운동으로 시작된 마을 가꾸기 운동이었다. 도시화에 따른 고밀도, 고층화 현상에 반대하며 마을을 주민의 힘으로 점점 더 살기 좋게 만드는 자발적인 활동이다. 오세훈 전 서울시장이 시작했던 성북동, 인수동, 암사동 지역에서 시범사업으로 진행했던 '휴먼타운' 형태이다. 현 박원순 시장이 한 단계 업그레이드해서 진행하는 사업이 마을 만들기 사업이다. 기존 마을을 모두 헐고 획일적인 아파트 단지로 바꾸는 뉴타운 정책에 반대하는 원주민의 뜻에 따라 리모델링을 통해 기존의 마을 공동체를 유지하자는 정책이다. 오랜 세월 동안 삶의 터전이 된 곳에서 계속 살겠다는 원주민의 의견을 반영한 지역공동체 복원사업의 하나이다. 고층아파트에서는 좀처럼 볼 수 없는 이웃과의 교류, 이웃과 함께하는 마을가꾸기를 통해 마을의 무형적 가치를 살리는 조화와 나눔의 분위기를 확산시키고 있다.

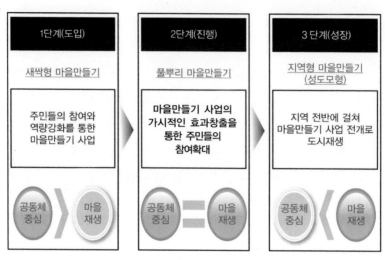

[그림 19] 마을만들기 추진전략 방안

　[그림 21]은 마을만들기를 위한 추진전략을 나타낸 것이다. 마을만들기 사업을 위한 가장 기본적인 것은 주민과의 공감대 형성일 것이다. 따라서 단계별로 구분하여 도입기, 진행기, 성장기에 맞는 적합한 방안을 모색해야 한다.

　이러한 마을만들기를 추진하는 데 있어 유용한 정책수단이 마을기업과 사회적기업이다. 지역밀착형태의 주민 중심의 시민기업들이 마을만들기에 필요한 콘텐츠를 공급하는 형태로 발전하고 있다. 지역에서 활동을 하는 기업들이 지역을 위해 봉사와 적절한 이익만을 바탕으로 참여하고 있는 것이다. 내 이웃이 살아갈 수 있는 환경을 위해 내 이웃이 진정성을 가지고 활동할 수 있는 시스템이다. 지역의 문제를 지역 내에서 해결하려는 선순환 구조를 형성하고 내발적 발전의 시발점이 되는 계기가 될 것으로 평가되고 있다.

2. 지역에서 마을만들기

최근 자치단체를 중심으로 마을만들기 붐이 일어나고 있다. 특히 서울시장으로 당선된 박원순 시장의 핵심공약이 마을공동체 복원을 위한 사회경제적 기반의 소프트웨어적 사업들이다.

이는 뉴타운 등과 같은 일률적이고 획일적인 도시건설 프레임에서 벗어나 지역 특색에 맞는 다양한 형태의 마을을 만드는 계획이다. 지역재생에 뿌리를 두고 기존 마을을 고수하고자 하는 지역은 개보수를 통하여 토착민들이 계속해서 살아갈 수 있도록 지원한다. 시는 마을 출입구 도로를 넓혀 주거나 편의시설을 설치하여 주민 삶의 질을 제고하는 목적으로 진행하고 있다. 이 마을만들기에서 핵심수단으로 이용되는 것이 마을공동체기업과 사회적기업이다. 마을만들기와 관련된 사업을 하고 있는 기업들이 주력군으로 참여한다.

예를 들어 노후화된 집을 개보수하는 경우 지역의 마을공동체기업이나 사회적기업을 참여시켜 지역 일자리 창출을 도모하려고 하는 계획이다. 지역의 문제를 지역주민이 주체가 되어 지역을 재생한다는 차원에서 시행하고 있는 것이다.

이에 대한 반론도 상당하다. 뉴타운을 지향하는 주민의 경우 마을만들기 사업으로 재산행사를 못 할까 걱정을 하고 부동산 경기 침체의 원인으로 작용하고 있다고 주장한다. 특히 재개발이나 재건축을 통한 사업소득을 꾀하려고 계획했던 집주인의 경우 기존 집의 리모델링 수준으로는 임대소득을 올릴 수 없다고 말한다. 마을만들기는 경제성 측면에서 도움이 되지 않는다고 주장한다. 현재 서울시는 공동체복원을 위한 마을만들기 추진세력과 기존 뉴타운 방식을 통하여 부동산 시세차익 등 경제적 이익을 목적으로 하는 반대집단과의 논쟁이 진행 중이다. 서울시는 마을만들기를 위해 자치구마다 마을공동체지원센터 설치를 강하게 권유하고 있으며, 자치구 평가에도 적용하려고 하고 있다.

이러한 마을만들기의 주체는 당연히 주민이 주도적으로 이끌어 나가야 한다. 하지만 아직은 주민의식의 차이, 시민단체의 역량 부족 등을 감안하여 초기에는 거버넌스 형태의 민관산학 합동으로 추진되어야 한다. 무엇보다도 주민의 공감대를 얻어낼 수 있는 관련 교육이 필요하다.

주민이 지역문제와 사회문제를 스스로 해결하는 것이 진정한 주민자치라 할 수 있다. 이러한 것이 지방자치 모형의 근간이 된다. 일본의 경우는 환경과 복지 일체형 주택가구 재정비형 마을만들기를 추진하고 있다. 예컨대, 마을만들기에서 물, 자원, 에너지 등의 환경과 교육, 보건 등의 복지 영역을 균형 있게 엮어 나가고 있는 것이다.

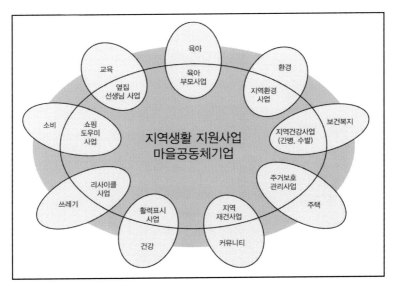

[그림 20] 마을만들기 사업유형

　[그림 20]은 지역생활을 중심으로 하는 마을만들기 사업의 유형별
사례다. 마을공동체가 중심이 되어 할 수 있는 분야는 교육, 육아, 환
경, 보건복지, 주거보호, 주택, 건강, 환경, 소비 등 다양하다.

　문제는 이러한 사업진행에 대하여 지역주민의 공감을 얼마나 얻어
내는지가 중요하다. 관 주도의 사업이 성공을 하려면 주민의 신뢰와
협력이 절대적으로 중요하다. 사회적기업의 경우도 지역과 연계가 부
족하여 판로확보에 어려움을 겪고 있는 상황이다. 아직 전 국민이 공
감하고 있다고 보지 않는다. 서울시의 마을만들기 또한 서울시민의 공
감대를 다 얻어냈다고 보기는 어렵다. 현재로서는 지역에서 활동하고
있는 시민사회단체 회원들 수준에서 공감하고 있는 정도다. 지역사업
의 성공을 위한 확장성을 고려해야 한다. 일부 단체만의 참여가 아닌
지역 전체가 이를 공유해야 한다. 특히 지역의 오피니언 리더그룹들이

이를 지지하고 지원해 줘야 한다. 주민과의 호흡이 필요한 이유다.

무엇보다도 마을만들기에 필요한 것은 자치단체와 주민의 마을에 대한 이해와 철학의 공유이다. 주민이 원하는 것은 최고의 인생을 사는 것이고, 이를 지원하는 것이 정부와 지방자치단체의 역할이라 할 수 있다. 이러한 좋은 삶을 살기 위해서는 환경과 복지 등이 중요하며, 생활의 문제에서 오는 것은 개인들이 바꾸어 나갈 필요가 있다. 그러나 개인이 스스로 습관을 바꾸고 환경을 개선하는 것은 쉽지 않다. 따라서 마을의 고민과 문제해결은 아파트, 마을 등 일상생활권역 단위로 추진해야 한다. 주민의 문제를 행정기관이 모두 해결해 줄 수는 없다. 주민이 노력하고 공무원이 지원할 때 마을만들기 목표를 달성할 수 있는 것이다.

마을만들기를 추진하기 위한 몇 가지 전제조건이 있다. 자치단체에서 목표를 설정해야 하는데, 가장 핵심이 되며 기본이 되는 방침을 정해야 한다. 이를 위해 조례를 제정하는 것이며, 조례의 내용이 마을만들기의 기본이 되며, 표준 매뉴얼이 될 수 있다.

또한 지역의 자원조사가 필수적이며 사전적으로 수행되어야 한다. 이를 위해서는 다음과 같은 3가지 방향에서 추진되어야 한다.

첫째, 마을만들기를 위한 지역의 아이템 조사가 필요하다. 마을만들기를 통해 할 수 있는 영역을 찾는 것이다. 이를 위해 주민생활 조사를 통해 자원순환, 도시농업, 교통 등 실질적으로 마을에 필요한 것이 무엇인지를 발굴해 내는 과정이다.

둘째, 마을만들기를 추진할 수 있는 인적 자원의 조사가 필요하다. 각 자치단체에는 마을만들기에 관심을 보이고 있는 시민단체, 직능단체 등 다양한 단체가 존재한다. 이들이 지역사회를 위해서 오랫동안 노력하고 봉사활동을 하고 있으며, 이러한 마을만들기에 관심을 가진 개인들도 상당수 존재하고 있다. 이렇게 인적 자원 조사는 마을만들기에 참여할 수 있는 단체나 개인을 찾는 것을 목적으로 해야 한다. 인적 자원의 조사는 다양하게 활용할 수 있다. 인적 자원들은 마을만들기를 이해하는 정도에 따라 등급을 구분하여 정리할 수도 있다. 예를 들어, 마을만들기를 이해하고 있는 단체와 개인들은 네트워크를 구축하여 마을만들기 사업에 바로 참여시킬 수 있다. 하지만 아직은 마을만들기에 대한 이해가 충분하지 않은 단체와 개인들은 교육을 통하여 참여시킬 수 있는 체제를 갖춰야 한다.

셋째, 지역자원의 조사를 실시해야 한다. 지역자원은 크게 자연자원, 사회적 자원, 인적 자원으로 구분할 수 있다. 자연자원 조사는 물, 식량, 자원, 에너지 등 지역의 자연자원을 조사하는 것이다. 자연자원에 대한 조사는 상대적으로 소홀히 할 수 있는 영역이지만, 장기적인 시각에서 보면 매우 중요한 요소이다.

자원에 대한 조사의 예를 살펴보자. 식량의 경우 옥상의 유휴공간도 도시농업을 위한 기반이 될 수 있다. 에너지의 경우 일조량을 통한 태양열 에너지를 활용하거나 바람을 이용한 풍력 에너지를 만들 수 있다. 도심지역에서는 음식물 쓰레기, 분뇨 등을 통한 바이오매스를 활용한 재생에너지를 얻을 수 있다. 자원의 경우는 재활용을 할 수 있는 고철, 알루미늄 등 무기계 자원이 가능하다. 산에서도 벌목 등을 통해 버려지는 것을 이용하여 재생에너지로 활용할 수 있다.

사회자원 조사는 학교, 병원, 보건소 등 지역의 공공시설을 조사하는 것이다. 이들 시설들은 마을의 일을 추진하는 데 있어서 네트워크로 활용될 수 있는 소중한 자원들이다. 인적 자원 조사는 마을의 인재목록을 작성하여 이들을 관리하고자 하는 것으로 앞서 설명한 인적 자원과는 다른 의미를 내포하고 있다. 인재리스트는 마을만들기뿐만 아니라 향후 주민이 마을의 일을 추진하는 데 있어서 도움을 주고받을 수 있는 목록을 작성하는 것이다. 이러한 인재목록에는 즉시 도움을 주고받을 수 있는 사람들과 향후에 마을만들기에 도움을 줄 수 있는 역량을 가진 사람들을 분류하여 정리하게 되면 유용하게 활용할 수 있는 자원이 된다.

마을만들기에서 또 하나 중요한 것은 타 지역의 성공사례를 조사하여 응용하는 방법이다. 선행적으로 마을만들기 조례를 제정하여 활용하고 있는 자치단체를 조사하여 연구하는 것도 방법일 것이다. 도심지역에서 마을만들기로 유명해진 서울시 마포구 신수동 행복마을 주식회사 경우를 살펴보자. 신수동 행복마을은 주민자치위원회가 주도적으로 설립하여 운영한 사례이다. 지역의 문제는 주민이 가장 잘 알고 있지만, 주민은 마을만들기에 참여할 특별한 유인(incentive)이 없기 때문에 참여하기를 꺼려할 것이다. 이를 해결하기 위해 신수동에서는 마을에서 공동으로 출자하여 주민을 고용하여 마을의 일을 수행하도록 하였다. 운영을 통하여 남는 이익을 다시 마을에 재투자하는 형식으로 운영함으로써 주민의 적극적인 참여와 지지를 얻어낼 수 있었던 것이다. 이는 우리나라 전통과도 부합되는 형식으로 옛날 이웃 간에 비영리 형태의 품앗이 또는 영리 형태의 품삯의 형태로 운영되던 것을 현대방식으로 적용한 사례라 할 수 있다. 다만, 원주민과의 협업과 확장성 측면에서는 좀 더 고민을 해야 한다. 마을에서 주도권을 쥐고 이끌어 가는 주민세력이 누구냐에 따라 때로는 갈등으로 확대될 수도 있기 때문이다. 전체 주민의 동의와 협력을 얻어 내기는 현실적으로 무리수가 있다. 그럼에도 불구하고 참여하지 않고 비판하는 일부 주민이 참여할 수 있도록 시간을 가지고 설득하는 노력을 해야 할 것이다.

마을만들기 교육에 대한 효과성에 대한 논란이 많다. 농촌지역의 경우 그 인구수도 적고 기본적으로 공동체라는 흐름이 남아 있어 참여와 협력, 지지를 이끌어 내기 쉬운 구조이지만 도시의 경우는 전혀 다른 형태를 보인다. 최근 일부 자치단체에서 도시아카데미 등을 운영하고 있지만 투입되는 만큼 효과가 있느냐의 문제가 불거지고 있다. 이러한 논의가 나오는 것은 지역주민의 입장에서 교육을 들어야 할 매력이 전혀 없기 때문이다. 교육에 참여하는 사람들의 대부분이 동주민센터에서 불러와 동원되어 참석한 사람들이 자리를 채우고 있다는 비판이 많다. 기본적으로 관심이 없는 사람일 수도 있다. 도시아카데미 교육에서 실질적으로 주민에게 도움이 되기 위해서는 마을만들기에 대한 일반적인 교육 이외 현실적인 교육을 실시해야 한다. 예를 들어 마을기업, 사회적기업, 협동조합 등을 통해 영리를 추구할 수 있다는 교육을 하고 마을만들기를 통해 이를 실현할 수 있다는 것을 사례 또는 실제 적용을 통해 보여 줘야 한다. 도시아카데미 운영자 측이 협력하여 영리성을 추구할 수 있는 업종발굴을 도와주고 이를 통해 금전적으로 혜택을 누릴 수 있다는 것을 알려 주는 것이 오히려 더 좋은 교육효과가 있을 것으로 판단한다.

그리고 교육을 시행함에 있어서 효과성을 높이기 위해서는 교육대상을 구분하여 순차적으로 실시해서 공감대를 형성할 필요가 있다. 예컨대, 마을만들기를 위한 교육의 수강대상을 시민단체, 직능단체, 일반주민 순으로 시행한다면 주민의 마을만들기에 대한 이해도 높아질 수 있을 것이다. 또한 지역의 오피니언 리더들에게도 그 필요성을 꾸준히 제시하고 설득하는 노력도 병행해야 한다. 단체장의 의지함양은 물론 지방의원들이 앞장서 진행할 수 있는 공간을 마련해 주는 것도 한 방법일 것이다. 외부적으로 알려진 이미지만 가지고 그들을 바라봐서는 곤란하다. 어찌 되었든 그들은 주민의 손에 의해 주민의 대표로 선출된 사람이다. 그들이 움직이는 힘이 더 큰 영향력을 발휘할 수 있다는 것을 인식해야 한다.

마을만들기 사업은 교육, 계획수립, 추진, 평가, 피드백 단계방식으로 추진되어야 한다. 마을만들기 계획을 수립할 때는 읍면동 단위로 생활영역을 기준하여 조사를 하는 방법이 효율적이다. 이를 통해 자원봉사 형태인지, 사회적기업이나 마을기업 형태인지를 확인할 필요가 있다. 예전과 달리 무보수 성격의 자원봉사를 주민에게 강요하기가 쉽지 않고 이러한 자원봉사에 참여할 사람들도 많지 않기 때문이다. 따라서 일정의 영리를 추구할 수 있는 방법과 대안을 마련해 주는 것도 한 방법일 것이다.

3. 성공을 위한 교육의 필요성

    2007년 하반기부터 시작된 사회적기업과 2010년 하반기부터 시행된 마을기업이 나름 자리를 잡아 가고 있지만 초창기 시행착오로 인해 많은 혼란을 겪어 왔다. 특히 마을기업과 사회적기업의 이념과 가치, 사업방식 등을 이해하지 못함으로써 일어나는 에피소드는 한두 가지가 아니다. 2008년 새롭게 탄생된 MB정부로서는 일자리 창출에 목말라 있었다. 고용창출이 되는 일이라면 정체성은 큰 문제가 되지 못했다. 이렇게 바닥에 깔려 있는 기조로 인하여 마을기업이나 사회적기업은 단순히 새로운 고용창출과 신규 일자리 창출이라는 목적 이외는 다른 가치를 생각할 여유가 없었다. 정책을 시행하는 정부 부처는 물론 현장에서 지도 점검해야 하는 지자체 담당공무원까지도 정부에서 시행하는 사회적 일자리에 대한 정확한 개념을 이해하지 못한 상태에서 진행되어 왔다.

    사업을 주관하는 공급자가 제대로 된 학습이 이루어지지 못한 상태에서 진행하다 보니 사업시행을 하는 현장의 사업가들이야 오죽했겠는가. 2010년과 2011년 2년 사이에 전국 단위이건 소규모 단위이건 각종 토론회, 간담회, 설명회 등에서 가장 많이 나오는 질문이 마을기업과 사회적기업이 무슨 차이가 있느냐는 소리였다. 그만큼 사업의 개념과 가치, 목적, 방법 등이 공유되지 못하고 시행되었다는 이야기다.

또 하나는 마을기업이나 사회적기업에 참여하는 사람들의 인식이 대단히 느슨했다는 것이다. 정부가 자금을 보조해 주는 사업, 마을기업 2년, 예비 사회적기업 2년, 사회적기업 3년 해서 7년 동안 정부의 지원금으로 사업을 할 수 있는 새로운 구조로 인식했다는 점이다. 지역자원을 활용해서 계획서를 내기만 하면, 사회적 취약계층 몇 명만 고용하면, 전 직원 월급보조는 물론 각종 세금혜택 등을 볼 수 있는 대단히 유용한 사업으로 왜곡되었다. 단체장이나 지방의회 의원들에게 부탁하면 진행할 수 있는 사업, 그다지 힘들이지 않아도 제품만 만들어 내면 행정기관이 알아서 구매를 해 준다는 사업 등 시장에서 왜곡된 이야기만 듣고 참여한 기업이 상당수에 달했다는 점이다.

이런 배경에는 기존 정부보조사업 수준으로 인식해 참여한 사람이 많았기 때문이다. 비즈니스 기법을 사용해 일정의 이익을 창출하지 않으면 안 되는 기업이란 것을 충분히 인식하지 못한 것이다. 어찌해서 회사를 만들어 시작은 했는데, 풀어 나가야 할 숙제가 한두 가지가 아니다. 생산제품 관련 허가요건부터 시작해서 판매, 유통, 재고관리, 세금처리, 인력관리에 이르기까지 기업으로서 해야 할 기본적인 일조차 버거움을 느끼기 시작한 것이다. 계속 진행하자니 적자를 보는 것 같고, 그렇다고 해서 사업장 폐쇄도 쉽지 않고, 이러지도 저러지도 못하는 기업이 생겨나기 시작했다.

특히나 구성원 간의 관계 속에 발생되는 갈등과 마을단위에서 참여하는 사람과 참여하지 않는 사람들의 질시와 비난은 더욱 환경을 어렵게 만들었다. 여기에 마을기업이나 사회적기업에 대한 컨설팅이 효과적으로 이루어지지 못했다는 비판이 맞물려 더욱 어려운 상황에 빠져들었다. 이들 기업에 대한 경영컨설팅을 목적으로 지자체에서 위탁받은 중간지원조직도 같은 고민이다. 중간지원조직의 다양한 노하우를 전달하고 보살펴 줌으로써 같이 공생해야 하는데 적은 위탁비용으로 전문가를 활용하기가 쉽지 않은 구조다. 재정 등 현실적인 문제로 인하여 기본적인 교육과 서류작성 기법 등의 수준에서 크게 벗어나지 못하고 있는 상황이다. 각 기업들은 맞춤형 교육과 컨설팅에 대한 욕구가 강하지만, 현 중간지원조직의 형태로는 그러한 요구를 전부 수용하기는 어려운 현실이다.

이처럼 정부 및 지자체가 사회적 일자리 사업으로 시행하고 있는 사회적기업이나 마을기업의 경우 목마른 주민에게 우물가에 데려는 갔는데, 어떻게 물을 먹어야 하는지 방법까지는 알려 주지 못한 것이다. 오랜 가뭄에 시달린 주민에게 시원한 물이 샘솟는 우물 위치와 가는 길은 알려 주었는데, 정작 그 물이 어떠한 물인지는 구체적으로 설명하지 못한 것이다. 왜 이러한 사업이 현재 필요한 것인지, 사업으로 인한 주민과 사회적 취약계층을 어떻게 고용하고 활용해야 하는지, 주민과 주민사이의 갈등구조는 어떻게 해결해야 하는지는 전달하지 못했다. 일반 직원과 사회적 취약계층으로 고용된 사람들과 협력은 어떻게 풀어 나가야 하는지, 기업으로 어떠한 활동을 해야 하는지 등등 알려 줘야 할 내용이 너무 많다. 그동안 사업활동을 하는 대표자 중심으로 정부 및 중간지원조직에서 기본적인 교육을 시행하였다. 마을기업 및 사회적기업을 담당하고 있는 지자체 담당 공무원들에게도 교육기회를 제공하고 있다.

그러나 정부 및 지자체의 경우 순환보직으로 인하여 새로운 업무를 맡게 되는 담당자가 업무를 정확히 파악하지 못함으로써 현장에서의 불만이 터져 나오고 있는 실정이다. 어떤 지역에서는 중간지원조직이 대신 그 일을 맡아서 처리하는 경우도 있다. 행정기관의 어찌할 수 없는 순환보직 문제, 중요한 일이라 해서 몇 년간 그 일을 맡길 수도 없다. 순환보직을 해야만 진급할 수 있는 가점이 제공되고, 일부 부조리를 막기 위해 시행하는 시스템이라 마땅히 규제할 방법도 없다. 담당 공무원 교육도 교육이지만 공급자 측면에서 더 중요한 사람들이 있다. 선거로 당선된 선출직 공무원인 단체장과 지방의원들이다. 사회적 일자리를 제공하는 마을기업과 사회적기업의 확산을 위해서는 정책결정의 주도권을 가지고 있는 이들의 사전교육이 반드시 필요하다. 현장에서 아무리 열심히 해 보려고 해도 단체장이 관심을 갖지 않는다면 현장의 노력은 물거품이다. 단체장이 의지를 갖고 사회적 경제 관련 사업들을 펼쳐 보려고 해도 예산승인 등 의회의 도움이 절대적이다. 이러한 상황에서 지방의원들의 이해와 학습이 필요하다. 단순히 지인들에게 혜택을 주는 사업으로만 인식해서는 안 된다.

단체장과 지방의원의 교육과 병행하여 교육이 필요한 집단이 있다. 마을기업과 사회적기업에 참여하는 구성원이다. 대부분 대표자 및 총무역할을 하는 사람들이 교육에 참여하고 있는 실정이다. 하지만 기업이라는 것이 더욱이 다양한 계층이 모여서 기업으로 성장하기 위해서는 서로 공감대를 형성해야 한다. 어떻게 기업을 운영해야 하는

지, 어떠한 방향으로 가야 하는지 등에 대한 상호 간의 이해와 협력이 바탕이 되지 않는다면 리더그룹 따로 참여그룹 별도로 동상이몽을 꿈꿀 수도 있기 때문이다. 참여자들에게 기본적인 개념교육은 물론이고 실제로 기업으로서 어떠한 활동을 해야만 지속 가능한 기업으로 성장할 수 있는지, 노사문제는 어떻게 풀어 나가야 하는지, 마케팅 방법 등 실무적인 교육도 필요하다.

이렇게 단체장, 지방의원, 공무원, 기업 참여자 등에 대한 교육을 이어 가면서 전 국민이 공감하고 참여할 수 있는 의식전환 학습이 필요하다. 국민이 마을기업이나 사회적기업에 대한 좋은 인식을 가지고 그들이 생산하는 제품이나 서비스를 적극적으로 수용할 수 있어야 한다는 이야기다. 현재처럼 품질이 떨어지고 가격도 저렴하지 않고 마지못해 어찌할 수 없어 구매하는 형태로는 기업의 지속가능성을 보장하지 못하기 때문이다.

마을기업이나 사회적기업이 우리 지역에서 사회에서 좋은 일을 하는 기업으로 모두가 도와줘야 한다는 인식을 공유할 수 있도록 지속적인 홍보를 해야 한다. 길거리에 담배꽁초를 버리면 안 되는 이유에 대해 오랜 시간 동안 계도성 홍보를 하는 것처럼 시간을 두고 임해야 한다. 우리 사회가 지역에서 경쟁력을 상실한 사람들을 위해 사회에서 차별을 받고 있는 사람들을 위해 무엇을 해야 하는지를 가랑비에 옷 젖듯 조금씩 스며들 수 있도록 노력해야 할 것이다. 이러한 환경이 조성되었을 때 비로소 마을기업이나 사회적기업이 자리를 잡고 그 역할과 기능을 다할 수 있을 것으로 생각된다.

4. 중간지원조직의 역할

마을기업과 사회적기업의 성공이라는 전제조건에 반드시 포함시켜야 할 집단이 있다. 이들의 사업운영 과정을 도와주는 조력자 및 협력자로서 필요한 중간지원조직의 존재다. 일반 기업의 경우는 자체적으로 사업운영에 도움이 될 전문가 집단을 찾아가 도움을 받는다. 대로는 무료로 자문을 받기도 하지만 대부분 비용을 지불하고 기업의 생존을 위한 노하우를 전수받는다. 하지만 기업설립부터 운영에 이르기까지 일반기업과는 다른 출발을 하는 마을기업이나 사회적기업의 경우는 다르다.

기존부터 사업을 운영하다가 뒤늦게 사회적기업으로 인증을 받은 기업의 경우는 그나마 이러한 과정이 필요 없다. 사회적 취약계층을 고용하면서 생겨나는 기존 직원과의 관계 등을 잘 정리하면 사업에는 큰 어려움이 없을 것이다. 그러나 사회적기업과 마을기업을 위해 새롭게 탄생하는 기업의 입장에서는 처리해야 할 일이 많다. 앞에서도 언급했듯이 마을의 문제해결, 사회적 과제를 달성하기 위한 목적만을 가지고 출발한 회사일 경우 진행과정에서 어려움이 많다. 기업으로서 활동을 해야 할 영역에 대한 충분한 인식과 경험이 없는 관계로 당황스러울 수밖에 없을 것이다. 바로 이러한 기업들에게 필요한 조직이 중간지원조직이다.

공무원의 입장에서는 기존 업무가 있고, 기업마다 다른 환경의 문제점을 다 해결해 주기는 어렵다. 그래서 중간에 대신 공공의 역할을 해 줄 단체가 필요함을 인식하여 그들에게 위탁운영을 맡긴 것이다. 중간지원조직을 선정함에 있어 초기에는 지자체마다 다른 형태를 보였다. 기존에 지역에서 활동을 하고 있는 시민사회단체에 위탁을 하는 지자체가 있는 반면, 일반기업의 신용을 파악하고 대출을 알선하는 업무를 보는 기관, 기업의 컨설팅을 해 주는 기관, 심지어 기업 컨설팅을 경험해 보지 못한 단체에 까지 위탁하는 모습을 보였다.

사정이 이러하다 보니 수요자인 마을기업이나 사회적기업 구성원의 불만이 많았다. 초창기에는 중간지원조직의 컨설턴트마저 이러한 기업들에 대한 기본적인 이해도 하지 못하고 접근했기 때문이다. 구성원 구조, 참여자들의 의욕 등은 무시하고, 오로지 기업으로만 인식하여 지도하는 방식, 기업활동은 모르고 이론만 강의하려는 조직도 있었다. 기업에 대한 이해보다는 시민활동의 연장선상으로 접근하려는 조직, 또 다른 공공기관의 담당자처럼 권위만 행세하려는 조직 등 초기에는 중간지원조직도 체계를 갖추지 못했다. 이렇게 2010년과 2011년은 정부, 지자체, 중간지원조직, 마을기업, 사회적기업 모두 새로운 경험을 하면서 반성하고 개선하는 과정을 거치면서 정착해 가고 있다고 해도 과언이 아닐 것이다.

마을기업이나 사회적기업을 이해하지 못하는 조직과 준비된 조직과는 차원이 다를 것이다. 기존에 시민단체 역할의 연장선으로 접근해서는 안 된다. 일반 기업으로 치부해서 사기업 컨설팅하듯이 지도해서도 안 된다. 사회적 가치도 구현해야 하고, 기업으로서 활동도 해야 하는 일을 컨설팅하는 것이 쉽지 않다. 그래서 중간지원조직의 역할과 전문성 배양노력이 더욱 필요하다. 중간지원조직에 참여하는 구성원의 신념, 가치도 필요하고 다양한 경영컨설팅 교육을 할 수 있을 정도의 전문성도 가지고 있어야 한다. 기본적인 전문성을 말하는 것이다.

변호사, 공인회계사, 변리사, 노무사, 세무사 등 전문성 영역은 외부전문가 자문을 받아 실시하면 된다. 하지만 현실적으로 이들의 참여는 자금이 필요하다. 지자체에서 위탁받은 자금으로는 이들을 충분히 활용할 수 없다. 기본적인 교육과 지도 이외는 쓸 수 있는 돈이 없다. 이것이 현재 중간지원조직이 갖고 있는 가장 큰 딜레마이고 현실이다. 결국 현재로서는 이들과의 네트워크를 통한 무상이거나 작은 금액으로 봉사차원의 재능기부를 유도할 수밖에 없는 구조적 한계를 가지고 있다. 이런 점에서 중간지원조직의 무능함을 탓할 수 없다. 하고 싶어도 할 수 있는 재정적 뒷받침이 제도적으로 마련되지 못하고 있기 때문이다.

중간지원조직이 그 기능을 제대로 발휘하기 위해서는 자체적인 노력도 필요하지만 공공기관이 해야 할 일을 대신 위탁하는 방식으로 일을 맡겼다면 제대로 수행할 수 있도록 현실적인 문제를 해결해 줘야 한다. 1개의 중간지원조직에게 수십 개의 기업들을 컨설팅을 맡겼다면 기본적인 인력이 돌아갈 수 있는 자금이 필요하다. 특히 지역이

넓은 농촌지역의 경우 한 군데 찾아가 컨설팅하면 하루가 지나간다. 매월 한두 번 이상 찾아가서 문제점에 대해서 상의하고 해결방안을 모색해야 하는 업무를 맡고 있는 중간지원조직으로서는 상당한 지출이 필요한 대목이다. 중간지원조직이 해결을 할 수 없는 영역에 대해서는 전문가를 불러서 해결해야 하는데, 이 비용지출이 상당하다. 무료로 데려올 수 있는 능력이 있으면 그나마 한두 번 해결할 수 있지만 그렇지 못할 경우에는 난감하다. 이러한 사정을 모르는 현장에서는 기업의 특성에 맞는 컨설팅이 이루어지지 않는다고 만족도 설문에 부정적으로 체크한다. 중간지원조직으로서는 이중적 고통을 받고 있는 구조에 둘러싸여 있다.

따라서 현장에서의 어려움을 해결해 줘야 한다. 중간지원조직이 제대로 기능을 발휘해야만 마을기업, 사회적기업이 정부의 방침대로 원만한 성장을 할 수 있고 확대될 수 있는 것이다. 아직은 그들 기업이 스스로 자립해 성장하기에는 무리수가 있다. 일정 기간은 정부 및 중간지원조직의 돌봄이 필요하다. 기본적인 생태계가 조성될 수 있도록 이 부분의 재정확대를 모색해야 할 것이다.

2012년에 정부는 마을기업과 사회적기업의 중간지원조직을 통합하고자 했다. 효율성 촉진이란 명목하에 별도로 운영되고 있는 단체를 강제적으로 통합했다. 여전히 마을기업이나 사회적기업을 일반기업처럼 인식하고 있다는 것을 보여 주는 행태라 할 수 있다. 기업에 참여하고 있는 사람들이 다르고, 시행방법이 다르고 지원하는 형태가 다르고 목적이 다른 것에는 별 관심이 없는 듯하다. 그럼에도 불구하고 서울과 경기도는 통합하지 못했다. 마을기업과 사회적기업수가 많아 한두 군데의 중간지원조직으로는 관리가 용이하지 않기 때문이다.

두 곳을 제외하고는 대부분 통합되었다.

기존에 각 영역에서 중간지원조직을 했던 단체들을 대상으로 심사하여 선정하다 보니, 얼마나 많은 기업들을 컨설팅했느냐가 관건이었다. 당연히 그 숫자나 현 정부의 관심은 사회적기업이다. 기존에 사회적기업의 중간지원조직 역할을 했던 단체들이 새로운 통합지원조직으로 선정되었다. 마을기업 중간지원조직을 수행했던 단체들은 설 곳이 없어졌다. 사회적기업 중간지원조직을 수행했던 단체가 외면했기 때문이다. 마을기업이나 사회적기업이나 그것이 그것이라는 안이한 인식이 깔려 있고, 나눠 먹을 돈이 부족했기 때문이다. 2년 동안 마을기업의 컨설팅을 수행했던 단체들의 노하우가 그대로 사라지게 되었다.

통합된 중간지원조직의 고민도 깊다. 지원방식과 관리방식이 다른 사업장에 적절한 컨설팅을 수행하기가 쉽지 않을 것이다. 2010년 당시 마을기업이나 사회적기업의 의미와 가치를 모르고 일반기업처럼 컨설팅을 했던 기관들이 겪어야 했던 수많은 시행착오가 다시 재현될 가능성이 농후하기 때문이다. 이러한 통합 논리라면 굳이 마을기업과 사회적기업 중간지원조직을 만들 필요가 없었다. 지역에 있는 상공회의소 및 고용지원센터 등 기존 조직을 활용해 이용했어도 무관한 일이라 생각한다. 기업 논리로만 접근한다면 말이다.

자주 찾아가는 서비스를 해야 하는 마을기업과 사회적기업이 그 수가 많아짐에 따라 얼마나 빈번하게 사업장을 찾아가 서비스를 할 수 있을까. 어려움과 불만이 쏟아질 것으로 예상되는 지점이다. 무조건적인 통합이 가져온 역기능 현상이다. 지속 가능과 사업 안정화를 도모해야 하는 정책부재 현상이다.

5. 지속 가능한 지역활성화를 위한 법률 제정

포괄적인 범위까지 포함한다면 지역경제를 활성화하려는 목적으로 제정된 법률은 다양하다. 그중에서도 현재의 사회적 일자리 창출을 목적으로 한 사회적기업은 사회적기업 육성법, 농어촌공동체회사는 농어업인의 삶의 질을 위한 특별법이 근거가 되고 있다. 하지만 마을기업은 근거법이 없는 상황이다. 그래서 지속가능성이 문제시되고 있다. 2011년 말에는 협동조합기본법까지 제정되었다. 이러한 상황에서 마을기업만이 불안한 진행을 하고 있다.

마을기업의 필요성과 법률제정에 대한 공감대는 형성되어 있다. 한시적 사업으로 진행하기에는 이미 지역에 뿌리를 내렸고, 그 수도 상당하다. 지역공동체 회복과 지역활성화 차원에서 가장 유효한 수단으로 인정을 받고 있는 상황이다. 지역을 근거로 지역주민이 지역의 유형과 무형의 자원을 활용하여 비즈니스 기법으로 진행하는 마을기업이다. 지방분권화와 지방 활력 상승에 도움을 주고 있다는 평가를 받고 있다. 따라서 지속 가능한 지역활성화를 위해서라도 지역공동체 복원이라는 어려운 사명감을 다하기 위해서라도 마을기업 육성법은 제정되어야 한다.

마을기업 육성법을 제정하기 위해 다양한 계층에서 노력을 했지만 현실적인 벽이 있었다. 이미 근거법을 가지고 있는 고용노동부와 농림수산식품부가 반대하고 있고, 현 정부에서 사회적기업과 관련된 실적을 자랑하고 있는 실세들이 반대하고 있다는 소문이 무성한 상태다. 사회적기업과 농어촌공동체회사의 기반이 흔들릴 수도 있는 법안이 마을기업 육성법이기 때문이다. 지역을 근간으로 하고 전국 단위를 바탕으로 성과를 보이고 있는 마을기업이 법률 제정까지 이루어지면 한쪽으로 쏠림 현상이 일어날 것을 우려한다는 소리도 들린다. 실세들의 업적이 무너질 수도 있다는 생각을 가지도록 일부 관료가 열심히 설명하고 있다는 소문도 있다. 그래서 통합을 유도한다. 그리고 강제적으로 진행하고 있다. 유독 마을기업에 대해서만 철저히 배제를 하려고 한다.

이미 이러한 흐름은 지난 2010년 가을에 출범한 지식경제부의 커뮤니티비즈니스 시범사업이 시행 8개월 만에 중단된 사태를 보고 예측이 가능했다. 사회적기업의 성장 더딤과 현장에서의 일부 문제점으로 인한 좋지 않은 인식이 확대되어 가고 있는 시점에서 유사하다고 생각하는 사업이 일취월장하니 좋게 보이지 않았을 것이다. 당시 시민사회의 관심과 전문가의 관심은 지역공동체 복원과 지역활성화의 새로운 대안으로 지식경제부의 커뮤니티비즈니스 시범사업에 주목하고 있었다. 3년 약정으로 진행된 사업이 8개월 만에 해체되고 사회적기업으로 유도하려는 노력이 좋게 보였을 리 없다. 이러한 경험으로 바라본다면 마을기업의 법률 제정이 왜 막혀 있는지가 쉽게 이해될 것이다.

자립형 지역공동체사업이라는 법률(안)과 2011년 행정안전부의 의견이 담긴 마을기업 육성법은 국회에서 맴돌고 있다. 마을기업 육성법이 진행되지 못하는 이유는 표면적으로는 유사한 법률, 즉 사회적기업 육성법이 있는데 굳이 또 새로운 법을 제정할 필요가 있느냐다. 그러한 논리라면 협동조합기본법에서 다루고 있는 사회적 협동조합은 사회적기업 육성법에서 말하는 목적과 대동소이하다. 정치적인 논리전개가 비판받지 않고 진행되고 있다는 사실이 당황스럽기까지 하다.

사회적기업 육성법, 시행령을 조금만 쳐다보면 그 법이 무엇을 추구하고 어떠한 사람들을 대상으로 진행하는지 쉽게 알 수 있다. 거기서 지역공동체 복원을 추구할 수 없다. 개정하면 된다고 말하는 사람들이 있다. 이 역시 답답한 소리다. 그런 논리라면 우리나라의 모든 법을 개정하여 조금이라도 유사하다고 생각하면 다 통합하여 시행하자는 소리와 별반 다를 게 없다.

현재까지는 마을기업 육성법 제정에 있어 대부분 비공개로 의견을 개진하고 이루어지고 결정되어 가는 모양새다. 따라서 이제부터는 공개적인 장소에서 토론회와 간담회 등을 통한 논쟁을 해야 한다. 무엇이 다른지, 왜 제정해야 하는지, 왜 제정해서는 안 되는지에 대한 각 부처의 입장과 관련 전문가, 이해집단이 참여하여 치열한 담론을 벌여야 한다. 그러한 생산적인 논쟁 결과물로서 탄생되어야 이의가 없다. 그리고 막을 명분도 사라질 것이다.

마을기업 육성법이 제정된다고 해서 현재 사용하고 있는 재정부담이 크게 확대되지 않는다. 재정문제가 큰 이슈가 될 수 없다는 이야기다. 다만 지속적으로 마을기업이 우리 사회에 뿌리를 내릴 수 있는 법적인 근거를 마련하자는 이야기다. 다른 부처의 사업이 법적인 근거까지 갖추게 되면 우리 사업이 위축되거나 사업관련 정치인들의 실적이 사라지게 될지도 모른다는 막연한 불안감으로 반대를 해서는 안 된다. 구체적인 증거들은 시간이 흐르면 밝혀지게 되어 있다. 훗날 누가 어떤 정치인이, 중앙부처의 어떤 공무원이 반대를 주도적으로 하고 있는지 확인이 될 것이다. 정정당당하게 공개적으로 의제를 설정하고 치열한 논쟁과 학문적 이론과 현장의 활동가 등에서 나오는 소리를 듣고 판단하는 것이 순리다.

마을기업을 가장 위협하는 요인은 근거법이 없다는 것이다. 필자가 몸담고 있는 한국정책분석평가원은 2010년 9월, 더플랜과 함께 공동으로 국회에서 마을기업 법 제정을 위한 토론회를 개최했다. 입법안은 문학진 전 국회의원을 통해 제정하려고 시도했다. 이후 우리 기관은 커뮤니티비즈니스의 원어를 그대로 살려 가칭 지역공동체 자립형 사업 육성법의 초안을 만들어 문학진 의원실로 보냈고, 마을기업 육성법 제정을 위해 움직이기 시작했다.

해를 넘겨 2011년이 되었다. 마을기업 육성법 제정을 위해 다시 움직였다. 문학진 의원실이 제출한 가칭 지역공동체 자립형사업이 국회 전문위원실에서 검토되었고, 행정안전부를 비롯한 각 부처의 의견이 모아지기 시작했다. 제출한 법안에 대해 너무 범위가 넓어 구체적인 사업으로 정해 달라는 국회의 의견이 있었고, 행정안전부에서는 부처 의견으로 의견서를 제출하기에 이르렀다. 이 과정에서 필자는 부처의 견으로 가칭 마을기업 육성법 초안 제정작업에 참여하였다. 필자와 주변 전문가들이 참여하여 지역공동체 자립형 사업 법률(안)과 마을기업 육성법(안)을 만드는 주체집단으로 활동을 했다.

하지만, 마을기업 육성법 제정에는 많은 난관이 존재하고 있었다. 행정안전부의 마을기업을 예비 사회적기업으로 규정하고 통합해서 운영해야 된다는 고용노동부의 반대의견이 가장 큰 문제였다. 고용노동부가 마을기업 육성법을 제정해서는 안 된다는 사유서를 보내오면 그 사유서에 대한 반박논리를 만들어 다시 보내는 일련의 작업이 진행되었다. 이 기간에 청와대의 중재도 있었다. 부처 간 논의로 인해 어느 정도 마무리될 시점에 다시 농림수산식품부가 반대의견을 뒤늦게 제출했다. 그래서 반대의견에 대한 반박논리를 만들었다. 이렇게 부처 간의 기싸움이 마무리되는 시점은 행정안전부가 마을기업의 중간지원조직을 만들지 않고 고용노동부의 중간지원조직인 한국사회적기업진흥원 안에서 같이 운영하는 것으로 일단락되는 듯했다.

이렇게 다시 1년이 지나갔다. 2012년이 되었다. 2012년 제19대 총선을 앞두고 마을기업 육성법 제정을 위해 다시 움직였다. 그러나 2011년 일정 선에서 협의를 했던 고용노동부가 돌연 다시 반대한다는 소리를 들었다. 의원입법이라 할지라도 이해관계가 있는 부처가 끝까지 반대한다면 현실적으로 그 법안이 국회에서 통과되기는 어려울 것이라는 메시지를 전달받고는 현 정부 내에서는 어렵겠다는 판단을 하였다.

MB정부가 사회적기업을 고용창출의 한 수단으로 적절히 활용하고 있는 시점이다. 고용노동부장관 출신들이 실세 정치인들로서 청와대 대통령실장으로 기획재정부장관으로 재직하고 있는 상태였다. 마을기업 육성법 제정이 달갑지 않을 수도 있겠구나라는 생각이 들었다. 더군다나 마을기업 소관부처인 장관이 적극적으로 나서지 않는 이상 현실적으로 무리라는 생각이 들었다.

이렇게 해서 19대 총선을 지켜보고 판단하기로 했다. 이러한 판단은 국회의원 수에서 밀리고 MB정부에서 여당 의원이 입법안을 제출한 것도 아닌 상태에서 정부의 협조를 이끌어 내기가 어렵다는 현실적 상황을 고려한 것이다. 그러나 19대 총선이 다시 여당 다수의 결과로 이어지면서 당분간은 어렵다는 판단을 하였다. 그나마 다행인 것은 국가 5개년 장기수립계획에 마을기업이 들어가 있어 법 제정이 없다 하더라도 향후 5년간은 행정안전부 사업으로 지속가능하게 진행할 수 있다는 점이 그나마 위안으로 남아 있다.

그럼에도 마을기업 육성법 제정은 반드시 되어야 한다고 생각한다. 법안 제정을 위해 계속해서 노력할 생각이다. 사회적기업이 갖지 못하는 지역공동체 복원과 지역 활력을 도모하는 법안, 지역주민이 주체가 되어 지역의 인적·물적 자원을 활용하여 비즈니스 기법으로 풀어 나가는 지역활성화의 근거가 되는 법안은 반드시 필요하기 때문이다. 19대 국회가 시작되었다. 지역공동체 복원과 지역활성화를 위한 유용한 정책수단인 마을기업이 지속 가능하도록 누군가 나서 주기를 기다리고 있다. 18대에서 제안된 마을기업 육성법안은 자동적으로 폐기되었다. 따라서 새롭게 다시 준비하여 제안해야 되는 사안이다. 여당이든 야당이든 누가 추진하느냐가 중요한 것이 아니다. 지역분권 실현과 지역균형 발전을 생각하는 정치인이라면 주민을 위한 진정성 있는 마음가짐이 필요한 시점이다.

6. 마을기업과 사회적기업의 전략적 활용

마을기업과 사회적기업이 우리 사회에서 주목을 받는 이유가 있다. 기존 보조방식의 지원정책에서 해당 이해관계자들이 스스로 지역문제를 해결하고 사회적 과제를 해결하려는 자주적인 노력을 위해 지원하고 있다는 점이다. 또한 공공근로처럼 아무런 의욕도 없이 행정기관에서 정해 준 단순반복적인 일을 하고 그 돈으로 생활을 하는 방식에서 노력하면 재정적 문제도 해결할 수 있다는 점이다.

우리 사회가 거버넌스라는 단어를 접한 지도 10년이 넘어간다. 학문적인 학술용어로 자리를 잡은 지 오래되었지만 현장에서 이를 실현하기가 쉽지 않았다. 민관이 협동하여 지역과 사회적 문제를 해결하는 공공영역의 일정 문제를 대신 진행할 수 있는 일이 많지 않아서다. 거버넌스를 구현할 수 있는 제도적 장치나 실험을 할 수 있는 정책사례도 많지 않다. 이러한 상황에서 마을기업과 사회적기업은 민관 거버넌스를 실현할 수 있는 유용한 정책수단이다. 학문이 아닌 현장에서 거버넌스를 실험하고 있는 것이다.

행정의 역할이 축소되고 대신 시민사회의 역할이 증대되어 가는 과정에서 일어날 수 있는 순기능과 역기능을 모두 실험할 수 있는 수단중의 하나가 마을기업과 사회적기업일 것이다.

마을기업과 사회적기업이 활성화되면 될수록 주민의 자립성과 경제적 판단능력과 실천력은 확대되어 간다. 새로운 일자리 창출방식이다. 주민 스스로가 협력을 하여 회사를 설립하고 공동생산과 판매를 통하여 경제적 이익을 취하는 방식이다. 이러한 과정을 통해서 지역공동체를 회복시키는 순기능까지 확보할 수 있다. 같은 지역에 살면서 같은 고민에 공감하고 같은 생각으로 같은 일을 한다는 것 자체가 혁신적인 것이다.

최근 2~3년간 우리사회의 새로운 패러다임으로 등장한 마을기업과 사회적기업에 대한 언론보도는 넘쳐난다. 그럼에도 일반주민은 내용을 구체적으로 알지 못한다. 아직까지는 시민사회단체, 복지단체, 직능사회단체, 전문가 그룹 내에서만 활성화되어 있는 듯하다. 대학들이 조금씩 관심을 가지려고 한다. 강제적이든 평가를 잘 받기 위해서든 지자체가 선별적으로 움직이고 있다. 온라인을 통해서 청년들이 활발한 논쟁을 하고 있다. 우수 마을기업과 우수 사회적기업의 사례를 지켜보면서 인근의 주민이 고민을 하기 시작했다. 사회경제적으로 경쟁력이 약한 주민이라도 공감대를 형성하고 협력하여 비즈니스를 하면 희망이 보인다는 것을 알기 시작했다.

그래서 2012년이 중요하고 2013년이 기대된다. 행정안전부의 마을기업 사업은 2012년부터 지자체에 일률적 할당방식이 아닌 예산만 편성해 주고 지속가능성이 보이는 마을기업 신청자만 인정하여 지원해 주는 방식으로 전환했다. 서울시의 경우도 기존 서울형 사회적기업을 신청하여 인정되면 인건비를 지급하는 방식에서 우선적으로 예비 사회적기업으로 선정하고 사업계획서를 제출하거나 서울시가 진행하는 공모방식의 참여를 통한 지원정책으로 변경했다. 인건비 지원방식에 집중되어 있는 사회적기업 사업방식의 일부 문제점을 보완하고자 노력한 것이다. 이러한 노력이 2012년 마을기업과 사회적기업의 흐름을 일정부분 긍정적인 방향으로 돌릴 것이다. 일부 문제점들을 보완하려는 노력들로 인하여 진정성을 가지고 참여하려는 주민이 증가할 것이다. 인건비 및 사업비만을 생각하고 접근하려던 사람들이 자동적으로 도태될 것이다. 그래서 2012년은 사회적 경제 관련 사업들의 과도기라고 할 수 있다.

7장

사람 중심의 패러다임 전환

1. 네트워크 구축을 위한 거버넌스

　정부 중심의 국가 경영체제가 정부와 주민과 시장이 공생하는 거버넌스로 변환되어 가고 있다. 기존에 정부가 정책을 결정하고 조율하고 주민은 단순히 참가하는 형태의 거버먼트(government)에서 정부, 기업, 주민이 공동으로 참여하고 운영하는 거버넌스(governance)로 재편되고 있다. 파트너십이 강조되는 시대이다.

　이러한 거버넌스는 신공공관리론에 따른 정부개혁으로 민간부문과 NGO 영역이 확대되면서 공공서비스 공급에서 협력적 네트워크의 중요성이 부각되고 있다. 행정과 시민사회의 관계도 기존 전통적 정부조직 형태인 계층제에서 시장과 네트워크 양식으로 전환되고 있다. 뉴거버넌스 체제의 행정과 시민사회는 4가지 관계로 형성되어 있다. 상호 감시를 통한 대체관계, 긴장관계에 놓인 대립관계, 상호 협조가 필요한 보완관계, 상호 발전이 필요한 의존관계이다. 즉 행정과 시민사회가 대립이 필요하면서 상호 간의 대체역할이 가능하며, 상호 발전을 위한 협조가 필요한 관계라 할 수 있다.

거버넌스의 개념은 다양하다. 세계은행(1972)은 국가발전을 위해 경제적, 사회적 자원들을 관리하는 국정운영을 위한 정치적 권력행사라 하였다. Rhodes(1997)는 정부가 변화하고 있음을 암시하는 새로운 통치과정(process of governing)으로 설명했다. Kooiman(2003)은 국가-시장-시민사회가 일련의 책임을 공유하는 것이라 말했다. Pierre & Peters(2003)는 주로 국가가 목표를 규정하고 주요 사항에 대해 우선순위를 정하는 선도자의 역할을 수행하는 과정으로 설명했다. Kjaer(2007)는 공공 정책결정과 집행의 규칙이 설정, 적용, 집행되는 과정을 말하며 네트워크 관리를 중요시했다.

이러한 정부의 역할과 국정운영 방식에 대한 대응의 한 형태로 거버넌스 국정운영 패러다임의 등장은 국가, 시장, 시민사회가 협력하는 거버넌스 요청이 있었기에 가능했다. 거버넌스 패러다임이 등장한 원인은 다양하다. 세계화의 진전과 지방의 분권화 도래가 있었고, 국가의 정책실패는 시장으로서의 이념적 수렴을 포용하기에 이르렀다. 관료제 등 전통적 책임성이 변질되어 갔고, 사회적 변화와 복잡성의 증가로 인해 정책결정의 부분화 및 전문화가 이루어지고 있기 때문이다.

마을기업과 사회적기업이 성장하기 위해서는 행정, 기업, 주민이 참여하고 협동하는 신뢰체제를 구축하는 것이 중요하다. 먼저 지역주민과 NPO의 사업참여가 필수적이다. 주민은 지역문제 해결을 위한 기존의 활동과 마을기업의 접목 가능성을 검토하고 사회문제 해결을 위한 사회적기업의 타당성을 검토해야 한다. NPO는 적정 수준의 수익확보를 통한 자립기반 강화를 위해 시장을 개척하는 노력을 해야

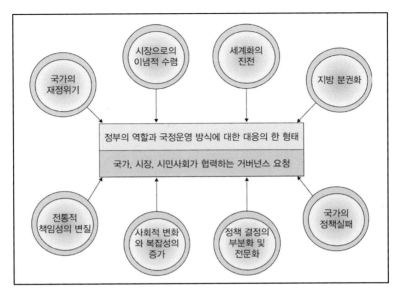

[그림 21] 거버넌스 패러다임 등장 원인

한다. 이러한 사회적 일자리 사업을 성과위주 지향의 다양한 일자리 정책으로 시행하려 한다면 주민의 신뢰 하락과 동력상실의 원인으로 작용할 수 있다.

마을기업과 사회적기업을 사회적 일자리 사업으로 분류한다. 사회적 일자리 사업은 지역사회를 위한 주민과 NPO의 활동을 지속하게 만드는 수단으로 유용하게 이용될 수 있다. 이러한 사업은 공공부문의 다양한 지원 축소에 대응한 수단으로 작용하고 사업형 NPO를 촉진하기 위한 유효한 대안이다. 마을단위 탄소제로 도시사업이나 시민 풍력발전 사업 등 사회적 명분과 주민참여 욕구가 큰 리사이클, 신재생 에너지 분야의 사업을 모색할 수 있다.

거버넌스에서는 기본적인 파트너십(partnership)이 중요하다. 먼저 행정과 사회적 일자리 사업의 파트너십이 필요하다. 선행요건으로 다음과 같은 과제를 생각할 수 있다. 첫째, 사업 활성화를 위한 정부 및 자치단체의 재정지원을 확대해야 한다. 사회적 일자리 사업을 지역활성화 정책의 핵심 의제로 채택하고 범부처 차원에서 협력과 역할을 분담해야 한다. 즉 지역단위의 문제는 마을기업을 통해서, 사회 이슈 문제는 사회적기업을 통한 방법으로 분류해야 할 것이다.

둘째, 자치단체와 협업을 통한 사회적 일자리 사업 공모를 통해 거버넌스를 실현해야 한다. 부처별 지역활성화 사업에 대한 탐색과 방법 모색은 자치단체가 맡고, 문제 해결을 위한 아이템 개발 노력은 지역주민이 맡는 방식이다. 기존 수직적 의사결정 구조에서 수평적 구조로 인식을 전환해야 공생과 상생을 논할 수 있을 것이다.

셋째, 주민과 사업주체들의 요구 충족을 위한 통합지원 기구를 마련해야 한다. 부처별 사업마다 부처 산하 지원기구와 광역과 기초단위의 자치단체의 지원기구 등 중간지원조직 형태의 기구의 범람으로 각 기능에 맞게 조율해야 한다.

넷째, 행정업무의 협력과 위탁을 통해 지역 일자리 사업을 활성화시켜야 한다. 사회적 일자리 사업의 조기 정착을 위해 지자체 주도로 사업들을 창출해야 하고 행정의 비용축소 및 경영 효율화를 위한 관점에서 사회적 일자리 사업을 진행하는 단체들에 업무를 위탁해야 한다. 지방행정 서비스의 아웃소싱과 공동사업을 확대할 수 있도록 자치법규로 제도화해야 할 것이다. 다섯째, 사회적 일자리 사업을 지원하기 위한 중간지원조직의 설립 및 운영의 활성화를 꾀해야 한다. 현재 지자체별로 관심이 있는 지자체는 마을기업과 사회적기업을 별도로 지원하는 조직을 운영하고 있는 반면, 아직 생각도 못하고 있는 지자체가 대부분이다. 사회적 일자리 사업은 큰 틀에서 사회적 경제 범위 안에 있다. 최근 서울시의 경우는 마을공동체지원센터를 별도로 자치구에 설치할 것을 권유하고 있다. 2012년 12월에 시행되는 협동조합까지 감안한다면 통합형태의 중간지원조직을 생각해야 할 것이다.

두 번째로 기업과 사회적 일자리 사업의 파트너십이 구축되어야 한다. 현재 진행되고 있는 행정과 사회적 일자리 사업의 협동체제는 나름 형성이 되어 있다고 볼 수 있다. 하지만 행정이 할 수 있는 영역과 활동은 한계가 있다. 판로확보도 공공영역의 한계를 보이고 있고, 기술개발 등 실질적인 기업활동을 함에 있어서도 벽이 있음은 분명한 사실이다. 이러한 차원에서 사회적 일자리 사업을 진행하고 있는 단체들에게 필요한 것은 기업과의 파트너십 형성일 것이다.

기업은 사회적 일자리 사업을 운영하고 있는 단체에게 많은 도움을 줄 수 있는 구조이다. 기업 본연의 경영 노하우를 제공하고 자립화를 지원할 수 있다. 이들 사업장에 퇴직 경영인 및 기술인력을 제공할 수도 있다. 기업운영을 통한 경영컨설팅을 할 수 있고, 사회벤처투자기금을 통한 지원과 기업 복지기금을 사회적 일자리 사업에 출자할 수 있다. 이러한 다양한 자금 및 공간제공 및 시설 및 장비를 지원할 수 있는 시스템을 갖고 있다.

대기업을 중심으로 사회적 책임을 다하려는 움직임이 활발해지고 있는 시점이다. 소위 CSR 차원에서도 기업이 사회적 책임을 통해 기업의 이미지를 변환시키고 시민과 함께하는 경영전략을 펼치고 있다. 기업과 사회적 일자리 사업의 상생(Win-Win) 관계를 구축해야 한다. 기업은 사회적 일자리 사업 단체와의 파트너십을 통해 소비자를 파악하고 새로운 소비자를 발견할 수 있는 잠재력이 있다. 상품개발에서 마케팅까지 파트너십에 의해 사업을 추진함으로써 새로운 시장을 개척해야 한다. 고도의 비용이 소요되거나 고도의 경영 노하우가 필요한 사업에 대한 진출은 CSR을 통해 가능하다. 기업의 핵심인력을 사회적 일자리 사업에 투입함으로써 노동시장의 유연성을 가져올 수 있다. 이렇게 행정과 시민과 기업이 상생하는 구조로 사업을 진행하는 거버넌스를 실현해야 마을기업과 사회적기업의 미래가 열릴 수 있을 것이다.

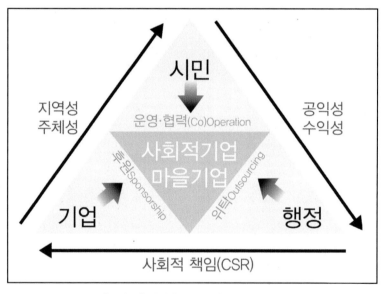

[그림 22] 민관 협력의 거버넌스 실현방안

2. 마을기업과 사회적기업의 상생방안

　마을기업과 사회적기업은 현 시점에서는 우리들이 지역에서 안심하고 살아갈 수 있는 필요한 서비스이다. 하지만 시장토대에서도 행정기준에서도 참여하기 어려운 분야라 할 수 있다. NPO와 자원봉사단체, 취약계층이 활약하는 분야이다. 바꿔 말하면 NPO라도 유급직원만의 활동으로는 사업토대에 참여하기 어려운 분야이기도 하다. 즉 기존의 자원봉사 개념으로는 더 이상 지역사회 공헌을 통한 지역문제와 사회문제를 해결하기 어렵다는 현실이다.

　이런 경로를 벗어나는 방법은 한 가지밖에 없다. 사람들이 공감하는 사업목적을 정확히 해야 한다. 사람, 물건, 자금, 노하우, 정보 등 외부에서 다양한 필요한 자원을 획득해야 한다. 그것들을 목적달성을 향해 유효 내지는 효율적으로 사용하여 최대한의 사업효과를 올리는 일이다. 확보해야 할 자원 중에서도 가장 중요한 것은 기부 및 조성금도 아닌 자원봉사자이다. 많은 자원봉사자의 참가에 의해 유급구성원의 실질적인 고용창출이 가능하게 될 것이다.

그러나 이러한 사업전개는 때로는 무급 자원봉사자를 멀리해야 한다. 사업의 계속이 자기 목적화되고, 사회개혁이라고 하는 미션이 후퇴하게 되는 경향이 나타날 수 있다. 그렇게 된다면 마을기업과 사회적기업은 단순한 경영을 목적으로 하지 않는 회사로 변질되어 사회적 지지도와 사회 변혁성을 잃게 될 것이다.

이전에는 사업, 자원봉사자 활동, 사회개혁(운동)의 3자를 서로 다른 것으로 취급하고 서로 상응할 수 없는 구조라 생각하는 경향이 강했다. 그랬던 것이 서로의 활동과 사업을 매력으로 생각하게 되었다. 마을기업과 사회적기업은 이 3자를 유기적으로 결합하는 주체로서 등장하였고, 사회적 의미가 있다고 생각한다. 많은 사람들이 공감이 가능한 목적을 내세우고, 다양한 사람들이 참여가 가능하도록 기회를 보장해야 한다. 보다 좋은 사회를 실현하려고 하는 의지를 갖고 지역과 사회의 문제를 받아들이고 해결하려는 노력이야말로 마을기업과 사회적기업이 성공하는 지름길이라 생각한다.

마을기업과 사회적기업의 정책목표와 수단은 다르다. 사회적기업이 취약계층의 고용창출을 목표로 하고 있다면 마을기업은 지역공동체 회복에 의한 지역 활력을 도모하고 있다. 각 정책이 나름의 정책목표를 위해 지향하고 있는 길이 있다. 서로의 영역을 인정하고 효과적으로 공동발전을 할 수 있는 방안을 모색해야 할 시기다. 현재처럼 한쪽에서 법안제정을 반대하고, 중간지원조직을 강제로 통합하여 현장의 질서를 무너뜨리고 혼란에 빠지게 해서는 안 된다. 이익창출을 도모하고 운영하는 기업의 논리만을 가지고 본다면 사회적기업을 고용노동부가, 마을기업을 행정안전부가 운영해서는 안 된다. 지식경제부의

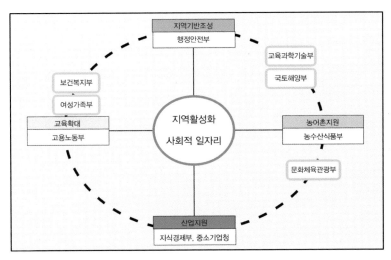

[그림 23] 중앙부처 간 지역발전전략 협력방안

역할이고 기능이다. 그러나 그 안에서 각자가 갖고 있는 기능과 프레임이 있다. 고용창출의 현실을 감안하였기에 고용노동부가 진행하고 있으며, 지자체의 적극적인 도움이 전제가 되는 상황이기에 행정안전부가 운영하고 있는 것이다. 지역공동체 복원의 역할은 지식경제부가 할 수 있는 일이 아니기 때문이다.

지역활성화를 도모하고 지역발전을 위한 정부 각 부처의 역할론이 필요하다. 현재 각 부처가 가지고 있는 본연의 기능을 전제로 역할분담이 필요하다. 먼저 사회적 일자리 창출 사업을 위한 지역기반조성은 행정안전부가 맡아야 한다. 정부와 지방자치단체를 연결하고 있는 행정안전부가 지자체의 적극적인 협조를 이끌어 낼 수 있는 조직이기 때문이다. 인사와 조직을 맡고 있는 행정안전부가 지역에서 사업을 할 수 있는 민관 협력체제를 갖추도록 지원해야 한다. 동시에 지역에서 사회적 사업가들을 발굴해 내는 일도 맡아야 한다. 마을기업이든 사회적기업이든 참여자의 의식개혁과 적극성, 협조와 협동정신을 배양할 수 있는 기본적인 교육과정을 책임져야 한다. 여기에는 교육과학기술부의 콘텐츠를 이용하고 국토해양부의 인프라도 활용해야 한다.

복지 중심의 고용확대는 현재 고용노동부가 중심이 되어 있다. 보건복지부와 여성가족부의 콘텐츠를 활용하여 협력체제로 이끌어 나가야 한다. 노동부가 고용창출을 선도하는 의미에서 고용을 붙여 고용노동부로 탄생한 만큼 사회적 일자리 창출에 더 신경을 써야 한다. 단 양적인 증가에 만족해서는 안 된다. 질적인 측면을 고려하면서 확대해 나가야 할 것이다. 농어촌지원은 농림수산식품부가 중심이 되어 진행하되, 지역축제 등 문화콘텐츠를 가지고 있는 문화체육관광부와의 협업체제가 필요하다. 전통적인 기업육성 등 산업발전 도모는 지식경제부가 중소기업청과 함께 진행하면 될 것이다.

정책이 소기의 목적을 달성하려면 각 정책수단이 가장 효율적이고 능률적으로 행해질 수 있는 방법을 선택해야 한다. 정치적 목적으로 접근해서는 안 된다. 어떠한 사업목적에 대해서 어느 부처가 수행해야 가장 효율적인지를 감안해야 한다.

더욱 중요한 것은 국민의 입장에서 바라봐야 한다는 것이다. 단순히 공급자의 입장에서 정치적인 생각에서 행정 편의주의 중심에서 진행해서는 안 된다. 어떠한 정책수단이 그 지역 주민에게 또는 특정 집단에 유리하고 편리하게 적용될 수 있는지를 먼저 생각해야 한다. 그리고 지속 가능한 정책이 구현될 수 있도록 속도를 조절해야 한다.

성과주의에 매몰되어 단기간 실적만을 계산하려고 한다면 실패로 이어질 수밖에 없다. 지역의 문제를 해결하고 사회적 과제를 해결하려는 진정성이 있다면 시간이 걸리더라도 하나씩 풀어 나가야 할 것이다. 평가는 그 이후에 일이다.

3. 차세대 지역사업가 양성방안

    사회적기업이나 마을기업에 대한 대학의 관심이 확대되어 가고 있다. 특히 청년 일자리 창출과 취업에 목말라 있는 대학의 입장에서는 당연히 가져야 할 관심사이다. 그러나 대학의 인지도와 위치, 학과별로 관심사는 다르다. 지방의 대학들은 관심이 많다. 학교 풍토에 따라서 관심을 갖는 차이가 드러난다. 수도권의 소위 인지도가 높은 대학의 관심은 상대적으로 떨어진다. 학생들이 관심이 없기 때문이다. 아무리 취업이 안 되는 현실이라도 해도 그들은 기본적으로 가야 할 곳이 어느 정도 정해져 있다. 일부 학교는 굳이 지역문제, 사회적 과제에 대해 고민하지 않더라도 나름 안정된 직장으로 갈 수 있다. 대학내에서도 개인주의, 출세주의가 팽배하다. 이 모든 것이 기존 사회가 만들어 놓은 자화상이다. 지방의 대학의 경우는 다르다. 취업에 목말라 있고 새로운 일에 관심이 많다. 그러나 상대적으로 정보가 부족하다. 무엇을 어떻게 접근해야 할지 모른다. 그나마 인터넷이 일부분 해결해 주고 있다. 하지만 한계가 있다.

대학에서 사회적 경제 관련하여 전문적으로 강의하는 곳이 없다. 어쩌다 취업특강 한두 번 열고 만다. 2010년 말에 사회적기업 과정을 일부 대학에서 대학원 과정으로 개설했다. 결과적으로 관심을 받지 못했다. 수강생이 부족해서 폐강된 곳도 있고, 커리큘럼의 부족으로 만족도가 떨어졌다. 이유는 간단하다. 사회적기업에 가장 관심을 보였던 곳은 사회복지 관련학과들이었다. 그래서 사회복지를 중심으로 이러한 과정들이 개설되었지만 현실의 벽은 높았다. 사회적기업을 이해하는 데 있어 사회복지를 중심으로 설명하니, 듣는 사람의 입장에서 답답했을 것이다. 사회적기업은 기업의 한 부류다. 이익만을 추구하지 않고 사회적 가치도 실현하려는 기업이라 하지만 기본적으로 기업으로 할 일이 있다. 따라서 대한민국에서 기업으로서 성장하려면 배워야 할 과목이 많다.

법과 행정을 공부하여 제도적인 면을 보강해야 하고, 경영, 경제, 무역 등을 통하여 마케팅, 세무회계 등을 학습해야 하고, 아이템에 따라서는 관련 학문도 습득해야 한다. 종합적으로 터득해야 할 정도로 범위가 넓다. 따라서 일부 학과차원에서 접근할 일이 아니다. 대학에서 종합적으로 관련 학과의 도움을 받아 탄력적으로 운영해야 한다. 사회복지만을 전공한 사람에게 세무, 노동법을 가르치라고 한다면 가능하겠는가. 그래서 더 진전이 되지 못한 것이다. 학문 내에서도 칸막이가 존재한 것이다. 주도권을 놓지 않으려는 잘못된 생각이 사회적기업이 더 성장할 동력을 상실하게 만들 수도 있다.

또한 사회적기업이나 마을기업은 현장에서 이루어지고 있다. 방치하거나 한순간의 잘못된 결정으로 회사가 도산할 수도 있다. 회사가

망한 상태에서 무슨 사회적 가치를 논할 수 있는가. 생생한 삶의 현장이다. 치열하게 이끌어 가야 한다. 사회구조는 냉엄하다. 조금의 실수도 용납하지 않는다. 현장의 경험이 없는 사람이 무엇을 가르칠 수 있겠는가.

[그림 24]는 마을기업과 사회적기업을 둘러싼 외부환경 조직과의 연계를 통해 실질적인 사업으로 운영될 수 있도록 하는 방안이다. 현재 시점에서 적극적인 노력이 필요한 영역이 지역소재 기업과의 연계, 지역대학과의 교육을 통한 인재양성, 지역서민 금융기관을 통한 실질적인 자금흐름의 편의성을 제공해야 하는 데 있다.

이론은 이론일 뿐이다. 유럽과 일본 등 선진국가에서 사용하는 사회적기업 이론과 대한민국에서 적용하는 사회적기업은 근원적으로 다른 차원에서 시행되고 있다. 이론을 통한 현장적용이 어렵다는 이

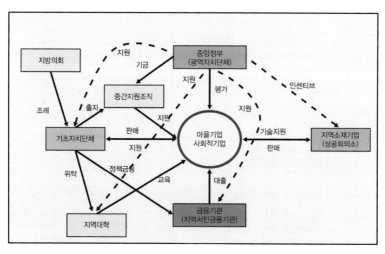

[그림 24] 지역 연계를 통한 사업발전 전략구상도

야기다. 이론과 현실적인 제도적 접근에서 차이가 많다. 사회적 취약계층을 보호해야 한다는 대학수업이 틀리다는 이야기가 아니다. 그러한 이론을 현장에서 어떻게 적용해야 성공할 수 있는지에 대한 학문을 가르쳐야 한다. 그래서 현장전문가의 도움이 필요하고 시민사회단체 활동가의 경험이 학습과정에 스며들어야 한다. 또한 법, 세무, 행정, 마케팅 등 전문가의 숙련된 도움이 필요하다. 각 영역에 대해 너무 전문성을 요구하는 것은 아니다. 기본적인 기업의 상식이 필요하다.

현재 대학의 최대고민은 학생들의 취업해결이다. 4대 보험을 받는 기업의 취업 숫자에 따라서 대학의 보조금이 결정되고 신입생 수가 결정되는 현실에서 무시할 수 없다. 그래서 사회적기업에 대한 관심이 많다. 그 분야의 취업이라도 숫자에 넣을 생각을 갖고 있는 것이다. 하지만 대학의 접근방식이 변해야 한다. 선진국의 사례를 굳이 들지 않더라도 몇 년 후에는 우리나라도 지역문제, 사회과제 등을 해결하기 위한 직업군이 각광을 받기 시작할 것이다. 이때 필요한 것이 체계적인 교육을 받았던 젊은 인재들이다. 이론과 실무를 병행하여 학습하고 경험을 한 대학생들이 미래의 가치를 이끌어 나가는 주력군이 된다. 이러한 인재를 위해 지금부터 준비를 해야 한다. 당장의 취업숫자에 연연하지 말고 장기간에 걸친 로드맵을 가지고 준비해야 한다. 필요하다면 전문과정 또는 관련학과를 신설하는 과감성을 보여야 한다. 정부에서도 수도권 대학의 정원동결 정책에 있어 이러한 특수한 경우에는 탄력성을 보여 함께 미래를 준비하는 모습을 보여야 한다.

현재 우리 사회는 마을기업, 사회적기업의 프레임에 갇혀 있다. 특히 사회적기업에 대한 동경이 남다르다. 정부가 핵심적으로 추진하고 있고, 쏟아지는 자금도 어마하다. 국민의 정부 시절, IT 벤처 붐을 연상케 하는 이미지가 많다. 청년창업에 대한 특별한 관심이 만들어 낸 현상이다. 그러나 사회적기업에 대한 좋은 이미지로만은 정책성공은 어렵다. 현실에 대한 구체적인 스토리도 보여 줘야 한다. 결정은 수요자가 하는 것이다. 사회적기업이라면 모든 사회적 가치를 다 실현하고 다 해결할 것만 같은 착각에 빠지게 만들면 안 된다. 너무 큰 희망과 기대가 한순간에 절망과 또 다른 좌절로 이어진다면 그들을 두 번 죽이는 결과로 나타날 수 있기 때문이다.

4. 협동조합 정착을 위한 조건

마을기업과 사회적기업으로 인증받기 위해서는 민법 및 상법에서 정하는 기업체제를 갖춰야 한다. 마을기업의 경우는 선정 당시에는 아무런 제재조건이 없으나, 설립 후 1년 이내에 법인으로 전환하지 않으면 안 된다. 즉 사단법인, 재단법인, 주식회사, 유한회사 등 기업의 형태를 갖춰야 된다. 사회적기업의 경우도 마찬가지이다. 기업의 형태를 갖춘 상태에서 신청해야 한다. 마을기업의 경우 공동출자 방식이 대부분이다. 지역주민이 십시일반 출자금을 모아 운영하는 방식이 주를 이룬다. 그러나 공동참여, 공동의사결정, 공동운영이라고는 하지만 실제적으로는 한두 사람의 주도하에 운영되는 경우가 대부분이다. 사회적기업의 경우는 대표 1인 체제가 많다. 취약계층이 사회적기업에 단순히 취업을 목적으로 참여하기 때문에 종업원의 범위에서 벗어나기 어렵다. 당연히 사회적기업의 경우도 1인 체제 및 한두 사람의 의사결정에 의해서 운영된다. 주식회사일 경우는 대표이사가 운영한다고 해도 주식을 누가 많이 가지고 있느냐에 따라 방향이 바뀔 수 있다. 이러한 주식 수에 따른 의사결정 구조, 1인 체제의 기업형태 등은 시민사회가 지향하는 공동체 운영방식과는 다른 차원이다.

2011년 2월을 기점으로 공동참여, 공동분배 등을 위한 공동체 복원이 화두가 되었다. 기존의 생활협동조합 등 협동조합 방식에서 더 진보된 협동조합 방식을 통하여 사회적 일자리 사업을 진행해야 한다는 주장이 제기되기 시작했다. 사회투자지원재단과 한국지역자활센터협회, 한국협동조합연구소가 주축이 되었다. 동년 3월에 9개 시민사회단체로 확대되었고, 법 제정을 위한 활동에 들어갔다. 동년 7월에는 가칭 협동조합설립법 제정 연대회의가 19개 단체의 참여로 이루어졌다, 동년 9월에 협동조합기본법(안)을 마련하였고, 동년 10월에 30개 연대회의로 확대되었다. 국회에서의 움직임도 활발해졌다. 10월 12일에 손학규 의원의 대표발의로 협동조합기본법이 발의되었고, 11월 2일에 김성식 전 의원이 협동조합기본법을 발의했다. 상임위를 통과하면서 2개의 법안이 하나의 법안으로 정리되었다. 이렇게 하여 2011년 12월 29일에 협동조합기본법이 제정되었다.

일반적으로 하나의 법률이 제정되려면 최소한 3~4년이 소요된다. 아무리 국가적으로 급한 법률이라도 절차가 있고 국회의 시스템이 그러하다. 2004년 4월 제정된 성매매방지 및 피해자보호 등에 관한 법률, 일명 성매매특별법 또한 사회적 이슈를 가져올 정도로 파급력이 컸음에도 불구하고 3년이 넘게 걸렸다. 2000년과 2002년에 군산 성매매집결지에서 화재로 인해 성매매 관련 여성들이 몇 명씩 죽게 되면서 사회적으로 문제가 되었고, 한국여성단체연합을 중심으로 대다수의 여성 국회의원, 여성 법무부장관 등이 추진했음에도 그만큼 시간이 걸렸다는 이야기다. 학교폭력예방 및 대책에 관한 법률 또한 성수동 여중학생이 학교에서 집단폭행을 당했고, 이런 사실이 온라인에 퍼져 나가면서 사회적 의제가 되었다. 수많은 공청회와 토론회를 거쳤고, 국회에서 상임위원회, 법사위원회, 본 회의에서 상정되어 통과되기까지 3년여 세월이 걸렸다.

이렇게 사회적으로 큰 이슈가 법률로 제정되는 과정에는 3년 이상의 프로세스가 필요하다. 그런데 협동조합기본법은 공식논의가 시작된 2011년 2월을 출발기점으로 잡는다고 해도 불과 10개월 만에 입법발의를 한 지 2개월 안에 국회를 통과했다. 국민 모두가 공감하는 법안도 아니었고, 아직도 그 법안이 무엇을 의미하는지 지자체 담당자들조차 알지 못하고 있다. 2011년 봄, 의제설정이 이루어진 이후 극히 짧은 시간에 법 제정이 이루어졌다는 사실은 대단히 예외적이다.

때마침 2012년에는 UN이 정한 협동조합의 해이다. 반기문 UN사무총장이 우리나라의 협동조합이 모범을 보였으면 하는 메시지를 보내왔다. 이때부터 기존 사회적기업 및 마을기업, 소위 커뮤니티비즈니스, 소셜비즈니스에 관련된 단체 및 시민사회에서 협동조합에 대한 의제가 설정되고 담론이 시작되었다.

2011년 당시 민주당의 손학규 국회의원과 한나라당의 김성식 국회의원이 법안 발의를 하였고, 민주노동당의 이정희 국회의원이 대표청원을 하였다. 여당과 야당의 핵심 대표들이 주도적으로 이 법안 제정을 위해 노력했다는 후문이다. 물론 이 세 사람에게 협동조합기본법을 제정할 수 있도록 협력한 조직이 있었을 것이다. 문제는 이러한 법안 제정에 있어 법무부가 강력하게 반대했다는 이야기 이외는 이의를 제기하는 사람이 없었다고 한다. 그만큼 속전속결 처리된 법률이다. 그래서 협동조합기본법은 정치적으로 해결한 법안이라는 비판을 받고 있는지 모르겠다. 본격적으로 시행되는 2012년 12월 1일 전에 일반인이 이해할 수 있고, 현실적으로 적용 가능하도록 재검토가 필요하다.

필자가 2011년 6월 말에 성공회대학교에서 개최된 iCOOP협동조합연구소 5주년 기념 심포지엄에 참여할 기회가 있었다. 한국 생협운동의 기원과 전개란 주제로 다양한 논의가 펼쳐졌다. 한국협동조합연구소, 생협전국연합회, 원주의료생협, 수도권 생태유아공동체 등 다양한 단체에서의 발표는 필자로 하여금 우리나라의 협동조합의 흐름을 한눈에 익힐 수 있는 기회를 제공했다. 하지만 당시 필자는 아직은 우리나라에 접목하기가 어려울 것이란 생각을 했다. 일반 시민의 역량이 협동조합을 할 수 있을 만큼 상대방에 대한 양보와 배려, 공동체 참여의식이 따라갈 수 있는 기반조성이 부족하다고 생각했다. 기존의 생활협동조합 등 8가지 형태의 협동조합을 바라보면서 그들만의 유기농 농산물을 공유하는 단체 정도의 수준에서만 이해를 했기 때문이다. 이후 여기저기서 협동조합법을 제정하기 위해 노력하고 있다는 소식을 접했다. 이때가 필자가 마을기업 육성법 제정을 위해 열심히 뛰어다니고 있는 시기였다. 당시로서는 마을기업 육성에 관한 법률은 제정이 되어도 협동조합법 제정은 어려울 것이란 생각을 했다.

결론적으로는 두 법안이 정치적 이해득실에 따라 권력 시스템에 의해 협동조합기본법은 2012년 1월 26일 공포되었고, 2012년 12월 1일부터 시행된다. 마을기업 법안은 2012년이 돼서도 해결될 기미가 보이지 않는다. 마을기업 법률 제정에 관해서는 앞에서 자세히 설명하였다. 협동조합기본법을 꼼꼼히 살펴보았다. 법안 치고는 상당히 방대한 자료로 구성되어 있다. 그 안에는 협동조합과 사회적 협동조합 등 2개 유형의 조합이 상존하고 있다. 일반 협동조합은 시도지사에게 신고해야 하고, 시도지사는 기획재정부장관에게 보고해야 한다. 반면 사회적 협동조합은 기획재정부장관에게 인가를 받아야 한다. 즉 등록주의와 인가주의를 병행하고 있다. 협동조합이나 사회적 협동조합이나 모두 1인 1표 형태의 의사결정을 하는 구조이다. 공동참여와 공동운영의 묘를 살리기 위해 평등의 개념을 살린 듯하다. 출자 액수에 상관없이 참여하는 구성원 모두 1인 1표의 의사결정권과 선거권을 가질 수 있다.

2012년 대한민국의 현실에서 바라보면 대단히 혁신적인 법안이라 할 수 있다. 더구나 MB정부가 보여 준 자본주의 시장 중심에서의 협동조합기본법은 파격적이라 할 수 있다. 협동조합기본법을 설명하면서 선진 외국의 우수사례를 거론한다. 특히 유럽의 다양한 협동조합 방식을 통한 성공사례는 눈길이 간다. 우리나라의 경우 협동조합기본법이 본격적으로 시행이 되면 1년 이내에 몇 가지 성공모델을 만들어 낼 수 있을지 모른다. 국민적 저력을 보면 가능하다고 생각한다. 하지만 협동조합기본법을 자세히 살펴보면 이 법이 현재의 마을기업이나 사회적기업을 설립하는 데 상당히 유용한 법안이라는 생각이 든다.

협동조합기본법은 기존의 민법에 의한 법률이나 상법에 의한 법률처럼 자본금 기본금액 등 출자금에 제한받지 않는다. 누구든지 5인 이상의 조합원이 구성되면 설립하여 신고하면 되는 시스템이다. 마을기업과 사회적기업이 민법, 상법 법률에 의해 규제를 받는다면 협동조합기본법은 대단히 완화된 기업형태를 갖출 수 있다. 더불어 여러 가지 혜택도 주어진다. 이러한 형태의 협동조합은 마을기업 및 사회적기업을 신청하고 운영하는 데 있어서 편의성을 제공해 줄 수 있다. 협동조합기본법에서 협동조합은 마을기업, 사회적 협동조합은 사회적기업이 하는 영역이 중첩되고 있기 때문이다. 현재의 사회적기업이 안고 있는 조직의 형태를 완화하고자 추진한 법률이라는 일부 비판이 제기되고 있는 지점이다. 사회적기업이 사회적 목적을 달성하기 위한 기업이라는 차원에서 사회적 가치를 더 중시하고 있다는 것을 보여 주고 있는 듯했다. 물론 기업의 영리활동보다 사회적 가치를 실현하는 것이 더 중요하다.

하지만 현실은 현실이다. 기업 스스로 기업이 아닌 형태로 운영되면서 기업으로서 성장가능성을 이야기할 수 있을까라는 생각이 앞을 가로막는다. 지역과 사회의 누적된 문제를 해결하고자 비즈니스 기법을 통하여 해결하겠다고 만들어진 마을기업과 사회적기업이 기업을 버리고 다시 회귀하는 느낌이다. 자원봉사를 하겠다는 것인지, 사회적 목적만을 실현하겠다는 것인지, 이익도 창출하고 사회적 가치도 실현하겠다는 것인지, 목적이 불분명해질 것 같다는 생각이 든다. 영리를 목적으로 하고 있는 일반기업도 그 목적 달성이 어려운 상황인데, 이것도 가능하고 저것도 가능할 것 같은 협동조합기본법이 우리 사회에 정착되기에는 해결해야 될 문제가 산적해 있다.

5. 마을기업과 사회적기업의 창업 전제 조건

사회적 일자리 창출 사업으로 진행되고 있는 마을기업과 사회적기업을 시작하기 위해서는 몇 가지 고려해야 할 일이 있다. 첫째, 무엇을 해결할 것인가, 왜 그래야만 하는가, 둘째, 누구에게 어떠한 상품과 서비스를 제공할 것인가, 셋째, 누구와 어떻게 그것을 실현할 것인가라고 생각하는 것이 중요하다.

지역에서 생활하는 구조는 여러 가지 과제(요구)가 있다. 우선은 어떤 과제를 해결하고 싶은가, 왜 그러한 생각을 하는지 명확히 해야 한다. 그것이 마을기업과 사회적기업의 동기, 생각, 목적이며, 사업의 출발점이 되고, 사람을 끌어모으는 에너지가 된다.

이용자의 시각에서 생각하고, 정말로 필요로 하는 상품과 서비스를 검토해야 한다. 이용자가 무엇을 원하고 있는 것인지, 잠재화된 요구를 파악할 필요가 있다. 이때 추상적인 요구의 파악만이 아닌 실질 수요자가 무엇을 원하고 있는지, 구체적으로 깊이 생각하는 것이 중요하다. 또한 제공하는 상품과 서비스를 생각하는 동안에 선행사례에서 배우면서 신규성 및 독자성을 개발하는 등 창의적인 연구가 중요하다.

사업을 진행하기 위해서는 많은 사람과의 네트워크를 형성하고 많은 사람의 공감을 얻어 내는 일이 중요하다. 한 사람으로는 할 수 없는 일도, 뜻을 같이하는 협력자가 많게 되면 실현 가능한 일도 있다. 스스로 할 수 있는 일과 혼자서는 할 수 없지만 집단으로 가능한 일이 있다. 모두가 가지고 있는 자원을 동원하고 지역의 기업과 관련단체 등과 함께 협력해 나가면서 사업을 진행하는 일이 가능하다면 보다 실현성이 높아질 것이다.

마을기업과 사회적기업은 과제의 해결이라고 하는 목적을 가지고 있다는 점에서 소위 일반적인 비즈니스 이상으로 어려운 일이 있다. 그러한 것도 감안하여 그래도 사업을 성공시켜야 한다는 강한 결의와 쉽게 포기하지 않는다는 끈기가 필요하다. 이 결의와 끈기를 받쳐주는 것은 '과제를 해결하고 싶다'고 하는 생각일지도 모른다. 대가를 얻는 사업인 이상, 이용자에 대해서 확실한 물건을 안정적으로 제공할 책임이 있다. 또한 사업을 계속하는 것이 필요하기 때문에 손쉽게 사업을 중지하는 일이 되지 않도록 확실한 사업의 구조를 만들기 위한 준비기간을 충분히 가져야 한다.

마을기업과 사회적기업을 진행하고 있는 이상 다양한 곤란함과 돌출과제가 나오는 것은 피할 수 없다. 그러한 외생변수 등의 대응에 대해서 구성원 사이에서의 의견이 다를지도 모른다. 그 때는 사업을 시작한 초기에 공유한 미션(단체의 사명)을 회상해 보자. 최근 사업의 진행방향에 대해서 의견교환, 구성원 사이의 정보공유, 동기부여의 향상을 유의한다면 이상적인 해결을 할 수가 있다.

사업 활동을 하여도 환경변화 등에 의해서는 실패하는 경우도 있다. 당연히 실패하지 않도록 사업계획을 수립하고 사업에 몰두하지만 해 보아도 잘 되지 않을 경우에는 중단하거나 변경하는 결단도 필요하다. 특히 어떠한 상태가 되었을 때 중단할까에 대해서는 사업을 시작하기 전에 철회 시점을 정해 놓고, 정산방법에 대해서도 생각해 둬야 한다.

사업을 시작하려는 계기와 동기를 발견하는 경우가 목적의 명확화와 연결된다. 예를 들어, 간호서비스사업에서 한 사람 한 사람의 이용자에 적합한 아주 작은 간호서비스를 제공하는 것은 고령자와 장애인의 자립을 지향하기 때문이다. 이처럼 목적을 확실히 정함으로써 마을기업과 사회적기업에 의해 어떠한 지역과 사회의 문제를 해결하고 싶은가를 다시 한 번 확인할 수 있다.

일반적인 비즈니스와 마찬가지로 누구에 대해서, 어떤 상품과 서비스를 제공할까를 명확히 할 필요가 있다. 또한 마을기업과 사회적기업의 경우 사업을 통해서 어떠한 과제해결로 연결될 수 있을까에 대해서도 생각하는 일이 중요하다.

상품과 서비스를 제공하려고 하는 대상자가 무엇을 원하고 있는가(욕구)를 파악하는 것이 필요하다. 그 사이에 질적·양적인 면에서 가능한 객관적으로 파악하는 일이 중요하다. 또한 동류의 상품과 서비스를 제공하는 사업자가 다른 곳에도 있는가, 경쟁상대가 될 수 있는가 등에 대해서도 조사하여 둘 필요가 있다.

상품과 서비스의 내용, 제공방법, 가격 등을 생각하는 것만으로도 사업내용이 구체화된다. 사업내용을 구체화하기 위한 검토사항으로서는 다음과 같은 사항들이 있다. 첫째, 제공하는 상품과 서비스의 구체적 내용, 둘째, 상품과 서비스의 가격설정과 그 이유, 셋째, 상품과 서비스를 제공하기 위해 필요한 시설과 설비, 넷째, 상품과 서비스의 판매, 유통 등의 제공방법과 부가되는 서비스의 필요성, 다섯째, 상품과 서비스의 홍보, 판매촉진방법 등이 있다.

마을기업과 사회적기업을 시작하려고 한다면 사업과 관련된 법규제가 있는지를 확인할 필요가 있다. 예를 들어 자격이 필요한 경우와 사업개시와 함께 허가가 필요한 경우가 있다. 어떠한 법규제가 있는 것인가는 동종의 사업을 해 보았던 사람과 상담업무를 하고 있는 중간지원조직에서 듣고, 지방자치단체에서 사업과 관계된 법규제를 담당하고 있는 부서에서 확인해야 한다.

고객명부 등 타인에게 알려지지 않은 사생활(privacy)과 관련된 개인정보가 포함되어 있는 경우가 있기 때문에 취급하는 데 있어서 충분히 주의할 필요가 있다. 정보가 유출되게 되면 확인할 수 없는 피해를 입을 우려가 있고, 단체의 신용을 잃는 경우도 있다.

사업계획서는 사업을 실시하기 위한 설계도이다. 사업계획서를 작성하는 데에는 자신의 아이디어와 이미지를 구체적인 것으로 하기 위한 중요한 작업이다. 이런 작업을 통해서 새로운 과제를 발견하거나 구체화되지 않았던 것을 확인하는 일이 가능하는 등 사업계획을 보다 구체적으로 현실적으로 하는 것이다. 또한 사업계획서는 제3자에게 사업계획을 설명하는 데 유용한 자료가 된다.

사업을 통해서 어떠한 지역과 사회의 과제를 해결하고 싶은지에 대해서는 사업계획서에서 누구에게, 어떠한 상품과 서비스를 제공할까 등 구체적으로 작성해야 한다. 사업을 시작하려는 계기와 동기는 사업주체의 문제의식과 자세를 알아야 되는 중요한 것이며, 사업의 목적에도 연결된다.

사업의 명칭, 스타일은 사업의 내용과 개념(concept), 지향하고 있는 것, 호소하고 싶은 것을 정확하게 표현해야 한다. 주목을 이끌어 내는 것도 중요한 기능이기 때문에 그것에 중점을 둔 제목을 정하고, 보완적인 설명을 첨부하는 방법도 있다.

사업의 이용자와 수요분석은 문제의 전제조건이 되는 현황을 객관적으로 가리키는 근거가 있다면 설득력 있는 설명이 되고 문제해결의 필연성이 증가한다. 생각만으로는 객관성이 결여되기 때문에, 통계와 설문조사 결과 등을 인용하거나 당사자의 목소리를 수렴하는 것으로 객관성이 향상된다.

사업의 선진성, 독자성, 과제설정의 적절함 등 사업의 핵심(appeal point)으로서 확인해야 할 내용이다. 그러한 것을 검토한 뒤에 같은 지역에서 경쟁하는 사업자가 있는 경우, 그 사업과의 차별점을 의식하는 것도 필요하다. 즉 이용자의 대상과 지역을 한정하여 다른 곳에서는 취급하지 않는 상품이나 독자성이 있는 구조 등을 준비해야 한다.

사업의 추진을 시작할 뿐만 아니라 지역주민과 자원봉사자 등 다양한 형태의 참가가 가능한 것도 마을기업과 사회적기업이 갖고 있는 특징이라 할 수 있다. 사업취지에 찬성하는 사람의 기부금 및 회비도 재원이 되는 경우는 자금계획에도 포함시킨다.

사업계획서에서 문장화가 가능하다면 가까운 사람 등 부담 없이 의견을 듣는 사람에게 준비한 내용이 전달될 수 있는지를 평가받는 방법도 필요하다. 알기 어려운 점을 수정해 나가는 것으로 제3자가 이해하기 쉬워진다.

단기계획으로는 초기의 사업실적 기간 또는 이후 1년 정도의 기간에 어떠한 작업이 필요한가 구체적으로 계획을 세워야 한다. 이 작업에 따라서 사업의 실현성이 증대되고, 계획적으로 사업을 추진하는 목표가 된다. 또한 중장기계획은 최종적인 목표를 달성하기 위해 3년에서 5년 정도의 기간에 어떠한 작업이 필요한지 계획을 세우는 것이다. 단기계획과 중장기 계획을 세워서 계획적으로 작업을 추진해야 한다.

사업을 하기 위해서는 자금이 필요하다. 사업개시까지 필요하게 되는 창업자금과 사업개시 이후에 운전자금, 설비자금을 어떻게 확보할 것인가 등을 정리하는 자금계획이다. 사회적 일자리 창출 사업이라고 하지만 자금계획을 세우지 않으면 원활한 사업운영은 불가능하다.

창업자금은 사업을 개시하기 위해 필요한 경비를 말하나, 사업내용에 따라서는 다르기 때문에 어떠한 경비가 언제 필요하게 되는지를 잘 검토하는 것이 중요하다.

예를 들어, 배식서비스사업의 경우 거점이 되는 시설의 계약관련 선금과 주방시설비, 차량구입비 등을 생각할 수 있다.

창업자금의 조달방법으로서는 개인과 단체 등을 통한 자기자금, 금융기관 및 지인 등을 통한 차입금, 공공기관 및 기업에서 받는 보조금과 조성금이 있다. 차입금은 반환해야 하기 때문에 가능한 자기자금을 사전에 준비하는 것이 좋다.

운전자금은 수입과 지출의 시기가 다름으로 인해 발생하는 자금부족을 채우는 자본이다. 예를 들어, 간호보험사업의 경우 서비스 제공과 간호보수의 지불시기가 다르거나, 수탁사업의 경우 정산지불에 의한 수지의 지급시기 차이 등 자금부족이 발생하게 된다. 운전자금은 입금의 시기 및 지불의 시기를 고려하여 2개월 이상을 사전에 준비해

두는 것이 좋다.

운전자금의 조달방법으로서는 매출액을 통한 사업수익금과 회비 및 기부금, 보조금 및 조성금 등이 있다.

사업을 진행하기 위해 필요한 경비와 그것을 채우기 위한 재원 및 사업실시에 의해 생성된 수입을 계획한다. 계획은 개업까지의 자금계획을 포함한 초기년도의 수지계획과 이후 사업이 궤도에 오른 경우의 수지계획 등 양방향 계획이 필요하다. 또한 내부와 외부의 환경변화에 의해 수지는 변하기 때문에 예상되는 수입이 감소한 경우와 증가한 경우 양방향의 사례를 검토해 두는 것이 좋다.

비용에 대해서는 수입에 따라서 변하는 변동비와 변하지 않는 고정비로 분류하여 간단하게 손익분기점을 지향하는 것이 경영관리에 편하다. 수입에서 변동비를 제외한 이익을 한계이익이라 한다. 그 한계이익과 고정비가 동등하게 된 점이 이익분기점이 되고, 흑자와 적자를 구별할 수 있다. 수입이 감소한 경우와 증가한 경우 양 사례를 검토하면서 얼마의 수입으로 손익분기점이 되는지 검토해야 한다. 또한 고정비도 사업에 직접 연결된 사업비와 그 이외의 관리비로 나누어 둠에 따라 사업단위의 채산성을 잘 파악할 수 있다.

마을기업과 사회적기업이 지역문제와 사회과제를 해결하는 목적으로 시행되고 있는 수단이라고는 하지만 기본적으로 기업이라는 것을 감안해야 한다. 기업으로서 생존이 가능해야만 각 사업이 갖고 있는 목적이 실현가능하기 때문이다. 따라서 마을기업과 사회적기업에 관심을 두고 있다면 사전준비를 철저히 해야 한다. 자주적으로 사업을 운영할 수 있는 토대를 마련해놓고 그 다음에 정부에서 지원하는 제도를 적절히 이용해야 한다. 정부지원금을 먼저 생각하고 접근해서는 안 된다. 막연한 의존은 스스로 자립할 수 있는 동력마저 잃게 만들 수 있다. 당신이 낸 세금으로 만들어진 보조금은 당신에게 약이 될 수도 있지만 독이 될 수도 있다.

맺음말

우리나라가 한때 "새마을운동으로 잘살아 보자"며 선거철에 공짜 고무신과 막걸리를 뿌려대면서 혹세무민하던 시절이 있었다. 막걸리에 취해 검정 고무신을 신고 찍었던 소중한 한 표가 민주주의를 붕괴하고 계급주의와 물질만능주의로 인한 소득불균형을 만들었던 것이다. 정부수립 이후 군사정부, 문민정부, 국민의 정부, 참여정부를 거치면서 '경제살리기'에 목말라 했다.

경제만은 살리겠다는 이슈선점으로 탄생한 MB정부 또한 국민의 입장에서는 별반 다르지 않거나 더 어려운 현실을 맛보아야 했다. 규제지대 시행과 혜택으로 성공한 대기업이 이제는 문어발도 모자라 주꾸미발로 중소기업을 무너뜨리고 낙지발로 청정지역 갯벌까지 파헤치고 있다. 정치권은 보편적 복지와 선별적 복지를 외쳐대면서 국민을 '무상제품'으로 길들이려 하고 있다. 문제는 수많은 무상제품을 실현하기 위한 자금마련을 어떻게 하겠다는 정책은 보이지 않고 외형만들기에 몰두하다 보니, 나라 빚만 계속 증가하고 있다는 사실이다. 무상국가로 가기 위한 노력은 중요하지만 현재 상황에서는 '뱁새가 황새 따라가다 가랑이 찢어진다'는 옛말처럼 현실에 맞는 정책을 구현해야 한다.

현재 국내 현실에서 지역 균형발전과 지역활성화 정책을 위해 가장 중요한 것은 장기적인 안목을 가져야 한다는 것이다. 국민이 스스로 일어설 수 있도록 자립심을 배양할 수 있는 정책을 구현하고 이끌어 가야 한다. 아픈 환자에게 고통을 호소하는 중환자에게 임시방편으로 모르핀(morphine)처방을 해서는 안 된다. 모르핀은 고통을 잠재우거나 일시적인 최면효과를 볼 수는 있으나, 구토, 설사, 발열 등 부작용이 심하다. 이를 반복 사용할 경우 만성중독을 일으키고 회를 거듭할수록 양이 많아지지 않으면 효과를 보지 못한다. 투약을 중단하게 되면 심한 금단현상을 일으키기도 한다.

1960년대 기초환경개선을 위한 지역사회 개발사업 이후 1997년 외환위기가 가져온 공공근로사업, 자활사업, 사회적 일자리 사업 등이 한시적 사업으로 진행되어 왔다. MB정부에서도 사회적기업이라는 정책으로 투약하고 있는 실정이다. 이 모든 정책들이 그때 상황에 맞춰 의도된 정책목표 실현이 될 수도 있지만 의도하지 않은 정책실패로 끝날 가능성이 농후함은 오랜 경험에서도 알 수 있다. 정치인은 자신의 임기 내에 모든 것을 해결하고자 한다. 이전 정치인이 했던 사업은 성공하면 이전 정치인의 치적으로 남고, 실패하면 본인이 다 뒤집어써야 하는 현실이 안쓰럽다. 현실을 모르는 바 아니나, 진정 국민을 위하고 국민을 생각한다면 성공한 정책은 계속 승계하고 발전시켜 나가는 정치문화를 만들어 가야 한다. 상호 협력하여 발전하려는 상생의 정치문화가 형성될 때 일시적인 모르핀 처방이 아닌 재활이 가능한 지속 가능한 자주적, 자립적 공감대가 만들어지는 정책이 꽃을 피울 수 있다.

본 저서는 지난 15년 동안 지방자치 현장경험을 통한 객관적 사실과 필자의 주관적 판단에 기초하여 작성되었다. 필자는 최근 3년간 국내외 마을기업과 사회적기업의 현장방문 실태조사와 마을기업 육성법 제정을 위한 국회토론회, 제도화연구 등 수많은 회의참석 및 사회적 일자리 사업 관련 토론회 발표 경험이 있다. 부족한 부분은 주변 전문가의 조언과 간접적인 경험을 필자의 것으로 내재화하였다.

집필 작업이 마무리되는 시점에서 독자의 혼란을 막기 위해 본 저서에서 몇 가지 사항에 대해 정리하고자 한다. 우선 지자체를 16개 광역시도와 228개 기초지방자치단체로 정리하였다. 이는 2011년 말 기준이다. 2012년 7월에는 세종시 탄생으로 17개 광역지방자치단체가 되었다. 기초지방자치단체의 경우는 2012년 6월 청주시와 청원군의 통합 결정 등 광역권 통합논의에 따라 기초 자치단체의 숫자는 축소될 것으로 예상하고 있다.

본 저서는 마을기업과 사회적기업에 대해 상호 비교하는 형식으로 정리되었다. 사회적기업에 대해서는 고용노동부의 인증 사회적기업과 예비 사회적기업, 지자체형의 사회적기업(서울형 사회적기업)의 영역을 이야기하고 있다. 인증 사회적기업의 경우는 나름 자생력을 갖춘 기업이 대다수이다. 따라서 필자가 지적하고 있는 대상은 주로 예비 사회적기업과 지자체형 사회적기업에 대해서 말하고 있다. 고용 창출에 목매어 단기간 실적을 위한 파생상품으로 출현된 사회적기업에 대한 문제점에 대해 논했음을 밝히는 바다.

양세훈 ───────

저자는 한국외국어대학교에서 행정학박사 학위를 취득하고 한국정책분석평가원의 원장으로 재직 중이다. 화학경제연구원 컨설팅팀장, 사이버씨브이에스 경영기획이사, 산업전략연구소 대표이사, 동대문신문 발행인을 역임하였다. 희망제작소, 푸른시민연대 등의 후원회원을 통해 시민사회의 활동을 하고 있다.

지난 7년 동안 한국외국어대학교 등 수도권 대학에서 정책학, 정부와 시민사회 등 대학강의와 지방행정연수원에서 사회적 일자리 창출과정 교육과 보건복지부 등 정부 및 산하기관, 지자체에서 다양한 강의를 하였다. 행정안전부 우수마을기업 평가위원을 역임하였고, 행정학회, 한국지방자치학회 등 학회활동을 하고 있다.

저서로는『마을기업과 사회적기업 창업가이드』(2011, 공저), 연구논문으로는「원자력정책 갈등사례에서 과학기술인의 역할분석」(2011, 공저),「도시개발 확대에 따른 환경기초시설 갈등연구」(2011),「동주민센터 통폐합 효과성에 관한 연구」(2010, 공저),「비선호시설 정책집행 순응·결정분석」(2009) 등이 있다. 연구보고서로는「커뮤니티비즈니스 실태 및 제도화방안」(2011) 등 30여 정부 및 산하기관, 지자체 관련 연구실적이 있다.

현재 한국승강기안전관리원 청렴 옴부즈맨 대표, 서울특별시의회 정책연구위원회 연구위원, 한국외국어대학교 외래교수로 활동하고 있다.

마을기업과 사회적기업의

거버넌스

초판발행 2012년 9월 3일
초판 3쇄 2019년 1월 11일

지은이 양세훈
펴낸이 채종준

펴낸곳 한국학술정보(주)
주소 경기도 파주시 회동길 230 (문발동)
전화 031 908 3181(대표)
팩스 031 908 3189
홈페이지 http://ebook.kstudy.com
E-mail 출판사업부 publish@kstudy.com
등록 제일산-115호(2000. 6. 19)

ISBN 978-89-268-3739-9 93350 (Paper Book)
       978-89-268-3740-5 95350 (e-Book)